U0616481

高职高专通识课系列教材

大学生职业生涯规划
与就业指导

主　　编　吴志卿　　陈小君

副主编　陈文静　　王浩森　　陈梓欣　　方建华

参　　编　李建忠　　王笑霞　　陈艺敏

　　　　　邬经棚　　刘伟深

西安电子科技大学出版社

内容简介

  本书针对高职高专学生的认知特点和职业发展规律而编写，着眼于将职业规划与就业指导课程教育教学有机融入大学生专业学习的全过程。本书通过大学生涯规划、职业导向训练、职业定向训练及求职能力提升四个阶段十九个专题来详细讲述职业生涯规划问题。

  本书各章内容包括学习重点、课程章节、思考与实践等主要模块。为了增强可读性和可理解性，对部分重难点内容设置了案例导入和解析内容。本书侧重于实用性、实操性、可读性、融合性，浅显易懂，易于实践，便于学生在大学生活中培养和提升个人职业素养。

  本书既可作为广大高职高专学生的教材，也可作为广大求职者的阅读参考书。

图书在版编目(CIP)数据

大学生职业生涯规划与就业指导 / 吴志卿，明政珠主编. —西安：西安电子科技大学出版社，2021.10

ISBN 978-7-5606-6233-6

Ⅰ. ①大…   Ⅱ. ①吴… ②陈…   Ⅲ. ①大学生—职业选择   Ⅳ. ①G647.38

中国版本图书馆 CIP 数据核字(2021)第 195417 号

策划编辑 明政珠
责任编辑 明政珠 孟秋黎
出版发行 西安电子科技大学出版社(西安市太白南路 2 号)
电 话 (029)88202421 88201467   邮 编 710071
网 址 www.xduph.com   电子邮箱 xdupfxb001@163.com
经 销 新华书店
印刷单位 陕西日报社
版 次 2021 年 10 月第 1 版 2021 年 10 月第 1 次印刷
开 本 787 毫米×1092 毫米 1/16 印 张 12.5
字 数 292 千字
印 数 1～4500 册
定 价 32.00 元

ISBN 978-7-5606-6233-6/G

XDUP 6535001-1

如有印装问题可调换

前言

金秋之季，新的一批莘莘学子又将迈进校园，开启大学之旅。

面对大学校园的新环境、新生活以及浩瀚的知识海洋，不少大学生经历短暂的喜悦和好奇之后，开始感到彷徨、困惑和迷茫，他们开始反省："这就是我寒窗苦读做梦都想上的大学吗？""我学的这个专业今后到底有没有前途？""我怎样度过一个有意义的大学？""我毕业后，将去哪个行业就业？""毕业后，我能干什么？""我不会一毕业就失业吧？"……面对这些疑惑与不安，如何引导大学生积极主动去深思、去探索、去解决问题，是职业生涯规划课程需要不断探索的课题。在课程改革精神的指导下，在"项目课程"的指引下，职业生涯规划课程在摸索中前进，在前进中提高，经过不断设计、调整与完善，本书的教学内容最终设置成四个阶段十九个专题。课程内容如此设置的目的是希望在专业教师的深入参与下，帮助大学生从入学开始，就能正确认识自我、了解自我、认识学校、了解专业、认识专业人才培养方向、认识专业对应的行业等，明确专业发展方向，明确自己的人生目标，明确努力的方向，提前做好职业规划，并围绕职业规划目标脚踏实地强化专业学习和技能锻炼，进而不断提升自我；随着专业学习的深入，引导大学生对照社会对专业人才需求的标准和变化趋势，不断评估和修正个人的职业发展规划，提升职业素养；在进入毕业之际，着手分析面临的就业形势，做好个人求职择业准备，了解就业程序和就业、创业政策等，以此为大学生顺利求职择业、融入社会、迈入职场、走向成功提供必要的长期跟踪指导和帮助。

本书按高职高专三年学习内容设计如下：

从大一入校开始就对今后的职业方向和专业学习进行初步定位和规划，这是基本要求。大一学习的内容是第一篇：大学生涯规划。通过学校印象、大学行为规范与礼仪教育、我的大学我做主、行业与专业发展前景、专业人才培养目标定位、个人职业生涯规划引导和展示职业规划七个专题帮助大学生首先确立自己的职业方向，通过将专业学习和现实挂钩，知道自己需要什么，社会需要什么，结合个人的兴趣、性格、能力、特长、经历等客观地进行自我评估，对学校、家庭、社会、行业等环境进行分析，然后确立职业方向，同时根据自己的爱好、实际能力和社会需求制订有效的实施步骤，做好大学三年的学习和成长计划，比如某个学期该做什么、自己要达到什么目标等，不断总结和完善。

大二学习的内容有第二、三篇：职业导向训练和职业定向训练。通过时间管理、团队协作、职业礼仪、情绪控制与压力管理、执行力、就业市场调查、就业形势与职业要求、自我探索与职业选择、职业岗位定位九个专题的学习和训练，使大学生明确职业素养在职业生涯中的定位、重要性内容，积极培养和提升个人职业素养和专业技能，对职业生涯规划中的不和谐之处进行矫正，增强个人就业能力。

大三学习的主要内容是第四篇：求职能力提升。通过简历制作、面试技巧和毕业流程三个专题，帮助大学生掌握就业、择业的技能、技巧，做好求职择业准备，为进入适合自己的职业生涯而冲刺。

本书除了有理论内容，还包括讲座、讨论、体验、展示等实践教学环节，把课程教学贯穿到学生三年的大学生活中，希望在专业教师深入参与下，帮助大学生从入学开始就重视职业生涯发展规划，提升职业素养，强化专业学习，锻炼专业技能，提升就业核心竞争力，从而实现毕业与就业的无缝衔接；帮助大学生迈入职场，开启个人职业发展之路。因此，本书有助于广大高职高专学生从自身实际出发，结合自己的专业学习以及职业生涯发展目标及早规划大学三年的学习和成长计划，从而为其健康成长和将来就业以及可持续性发展打下坚实基础。

本书注重实用性、实操性、可读性、融合性，是编者结合多年的职业生涯规划与就业指导课程的改革探索、授课经验编写而成的，力求贴近新时期高职学生的特点，有较强的针对性和实用性。

本书主要由广东创新科技职业学院和顺德职业技术学院共同组织教学经验丰富和长期在第一线从事教学、就业指导和咨询的老师编写而成，由吴志卿、陈小君担任主编，陈文静、王浩森、陈梓欣、方建华担任副主编，参与编写的人员还有李建忠、王笑霞、陈艺敏、邬经棚、刘伟深等。本书在编写过程中，得到了广东创新科技职业学院陈粟宋副校长的大力支持与悉心指导，不仅在内容上进行专业性指导，而且在组织召开编写会议、出版衔接等方面均给予了指导和帮助，在此深表谢意！同时也对给予支持和提供帮助的老师们送上诚挚谢意！

本书在编写过程中，参考借鉴了一些同行的文献和资料，在此对原作者表示衷心的感谢！

因时间仓促及编者水平有限，书中可能还存在许多缺点、疏漏和不足，甚至不妥之处，真诚欢迎各位专家、教师、学生和广大读者多提宝贵意见，多批评与指正，以便我们今后不断改进和完善，在此一并表示诚挚的谢意！

编　者
2021 年 5 月

第一篇　大学生涯规划

第二篇　职业导向训练

第三篇　职业定向训练

第四篇　求职能力提升

 学校印象

★ 学习重点

1. 能够自觉利用大学的环境塑造和提升自己。
2. 能够通过多种途径收集所需资料，能够正确选择与综合运用身边的各种学习资源。

案例 导入 ▶▶

　　小何是某职业学院会计专业即将毕业的学生。2021 年 5 月，她通过专插本(统招专升本在广东省的称呼)考试，正式被华南师范大学南海分校录取。

　　回想起刚刚进入职业院校时，小何说当时高考因发挥失常未能考上本科，心里很难过。但是开学第二周辅导员黄老师的一番话改变了她的一些想法和看法。辅导员黄老师说，每所大学都是一座知识的宝库，只要早点认识并善于开发利用，每个人都能有不一样的成功。接下来的几周，学校图书馆也给大学新生举办了一些讲座。在讲座上，图书馆的老师向新生介绍了图书馆的学习资源，以及如何利用好这些资源，并组织新生实地参观了图书馆。走在图书馆书架旁的空道上，看着两旁书架上厚厚的、一摞摞的书，小何惊讶地发现，原来大学图书馆的图书资料是如此丰富和多样，小何心里受到了震撼。从那以后，小何迅速调整了心态，开启了全新的大学学习生活。

　　小何很快就喜欢上了大学生活。每次上课，她都选择坐在最前排，认真地听课和做笔记，并与老师和同学交流学习。课余时间，小何经常去图书馆的阅览室看书和学习。有时学习中在图书馆查不到最新的纸质资料，小何就到网上去搜索，因此经常能很出色地完成作业。

　　大学里有各种专题讲座、学术报告、科技活动、社团活动，小何经常会留心有没有自己感兴趣的专题知识或讲座，然后调整自己的时间抽空去听。通过听取相关讲座，她学到了很多其他专业的新知识，尤其是听了提升学历的讲座后，让她真正明白了提升文凭的重要性，她开始暗下决心，要尝试去考本科。

　　第一年大学生活瞬间就过去了，小何感觉自己收获了很多。第二年开始，学校开设了一些选修课，而且学校也规定选修课必须达到一定的学分才能毕业。可是看着那么多的选修课，到底应该选哪些课程呢？小何存在疑惑。最终经过深思熟虑，小何考虑到自己的专业特点与自己的兴趣，并询问了老师要开设的一些课程的教学内容，于是她在大二上学期便选了社交礼仪、应用文写作等课程。

两年多的学习时间很快就过去了，小何经过充分准备，最后顺利通过专插本考上了本科院校。回想自己的高职生活，小何说她高职学习期间，不只是学到了很多知识，更重要的是学会了如何利用身边的学习资源。

解析 小何大学学习的成功经历说明了什么？大学期间要充分认识学校，要善于利用身边的学习资源，要制订科学的学习规划，这些对顺利完成自己的职业生涯规划有什么作用？

大学校园是一种能有效地帮助学生实现知识与能力同步增长的环境。大学是进行人才培养并为社会输送人才的重要场所，能为学生就业创业提供各种条件和指导服务。作为大学生要珍惜大学校园生活，要充分利用各种条件和资源提升自我。

第一节　充分认识、了解和熟悉大学校园

在任何一所大学里，平庸的大学生都是相似的，不平庸的大学生各有自己的精彩。环境不会自动改变，解决之道在于改变自己。特定的校园文化熏陶出特定的学生群体个性，特定的学生群体个性中则会折射出特定的大学精神。

对于大学新生而言，及早认识和利用好校园资源很关键。因为从新生报到第一天起，你就要在这个特定校园环境里度过几年的大学生活，所以你越早熟悉情况和适应环境对自己专业学习越有利。大一新生入校后，可以先花上一点时间把学校的一些功能区域了解一下，先从了解学校发展历史开始，再按照学校的区域布局把教学楼、实验实训楼、食堂、图书馆、运动场、体育馆、生活区等地方都了解一下。只有了解了校园的历史和设施设备才能更好地融入校园文化生活，同时也为自己下一步的大学学习和校园生活带来便利。

在报到入学后的最初阶段，你需要了解学校的专业、重点学科、学科带头人及相关知名教授等，这些可借助学校官网或公众号获悉。如果需要深入了解本专业的"牛人""网红"，则可直接咨询辅导员或专业课老师等。此外，还需要完整了解图书馆，了解学校藏书有多少、哪类书比较多、怎样查阅资料、怎样在线浏览等。

一、校园硬件设施

校园硬件设施通常包括教室、实验室、图书馆、计算机房、食堂、超市、银行柜员机、快递驿站、运动场、体育馆、报告厅等。校园硬件设施是学生入校后要尽快熟悉的内容。大学的教室有别于中学阶段，有时候是按课程安排教室，不像中学时按班级安排教室。学生找教室，往往有些学生因找不到教室而迟到、缺课，这种情况要尽量避免发生。另外，图书馆是大学生大学期间最常去的地方，学生们在这里受益良多，因此，图书馆是大学生

最应该要去熟悉的场所。

二、校园文化和学校历史

校园文化包括校训、校徽、校花、校歌、校园弘扬的精神等。如清华大学的校训是"自强不息，厚德载物"，广东创新科技职业学院的校训是"厚德自强，创新不息"。校训反映了学校的创办宗旨和方向，是校园人受教育的内容之一。从建校史可以看出学校创办过程中所经历过的道路、成长的过程，让校园人更懂得作为学校成员应该为学校的建设和发展做出什么样的贡献，怎样成为一名能够写入学校发展史的校友。

三、室友、班友、校友、老乡

一般情况下，新生入学后最希望在大学新环境里能找到几位自己熟悉的人，这些人中包括在入学时帮自己忙前忙后的师兄师姐，当然还包括自己寝室的室友、班级里的同学，尤其是与自己一同前来读大学的中学同学以及自己家乡或者中学的高年级同学。这些人可能给自己的大学生活提供比较多的指导和帮助。

寝室里的几位兄弟(姐妹)从入校起就要共同生活和相处几年大学时光，彼此之间建立良好的关系是非常重要的。寝室关系往往可分为四个发展阶段：第一阶段，有事大家一起上，互帮互助，一起分担，通常这是刚加入寝室小集体的第一个月的情形；第二个阶段，寝室开始分化为小圈子，根据性格、爱好等迅速形成小群体，此时寝室的大活动还是可以进行的；第三个阶段，逐步形成好朋友与一般朋友的区别，两两关系好的情形多一点，此时分化明显了；第四阶段，可能形成朋友与"敌人"关系，因为性格、观念、爱好以及阅历等方面的差异，室友间容易产生分歧与对立，其实，大家也没有什么"深仇大恨"，往往可能就是因为一些生活琐事而引起了对立，倘若因此对立两三年就不值得了，也没有必要，因为能够成为同寝室室友是人生中难得的缘分，大家要彼此珍惜。我们不妨看看电影《中国合伙人》，影片中展示了一个很好的处理和提升寝室关系的方法：自己的事情自己做，别人的事情帮着做，大家的事情一起做。如果大家都领悟了这个道理，寝室关系一定会处理得很好。

通常，一些新生会在大一上学期与同一城市或相距不远的高中同学保持密切的联系，但不能因此忽略了与大学新同学建立良好关系的机会，毕竟在大学新环境下大家要一起生活好几年。多与大学同学相互交流，一起上课、学习、吃饭、运动、游玩及参加活动等都是建立友谊的机会，也是相互学习、共同进步和成长的机会。大学一个班级有几十位同学，建议尽量跟每一位同学都有一定的接触和交流，然后再决定跟谁建立更深的关系。多参加一些集体活动，多与同学沟通交流，避免始终在自己的小圈子中生活，因为大学同学也是一笔非常宝贵的人脉资源，班集体是我们修炼团队精神的最正式的基层场所。

如果你有兴趣和精力参加一些社团组织，会结识很多本校的同学和师兄师姐。当然，还可以通过听学校的公开讲座，听同一年级的不同专业课，参加跨年级、跨专业社团，参加校学生会，去校园网 BBS 参与网聊等进一步建立更广泛的人际关系。在认识校友时，要怀着一种诚恳请教的友好态度，因为校友毕竟在一定程度上能告诉你本校怎么样、学校所在城市怎么样、大学怎么度过等问题，会让你更了解大学，更快适应大学，少走弯路，同时也能拓展自己的关系网。在结识校友时要注意尽量找与自己兴趣相同或思想观念相近的人,志同道合的朋友能为日后的学习生活奠定良好的人际关系基础。

四、老师

老师主要包括辅导员和专业课老师。老师对学生的影响是至关重要的,所以,学生要尽可能地主动接触老师,以便进一步了解学校的管理要求和专业学习要求,积极帮助老师做一些力所能及的事情。

老师是大学生最大的校园资源,因此要多与授课老师以及你喜欢的专业课老师建立联系,争取找到一位能启迪你一生的导师。争取和老师在学术上有交流是认识老师的最好途径,当然,需重点注意的是要尊重老师的劳动,上课要认真听讲,课后要多钻研。结识老师的渠道还包括通过已认识的老师或者辅导员推荐,或者是在课堂上直接向老师要联系方式等。在得到老师的联系方式后,就建立起一份老师交流日志,如果可以,则定期或不定期向老师汇报成长点滴和心得体会,在老师的指导、鼓励与影响下进步。老师如果暂时没有给你回复,那么你也要坚持定期汇报,争取使老师看你的邮件或信息成为一种习惯。

五、社团组织

开启你的大学学习生活后,选择一到两个社团参加其活动是很重要的,为此,在选择之前要对一些社团组织进行认真研究和分析。

大学阶段是人生成长的黄金时期,学生之间在入学时自身素质和能力其实是相差不大的,但是两三年之后,尤其是到毕业的时候,就可以看到不同个体之间存在着明显的差距。究其原因,这与学生在大学期间是否注重自身综合素质的培养有着很大的关系。大学社团组织活动是校园文化的重要体现,也是第二课堂的主要载体,同时也是开展大学生思想政治教育工作的重要渠道。大学社团活动是学生锻炼实践能力、培养兴趣、发展特长、全面成才、培养团队精神和自我生存能力的重要基础。大学教育的任务之一就是帮助青年学生更好、更快地完成社会化转变,而参加学校的社团活动是大学生进行社会化转变的重要途径。

社团组织是校园里一种非常活跃的群体,而且是最自由的群体。大概在新学期开学后的一个月,学校各大社团组织都会着手开展招新活动。很多新生都会选择加入多个社团组织,一些学生虽然形式上加入了一些社团组织,但实际上并没有真正地参与过社团活动,甚至在社团宣讲会上就选择退出,为此,想通过社团组织锻炼自己的机会也随之失去了。在此建议大一新生在初步考察了解学校社团组织后,要结合个人成长的需要,有针对性地加入一到两个感兴趣的社团组织,没必要贪多,否则会因参加社团过多而无法深入参与当中的活动,或无暇顾及专业学习。但一旦决定加入某个社团组织,就应积极地参与社团活动,尤其是在确定社团组织中的岗位后,要努力工作。与志趣相同的同学一起筹划、举办社团活动,也是在积累经验。社团活动不仅可以培养大学生的兴趣、发展专长、提升技能,而且还能够帮助大学生扩大社交圈子,有效地培养大学生的团队精神及自我生存的能力,为个人日后的成长和发展创造多种可能性。

六、学校就业指导中心

本书之所以把学校就业指导中心单独列出来，是因为目前大多数学校都是把就业指导中心作为学生的职业生涯规划教育课程的主要执行部门来对待的，其目的是为大学生就业创业提供详细的就业指导和服务工作。作为专职为学生职业生涯教育和就业提供服务的机构，大学生理应提早知道它的所在，通过接触、借助和利用该部门提供的人才市场等方面的信息资源，着眼于三年之后的就业去向，规划自身的大学学习和生活，为今后自身顺利就业以及创业打基础。

第二节 利用身边的学习资源

学习资源简单地说是指可以用来学习的一切资源。通过什么途径来学习，这是刚刚步入大学校门的大学生们经常遇到的一个问题。由于高中和大学存在着不同的培养目标，所以相应的学习途径也是不一样的。在高中阶段，课堂教学几乎是高中生学习的唯一途径，教材和参考书几乎是高中生获得知识的主要来源。而在大学期间，每位学生都需要通过不同的途径和渠道去学习和吸收知识，一方面出于扩展、丰富和充实课堂上所涉及的知识的需要，另一方面在于发展兴趣、培养能力。大学上课时间相对较少，大学生有较多可供自由支配的时间，这也为大学生通过其他途径学习创造了条件。大学生可利用的学习资源是非常丰富的，充分利用学习资源，需要做好以下几个方面。

一、利用好第二课堂——图书馆

认真细心的同学可能会发现，大学老师讲课和中学老师有较大的区别。大学老师上课偏重讲教材重点，为此，就需要同学们利用资源自行收集资料进行预习、补充、巩固老师上课所讲的知识内容。收集资料首选图书馆，因为图书馆里有大量的专业和非专业书籍以及数字化资源。下面案例中小陈和小张的故事就充分说明了利用图书馆资源的重要性。

案例 导入 ▶▶

　　小陈和小张是某职业学院建筑专业的毕业生。在大学期间，小陈上完课后，都在图书馆看一些专业方面的书，既能较好地理解老师上课所讲的内容和知识点，也能学到一些老师在课堂上没讲到的新知识。小张则恰恰相反，平时上完课后，就把教材扔到一边，即使去图书馆也是借一些武侠小说等非专业方面的书籍。到考试的时候，就临时复习功课，这种状态一直持续到毕业季。后来大家都开始进入找工作的阶段，一些单位也陆续来学校进行招聘。一天，一家比较有名的建筑公司来学校招聘，小陈和小张也都参加了招聘。招聘分两个环节，先是笔试，后是面试。看到笔试题目后，小陈感觉很轻松，因为这些题目自己平时在图书馆看书时都看到过。小张却很紧张，看着这些题目，感觉好像有点熟悉，毕竟老师在课堂上提起过，可是又很陌生，因为当时老师要求同学们自己到图书馆借几本相关的书看一看，但他一直没有借过。笔试很快就过去了，小陈顺利地通过了，并且最后也通过了面试。到这时，小张才意识到，自己在大学期间没有充分利用好图书馆资源，这是一个很大的错误。

既然图书馆中的图书是大学生最重要的学习资源，那么利用好图书馆资源进行学习是每位高职大学生都应该做到的。为了有效地利用图书馆资源，必须了解自己学校图书馆的一些情况，比如图书馆的资料涉及哪些学科？这些资料分为哪些类型？借阅这些资料的流程是怎样的？如何查找自己所需的资料？对于这些问题，图书馆老师或本学院的老师会在新生入学时以讲座的形式给同学们进行介绍。

一般高职高专院校图书馆的藏书量有几十万册，甚至达几百万册，而且学校图书馆一般都允许读者自行进入书库查阅图书。如果不提前对自己所借图书的学科门类、书名或作者进行了解，那么要从这么多图书里选出自己所需要的确实很费劲，也浪费时间。所以借书前最好通过某种途径尤其是通过网络了解一下拟借图书的一些情况。现在很多高职高专院校都有网上书名查询系统，不同学校图书馆不一定完全相同，但都充分发挥着图书馆资源应有的作用。

二、利用网络上的学习资源

通常老师布置读书任务后，如果有同学说资料很难找，周围的同学肯定会说："你上网查了吗？用百度搜一搜吧。"随着互联网的深入发展和广泛应用，网络已成为当今信息社会最大的信息库。网上资源的查询有两种方式：一种是借助专业网站查询，可以进入中国期刊网、万方数据、维普科技信息网等，只要输入关键词或词条便能快速查到与之相关的内容，这种方式的特点是专业性强，但查到的资料主要是论文等研究性内容，而且查看全文有时需付费。除了这些专业网站外，还有一些数字资源网，这些网站可以提供免费下载的图书，如道客巴巴、豆丁网等。另一种查询方式就是一般网站查询，与专业网站相比较而言，其特点是信息资源丰富，虽然也能搜到专业的知识信息，但更多的是非专业性的知识信息。一般这类信息都是借助搜索引擎来完成的。目前常用的搜索引擎主要有百度、搜狗等。当打开一个搜索引擎的网址后，输入搜索的项目，默认状态下，引擎就会提供一个网址列表，其中包括可能需要的信息。因为网络信息量巨大，在搜索时一定要明确自己想要的信息，同时要培养自己从大量信息中选择所需信息的能力。

三、多向周围的人虚心学习

大学里，学生不仅要学会利用各种资源进行学习，而且还要学会向身边的人学习。一般大学的老师在自己所研究的领域都有独到的见解和较深的造诣，所以老师是学生获得知识的重要来源。而向老师学习的主要方式是听课。老师在授课时会不断地把自己的研究成果和心得分享出来，并与学生共同探讨，这个交流的过程就是获得知识的过程。当然在课余时间遇到问题时，也可以向老师请教。在大学里除了学识渊博的老师外，朝夕相处的就是身边的同学了，所以有时也要多与身边的同学探讨。要知道，一个苹果和一个苹果交换后还是一个苹果；而如果一种思想和另一种思想进行交换后，每个人就有两种思想了。

四、留意各种讲座，积极参加社会实践

大学还有一个明显的特色就是各种专题讲座、沙龙、社团活动特别多。既有学术方面的讲座也有非学术方面的讲座，还有校外一些专家、成功企业家或资深高管等来开设的讲座。学校社团配合学生需求也会经常组织一些活动。这些讲座、报告和各种活动，会给大学生提供一些新的知识、新的视角。一般在讲座开始的前几天，学校宣传栏里会张贴海报，公布讲座的时间、地点、主讲人以及所讲内容等一些情况。同学们平时要留意这些信息。不仅要留意本学校的讲座，也要留意附近高校的一些讲座。对一些比较好的讲座，要提前去，如果去晚了很有可能难以入场。对大学生来说，还有一个非常重要的学习机会就是参加社会实践。社会实践对个人综合素质和团队合作精神的培养是课堂教学难以替代的。丰富多彩的社会实践活动能使同学们学到很多在课堂上学不到的东西。这也是很多公司在招聘应届毕业生时注重应聘人员社会实践经验的一个重要原因。

五、认真选好自己喜欢的课程

现在所有的大学都会给学生开设一些选修课。大学里的选修课，就像是一顿丰盛的"自助餐"，可是面对这么多具有独特味道和营养的"菜"，大学生应该如何选择才能做到既满足自己的口味，又能达到营养均衡呢？很多同学可能会随便选选了事，从而错过了一条提高自己综合素质的有效途径。所以，在选择选修课时，最好根据自己的兴趣，结合专业特点，并考虑未来的发展需要。

案例导入 ▶▶▶　·······

阿敏目前是某职业学院的学生，她考入大学的时候，报读的是计算机应用技术专业，但是由于自己的数学不是很好，学起来挺吃力，而且她也不喜欢学理工科。大二时，学校开设选修课，其中有传播学这门课，她平时很喜欢看传播方面的书，觉得很有意思，就选修了这门课。通过大半学期的勤奋学习，她决定报考外校传播学专业的本科。经过半年多的努力备考，她最后如愿以偿地考上了一所本科大学的传播学专业。

同学们既然跨入大学校园，就要安心适应大学，充分利用大学校园的各种资源和条件，加强自身素质锻炼，为三年后实现好的就业而打下坚实的基础。

▰▰▰ **思考与实践**

1. 大学新生的环境认识——重在了解校园的硬件和软件设施。

大学一年级新生刚入学，为了更好地融入新的环境，除了要对学校的学习生活环境进行必要的了解之外，还应对学校的文化和历史有一个清晰的了解。具体应了解的内容可以参考表1-1进行认知。请同学们利用两周的时间填写表1-1中的内容。

表 1-1　对学校了解的内容

了解的项目		了解的内容				
		位置	开放时间	使用条件	注意事项	相关联系人
校园硬件	图书馆					
	教室					
	实验室					
	机房					
	运动场					
	超市					
	食堂					
	报告厅					
	学校就业指导中心					

了解的项目		了解的内容					
		姓名	家乡	兴趣爱好	联系方式	职务	……
人脉圈	室友						
	班友						
	老乡						
	校友						
	老师						
	领导						

了解的项目		了解的内容					
		组织的主要职责	负责人	部门分配	部门负责人	部门职责	加入条件
学生会、社团等组织	社团联合会						
	社团						
	学校学生会						
	院系学生会						
	各类协会						

　　2. 利用业余时间去学校图书馆看看，并写下你对大学图书馆的第一印象及感想，在今后每学期初和期末拿出来阅读，对照看看自己是否依旧保持着上大学的初心。

大学生行为规范与礼仪教育

1. 认识和理解大学生行为规范相关的概念，自觉树立个人行为规范意识。
2. 学习大学生行为规范修养相关内容和违纪处分相关规定，自觉规范个人行为。
3. 学习和理解校园文化与礼仪修养的内在联系，自觉加强礼仪修养。

第一节 大学生行为规范

大学阶段是大学生发展的关键时期，在这里，大学生将真正进入知识视野的拓展阶段，也将进入真正意义的社会组织之中。

一、大学生行为规范的含义

1. 行为

行为，一般是指人们在社会生活中所表现出来的一系列表情、言谈、举止和行动。行为是人们有意识的活动，是人的生命体与环境进行交流的桥梁。由于人是社会的人，因此，人的行为从实质上来看是社会行为。

2. 规范

规范是人类社会生活中普遍存在的现象，一般说来，规范是人们在日常生活中根据交往的需要，由社会约定俗成或用明文规定而逐渐形成的一些准则，是用来衡量和约束人们言行的一些具体尺度。古人用"规矩""准绳"等来说明其特点。规范对人们的行为有着重要的作用，它是人们行为的指南。

3. 行为规范的特点

行为规范的特点如下：

(1) 舆论性。在调整人们相互间的关系时，规范表现为一股强大的社会舆论力量，这跟法律有着明显不同之处。舆论是一种无形的社会力量，有力影响甚至制约着人们的思想情感，因此能够发挥着调整关系、解决矛盾的作用。

（2）自觉性。规范跟纪律、法律不一样，它是靠人的自觉性。在调节人们相互间的关系时，主要靠人们的自觉行动去实现。这一特点在生活中表现为自我监督的力量。因此，与纪律和法律相比而言，行为规范对人们的影响要深刻很多。

（3）他律性和自律性的统一。他律性是客观因素对行为主体的一种导向和节制，个人只有顺应它，才能获得活动的相对自由。自律性是要求主体把外在导向转化为内在导向，即转化为行为主体自己的意志约束。如果行为规范的他律性不转换为主体的意志约束，那么对主体来说就无规范意义。

4. 大学生行为规范的含义

所谓大学生行为规范是指大学生在校学习期间，在学习、生活等一系列行为方面所应自觉遵循的准则。

社会要求大学生不仅要具有深厚的科学知识、专业技能，还要有远大的理想、高尚的道德修养和纪律观念。而贯彻执行大学生行为规范，有助于提高大学生的文明素质，帮助其成长为有理想、有道德、有文化和有纪律的社会主义现代化建设的合格人才。

二、大学生日常行为规范

大学生良好行为习惯的养成，有助于形成良好的校风和学风，有助于树立正确的理想信念。

1. 大学生校园日常行为规范

大学生校园日常行为规范的内容如下：

（1）遵纪守法，弘扬正气，抵制邪教。

（2）维护公共秩序，遵守校园管理规章制度。不得有酗酒、打架斗殴、赌博，传播、复制、贩卖非法书刊和音像制品等违反治安管理规定的行为。在校园公共场所讲话、交谈要文明得体；讲究公共场秩序，自觉排队；不在禁烟场所内吸烟。

（3）同学交往要举止得体，男女交往要语言文明；主动热情关心妇女、儿童和老人等。

（4）诚实守信，严于律己，履约践诺，知行统一。

（5）在校园内行走时，挺胸抬头，保持良好的步行姿势和文明礼貌的行为。主动与领导、教师打招呼，使用"您好""早上好""谢谢"等现代文明用语。

（6）节约水电，养成节约的良好习惯。

（7）爱护公共财物、草坪、花木，禁止践踏草坪等。

（8）勤奋学习，刻苦攻读，做"四有"新人；维护正常教学秩序，培养良好的学习习惯。按时上课，不迟到、不旷课、不早退，认真听讲，勤动脑，主动学习，提高学习效率，考试不作弊。

（9）自觉维护公共环境卫生。不随地吐痰，不乱扔果皮、纸屑等杂物，不乱丢垃圾、不乱贴乱挂、不乱刻乱画。

（10）遵守宿舍管理制度，提倡健康娱乐，营造和谐的生活和休息氛围；宿舍成员要有集体荣誉感，团结、互助，彼此谦让和尊重，为他人排忧解难。

(11) 遵守网络文明行为，不传播有害信息。不制作、传播谣言及散布虚假信息；不传播网络病毒；不在论坛、贴吧、博客、聊天群等空间谩骂或发布不文明内容；不窥探、传播他人隐私。

(12) 不恶意攻击、骚扰和诽谤他人。

2. 大学生宿舍相处行为规范

在三年的大学生活中，舍友可能是与你相处时间最长的人，因此，与宿舍成员搞好关系至关重要。融洽的舍友关系，不仅使你心情舒畅，也有利于学习和身心健康；反之，若关系不和，甚至紧张，就会给生活抹上一层阴影。那么如何处理好宿舍关系，使宿舍真正成为一个温馨的"家"呢？

(1) 与舍友尽量保持步调一致的作息时间，在日常生活上给予理解和包容。

(2) 不搞"小团体"，以平等的态度真诚地对待每一位舍友。

(3) 不触犯舍友的隐私，尤其要注意的是，未经舍友同意，切不可乱翻其物品。

(4) 积极参加宿舍集体活动。宿舍集体活动不单单是一个活动，更是舍友之间联络感情的一种方式。

(5) 关心他人。舍友有困难一定要帮，当然，自己有事也要求助于舍友。良好的舍友关系是以互帮互助为前提的。

(6) 不拒绝零食和宴请。倘若不论是零食还是宴请，你都一味拒绝，时间一久，舍友难免会认为你自视清高和孤傲，慢慢对你敬而远之。

(7) 维护共同的宿舍生活环境，承担并完成分内的宿舍义务。

(8) 学会赞美，不要吝惜对别人的夸奖，这是一种高尚美德。

(9) 用友好合理的方式妥善解决日常矛盾和误会。

以上日常生活中的小事，如都能做到，对处理好宿舍关系能起到事半功倍的作用。不要让一个不经意的行为产生误会，造成矛盾。

第二节 大学相关管理制度

俗话说没有规矩不成方圆，人们做任何事情都要讲规矩、懂规矩、守规矩。如果没有规矩进行约束，各行其是，校园就会陷入混乱状态。学校的校规校纪是对学生偏离基本行为规范和教育目标的警示和纠正，是对学生的一种辅助教育形式。本节主要以《某学院学生违纪处分实施细则》为依托向大学生介绍学校的规章管理制度。

一、大学规章制度相关介绍

1. 校纪校规——决不能触碰的红线

《学校学生违纪处分实施细则》部分内容如下：

第五条 违反国家和地方法律、法规，受到公安、司法机关处罚的，按以下规定处理：

(1) 被判处有期徒刑以上刑罚或送劳动教养者，给予开除学籍处分。

(2) 被判处管制、拘役或被处以拘留者，视情节轻重，给予留校察看或开除学籍处分。

(3) 被处以罚款者，视情节轻重，给予记过或留校察看处分。

(4) 被处以警告者，视情节轻重，给予严重警告或记过处分。

(5) 公安、司法机关认定其行为已构成违法，但不予处罚者，学校可视情节轻重，给予警告或严重警告处分。

第十八条 学生不得有反对四项基本原则的言论和行为，不得从事非法的社会、政治、宗教活动。有下列违反政治纪律的行为之一者，视其情节轻重及后果，给予记过以上处分。

(1) 违反《中华人民共和国集会游行示威法》或其他有关法律法规，不听学校依法劝阻或者制止，组织、参加未经批准的集会、游行、示威活动；组织、煽动或参加扰乱社会秩序、破坏学校管理秩序、破坏学校安定团结的活动。

(2) 书写、制作、张贴、投递、散发大小字报、反动传单、标语等，以及通过网络等其他途径散布反动言论，混淆视听，制造混乱。

(3) 组织成立、加入非法社会团体或组织，从事非法活动。

(4) 违反学生社团管理的有关规定，组织成立未经批准的学生社团并开展活动，出版刊物，或以合法学生社团的名义开展非法活动，或有其他违反学生社团管理规定并造成严重后果的行为。

(5) 组织进行或参与邪教、非法宗教、迷信活动。

2. 校园秩序——平等公正的敬畏

第二十一条 有下列扰乱校园秩序行为的，视其情节、性质、后果，给予严重警告以上处分。

(1) 扰乱办公楼、教学楼、图书馆、体育馆、饭堂等公共场所秩序，致使工作、教学、科研等活动不能正常进行的。

(2) 散布谣言或者以其他方法扰乱校园秩序的。

(3) 拒绝、阻碍学校管理人员依法或依校规校纪执行公务的。

(4) 非法携带、持有管制刀具或其他危险物品的。

第二十二条 寻衅滋事、打架斗殴的，按以下规定处理。

(1) 策划者：一是策划他人打架未造成后果者，给予记过处分；造成后果者，给予留校察看处分；造成严重后果者，给予开除学籍处分。二是串联校外人到校内打架肇事者，未造成后果者，给予留校察看处分；造成后果者，给予开除学籍处分。

(2) 打架者：一是动手打人致他人轻微伤以下的，给予记过处分；二是致他人轻伤者，给予留校察看或开除学籍处分；三是致他人重伤者，给予开除学籍的处分；四是持械打人或勾结校内外人员聚众打架者，视后果轻重，给予留校察看以上处分；五是打架中止或被劝阻，事后又报复打人者，视后果轻重，给予留校察看或开除学籍处分。

(3) 参与者：以"劝架"为名，偏袒一方，促使斗殴事态发展，并产生不良后果者，给予严重警告至留校察看处分。

(4) 伪证者：目击者故意为他人作伪证，并使调查造成困难者，给予警告至记过处分。

(5) 为他人打架提供凶器者：一是未造成伤害的，给予记过或留校察看处分；二是造成伤害的，视情节轻重，给予留校察看或开除学籍处分。

(6) 持械伤人者：视后果严重程度，给予留校察看或开除学籍处分。

二、大学生违纪处分的种类

学校对违纪学生实施处分的原则：做到事实清楚、证据充足、程序正当、依据明确、定性准确、处分恰当。所以作为一名大学生，就应该对学校的各项规章制度常怀敬畏之心，要遵守和牢记。对违纪行为的处分种类包括警告、严重警告、记过、留校察看和开除学籍五种，通过以下不同违纪行为的学习，大学生要自觉规范自己的行为。

1. 警告、严重警告的处分

警告、严重警告的处分的内容如下：

(1) 在综合测评和评优评奖中营私舞弊者，视情节给予通报批评或警告处分。

(2) 违反考场纪律的行为：不携带或拒不出示规定的证件参加考试；携带规定以外的物品进入考场且不放在指定位置；未在规定的座位进行考试；开考信号发出前答题或考试终了信号发出后继续答题；考试过程中未经监考人员同意擅自进出考场；在考试过程中旁窥、交头接耳、互打暗号或者手势；未经允许将试卷、答卷(含答题卡、答题纸等)、草稿纸等考试用纸带出考场；在考场内外大声喧哗、不服从监考人员管理以及其他扰乱考场秩序行为；用规定以外的笔或纸答题，或者在试卷规定以外的地方书写姓名、考号，或者以其他方式在答卷上标记信息的；其他违反考场规则但尚未构成作弊的行为等以上违纪给予警告或严重警告处分。

(3) 在宿舍内使用学校明令禁止的各种电热器(电炉、电热杯、电饭锅等)的，给予严重警告处分。

(4) 私自启封电表偷电者，给予警告以上处分。

(5) 在宿舍区哄闹，给予警告以上处分。

2. 记过或留校察看的处分

记过或留校察看的处分的内容如下：

(1) 属于考试作弊的行为：夹带与考试内容相关的材料或考前把与考试相关的内容写在可以看到的地方；抄袭或者协助他人抄袭试题答案或者与考试内容相关的资料；抢夺、窃取他人试卷、答卷或者强迫他人为自己抄袭提供方便；在考试过程中携带通信设备；传递与考试内容有关的材料，或利用电子设备储存、传递与考试有关的信息；考试期间销毁试卷、答卷或者考试材料；评卷中被认定为雷同答卷；其他违反考场纪律行为严重的。凡考试作弊者，该门课程考试成绩无效，且不准补考。视情节轻重给予记过、留校察看一年处分。

(2) 学生个人或集体未经学校相关主管部门批准，不得以任何借口在校内设摊摆卖、推销物品，从事经商活动，违反者，视情节轻重，给予记过处分。

(3) 学生进行非法或传销活动，视情节轻重，给予记过或留校察看处分。

(4) 盗窃公章、保密文件、试卷、档案等物品的，给予留校察看以上处分；为作案者提供帮助的，比照作案者处理。

(5) 用威胁、恐吓或其他手段胁迫异性强行谈恋爱者，给予记过以上处分。

(6) 对证人打击报复的，根据情节、性质、后果等，给予记过以上处分。

(7) 伪造教师签名、各类获奖证书、证件、证明、公章者，给予记过以上处分。

(8) 在体检中作弊的，给予记过或留校察看处分。

3. 开除学籍的处分

开除学籍的处分的内容如下：

(1) 属于考试严重作弊的行为：请他人代考试或代他人考试；组织作弊；利用通信设备作弊以及其他作弊行为严重的，给予开除学籍的处分。

(2) 以作弊、剽窃、抄袭等学术不端行为或者其他不正当手段获得学历证书的，给予开除学籍的处分。

(3) 多次偷窃的行为，给予开除学籍的处分。

(4) 屡次(两次以上)违反学校规定受到纪律处分，经教育不改的，给予开除学籍的处分。

大学是求知探索的象牙塔，是张扬个性的殿堂，不是任何人为所欲为的地方。在大学校园里不仅要学习文化知识，而且还要学会做人，学做有责任、有自信、有诚信、有纪律、有理想、有道德的新时代大学生。

三、受到违纪处分的影响

1. 违纪处分者止步评奖评优

在高校里，评奖评优工作能有效引导和激励广大学生积极向上、立志成才、勤奋学习、全面发展，对学生的健康成长有着积极而深远的影响。高校的评奖评优的种类主要有国家奖学金、国家励志奖学金、学生奖学金、优秀毕业生以及学生各类活动竞赛奖、特别奖等。受到纪律处分的学生，将取消当年参加各种奖励、各类奖学金评定的资格。

2. 违纪处分者无缘参选学生干部

在大学里，学生干部候选人有资格和条件的要求，如遵守国家法律法规、遵守学校的各项规章制度、无违法违纪现象等。

3. 违纪处分者令个人威信跌入谷底

威信是一个人立足社会之本，是对一个人的社会名誉和声望的总结与概括，对同学们在大学里的成长至关重要。大学的违纪处分中一旦有记过、留校察看、开除学籍等处分，毕业前是不能消除的。学生一旦出现违纪行为，不仅会受到严肃处理，而且还被记录在个人档案上，这样会影响到同学们和老师们对其的印象，大学履历上从此抹上了黑暗的一笔。可见，为了自身的威信与形象，不要以身试法，触碰校规底线。

4. 违纪处分者档案污点伴其一生

学生个人档案是学生在校期间学习和生活情况的真实历史记载，也是大学生的第二张身份证，不管当前在校学习还是今后在单位工作，档案都会伴随其一生。档案能确定大学生个人身份、家庭出身、学习经历、社会关系等资料，是学生毕业后转正定级、评定职称、应征入伍、报考公务员、就业等最有力的依据。因此，一张没有受过处分的档案既是对大学生三年大学生活质量的肯定，又是毕业后找一份好工作的保障。

大学对违纪学生的处分，主要视其违纪情节及认错态度，给予相应的处分。学生所受到的各项违纪处分，将被真实地存入学校档案和个人人事档案，会跟随个人一生。因此大学生一定要规范自身行为，自觉遵守国家法律法规和学校校纪校规，不在个人档案上留下污点。

四、避免出现违规违纪

1. 独行人生需要自律

大学时期是大学生学会自我管理的一个关键时期，人生之路需要个人独自面对。当一个人独处的时候，因为没有他人监管，往往会做出有人在的时候无法做出的举动，如果一而再再而三这样做，就可能会出现品德问题，所以提升个人独处能力是每一位追求高尚的人都应该做的功课。

2. 永远记住学业是第一位的

每一个人都是怀着一颗憧憬的心进入大学的。大学的生活是丰富多彩的，那么面对多姿多彩的大学生活，你是否还记得学习？现在多数大学实行学分制管理制度，所谓学分制，是指以学生取得的学分数作为衡量和计算学生学习量的基本单位，以取得最低毕业总学分作为学生毕业的主要标准的教学管理制度。这意味着如果没有完成应修课程，取得足够的学分，那么学生将面临不能按时毕业的情况，领不到毕业证。学校制订一系列严格的考核规章制度，其目的就是要推动大学生去学习。作为大学生，要把学习放在首位。

3. 知错能改，善莫大焉

古人曾经说："人孰无过？过而能改，善莫大焉？"此话清楚告诉我们知错能改是很难得的。大学会针对违纪中存在的部分可能是无心犯错或者虽然犯错但是已能够深刻认识到自己的错误，并通过自身的努力持续很长一段时间表现得非常优异的学生，给予他们提前撤销处分的机会。受警告、严重警告、记过、留校察看处分的学生，毕业前可通过递交"处分撤销申请书"申请撤销处分。

总之，大学生要明白，校规校纪存在的意义是为了帮助同学们及时发现错误，并且改正错误，以免酿成大祸。希望大学生犯错后能及时认识到自己的错误并且及时改正，共创一个和谐、友爱、互助的校园环境。

第三节　大学校园礼仪规范和校园文化

案例 导入 ▶

王佳是建筑与设计学院大三的学生，一头五彩缤纷的披肩发着实让他潇洒了两年，只要是见过他的同学都很"赞赏"他的决心和勇气。在建筑与设计学院，虽然留披肩发的男生不少，但像王佳这样五彩斑斓的还真不多。记得在刚上大一时，王佳留着寸头，那时的他显得十分淳朴，但王佳不愿再回顾那段历史。今天的"超然"让王佳找到了自信，带着这份自信，王佳去东莞某公司影视中心面试，结果以失败而告终。困惑不解的王佳被告知：他的发型和发色让人感到眼花缭乱，人们只注意他的发型和发色了，而忘却了关注他本人。

解析 王佳的失败案例告诉我们一个道理：发型和发色是一个人的仪容，是为一个人服务的，只有在它把一个人的仪容很好地衬托出来时，它才是美的。作为大学生，在大学校园里，通过礼仪修炼塑造好个人的礼仪形象很重要。

礼仪是人类在长期社会实践和生活中形成的人们相互间关系的一种表现形式，它有助于人们立身处世。它不仅是衡量一个人道德水准高低、有无教养的尺度，也是全体国民精神文明的具体体现。中华民族是世界公认的礼仪之邦，礼仪文化传统历史悠久。如今，随着社会发展与进步，人们社交范围扩大，礼仪已经渗透到社会生活的各个方面，为了交往、工作和生活，人们每时每刻都离不开礼仪。

在现代社会，礼仪可以有效地展现出一个人的教养、风度与魅力，它体现着一个人对他人和社会的认知水平、尊重程度。只有处于互相尊重的社会环境中，人与人之间的和谐关系才能建立起来并逐步发展。

一、大学校园礼仪规范

1. 校园着装礼仪规范

从礼仪的角度看，着装不能简单地理解为穿衣，它要求大学生要基于自身的阅历修养、审美情趣、身材特点，根据不同的时间、场合、目的，力所能及地对所穿的服装进行精心的选择、搭配和组合。在各种正式场合注重个人着装的人能体现仪表美，增加交际魅力，给人留下良好的印象，使人愿意与其深入交往。大学生着装的基本要求为以下几个方面。

(1) 衣着得体，服装符合学生年龄特征。

(2) 不过度追求名牌。

(3) 不留怪异发型。

(4) 注意个人卫生，衣着整洁。

(5) 课堂和集会不敞衣、不脱鞋。

(6) 不过分涂脂抹粉、浓妆出席正式场合。

2. 校园言行礼仪规范

校园言行礼仪规范内容如下：

(1) 语言要文明，讲普通话，不讲粗话。

(2) 男女交往举止要得体。

(3) 上下楼、过楼道靠右行，出入教室轻声慢步，起身和落座时不发出声响。

(4) 在校园内不骑车带人，不骑快车。

(5) 爱护公物，讲究卫生，不在校园内乱写、乱画、乱张贴，不践踏草坪。

(6) 不随地吐痰，不乱扔垃圾，在禁烟区禁止吸烟。

(7) 坐有坐相，站有站样，走路昂首挺胸。

(8) 举止文雅，稳重端庄，落落大方。

3. 校园尊师礼仪规范

校园尊师礼仪规范内容如下：

(1) 学生与老师相遇时，通常学生需主动向教师问好并给老师让道，老师同时应笑脸相迎，点头还礼，积极回应，表示友好和关切。

(2) 学生进入教师办公室时，应先轻轻敲门，经老师允许后方可进入，切不可贸然闯入。敲门时应轻敲两三下，不可以用力拍打。在办公室不可随意翻动老师的物品。

(3) 进入办公室时脚步放轻。进门后应向办公室里的老师点头、致意、问好，不得妨碍老师工作。离开办公室时应该回身轻轻把门带上。

(4) 与老师谈话或议事时，学生无论是站着或坐着，都应该姿势端正、双目凝视老师，认真听老师说话。

(5) 学生对老师的相貌和衣着不应指指点点，评头论足，要尊重老师的人格和生活习惯，更不能给老师取"外号"。

(6) 在公共场所，学生应该对老师礼让，给老师让座，请老师先行。

(7) 学生毕业后，应经常想到老师，向老师汇报自己的工作、生活和学习情况。

4. 校园课堂礼仪规范

校园课堂礼仪规范内容如下：

(1) 学生按要求提前进入教室，准备好课堂用品。

(2) 上课不迟到、不早退，关闭通信工具。学生若上课迟到，应在门口喊"报告"，得到老师允许后进入教室，迅速坐好，应尽量减少对课堂秩序的干扰。

(3) 上课要互致问候。上课开始时，老师说"上课"后，班长叫"起立"，全体学生起立向老师致敬并叫"老师好"。

(4) 学生在课堂上准备提问或回答问题时应先举手，得到允许后，方可站起回答。回答问题时要用普通话，声音清晰洪亮，其他同学应保持安静，仔细聆听，问题回答完毕经老师示意后方可坐下。

(5) 晚自习时间学生不要在教室或附近走廊高声谈话、唱歌、接打电话。

(6) 自觉维护教室的卫生清洁，不在教室内吸烟、吃食品、乱扔杂物。

(7) 上课期间不得随意进出教室，学生出入教室，需征得任课教师的同意。

5. 校园图书馆礼仪规范

校园图书馆礼仪规范内容如下：

(1) 进馆阅读者需讲文明礼貌，衣着整齐，不穿拖鞋入馆。

(2) 自觉维护图书馆的学习秩序，保持安静，不大声喧哗。

(3) 维护馆内清洁卫生，不在馆内吃东西，不随地吐痰和乱扔废弃物。

(4) 尊重图书馆工作人员，服从工作人员管理。

二、大学校园文化

大学在其办学育人过程中，始终坚持以素质教育为核心，在强化基础办学条件建设的同时，着力加强精神文化、制度文化、行为文化和环境文化建设，营造和谐的校园文化氛围，促进和谐的师生关系、同事关系、同学关系，激发师生员工的向心力、凝聚力和战斗力。

1. 校园文化的含义

校园文化是大学特有的一种文化现象。它伴随着大学的诞生而产生，伴随着大学的发展变化而发展变化，不断得以丰富和完善。它以社会先进文化为主导，以师生文化活动为主体，以校园精神为底蕴，是由大学校园中的所有成员在自身办学过程中共同创造而形成的校园物质文明和精神文明的总和。

2. 校园文化的基本形态

校园文化本身作为一个文化系统，呈现出精神文化、物质文化、制度文化和行为文化等四种形态。

1) 校园精神文化

校园精神文化作为一种高层次的校园文化，是在学校长期发展中逐步形成的，是具有学校特点的思想观念、价值体系和道德规范在内的精神因素的综合，是得到校内全体成员认同和遵循的文化。它是校园文化的抽象和升华，是一种强大的精神力量。良好的校园精神文化，有助于形成浓厚的教育和学习氛围，并在教育难以直接发挥作用的地方产生影响，成为教育的向导和有益的补充。校园精神文化是校园主体文化的集中体现，并通过其特有的精神环境和文化氛围潜移默化校园内每个人的思想观念、价值取向等，并使之与社会主流趋同，对人的精神、心灵、性格进行塑造。积极、健康、向上的校园精神文化，是开展科学教育研究、培养高素质人才、促进高校建设发展进步的重要推动力量，是建设和谐社会和创新型社会的重要保证。

2) 校园物质文化

校园物质文化涵盖教学、科研、生活、环境等方面的物质设施，是校园文化的物质基础。校园内的一花一叶、一草一木、亭台楼阁以及教学大楼、实训场地、图书馆、机械设备等，都承载着学校的历史、精神、思想以及时代风采，展现出学校的传统、校风、校园人的理想和追求。另外，良好的校园物质文化环境，能改善师生的学习、工作、生活环境，使身处其中的人感到舒适、安心和愉悦。

3) 校园制度文化

校园制度文化指受政府、社会支配和学校内部运转需要而在长期的自身发展过程中形成和发展起来的校园人的行为准则、道德规范、群体意识等。校园制度文化反映出学校的调控程度、监控原则和管理张力。校园制度包括组织管理制度、教学管理制度、人事管理制度和生活行为管理制度。校园制度文化在高校中具有至关重要的作用，能约束、规范、引导、保护校园师生员工行为与利益，维护高校正常的学习、生活、工作秩序。

4) 校园行为文化

校园行为文化是校园其他文化的表现形式，在直接体现校园文化的同时为校园文化提供重要的载体。在大学校园里，多渠道、多层次、全方位的校园行为文化能培养校园人的健康情感，实现校园人的感性和理性的完美结合；能够活跃思维，开发形象思维能力，增强想象力，有利于将大学生培养成开拓型、创新型人才；能够为大学思想政治教育提供有吸引力的生动载体，使思政教育发挥更大的作用。

3. 校园文化的作用

大学校园文化与大学生的日常学习和生活密切相关，潜移默化大学生的思想和行为。良好的校园文化对大学生具有重要的作用，主要体现在以下几个方面。

1) 促进大学生提高思想境界

校园文化对大学生来说一种潜在的教育力量，它能使大学生在潜移默化中接受其影响。大学的精神文化对学生思想品德的形成具有直接、深刻、持久的影响。校园文化能够有效引导大学生接受爱国主义精神和民族传统美德的熏陶，促进大学生树立科学的世界观、人生观、价值观。通过校园文化的熏陶，能激发大学生奋发向上、热爱专业、努力学习，有利于大学生形成高尚的情操、坚强的意志、健全的人格。作为准职业人的大学生在良好的校园文化熏陶下，更容易提高思想境界。

2）促进大学生形成健康心理

大学时期是大学生的一个特殊成长时期。健康的校园文化活动，能缓和大学生的紧张情绪，满足大学生的精神需求，从而有力影响着大学生的心理层面，促进大学生心理健康发展。和谐的人文环境可以培养学生的艺术修养，提高学生理解美、鉴赏美的能力。

3）促进大学生规范日常行为

各项规章制度和集体舆论是大学校园制度文化的具体体现。规范大学生的行为在外力上依靠健全的规章制度，在内力上则依靠集体舆论，由此形成的校园制度文化，既有批评约束作用，又有引导示范作用，从而有效促进大学生规范自身的日常行为。和谐的校园文化能够升华大学的管理水平，使学校管理从人的管理、制度的管理上升到一种文化的管理，变强制管理为自觉管理。

4）促进大学生开拓综合素质

通过参与校园文化活动，大学生不仅在实践中践行课堂所学，还拓展了诸如团体协作精神、实际操作能力、创新创业能力等多方面素质。

目前在高校中，各种讲座、论坛、文化节、创意大赛、创新点子大赛、科技节等活动极大丰富了校园文化生活。不管是参与活动，还是组织和管理活动，大学生都要利用校园文化大环境，有效锻炼自身能力，提高自身的综合素质。

思考与实践

1. 根据自己的所见所闻，尝试提出一些大学生日常行为规范不良的表现。
2. 如何看待大学生行为规范跟礼仪的相互关系。

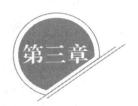

第三章　　　　　　我的大学我做主

★ 学 习 重 点

1. 认识和了解大学的内涵和主要职能，理解大学对个人成长成才的重要性。
2. 学习和理解大学的特殊环境和意义，使自己尽快适应大学环境。
3. 学习和理解大学学习和生活成长规划内容，明确大学学习和生活成长任务。
4. 学习和掌握职业理想确定和准备工作的内容，自觉规划个人的职业理想。

第一节　大学探究

案例 导入 ▶▶

辛辛苦苦考上了大学，反而没有了目标，非常迷茫和困惑，身边很多同学谈恋爱、玩游戏、聊微信、刷抖音、上网看电影……

当我读高三时，我发现读技校的中学同学找到了非常不错的工作；当我大二的时候，我的初中同学当上了老板；当我大学毕业的时候，我却发现当前大学生的就业形势严峻，能找到满意的工作非常困难，也许我会面临着毕业即失业的尴尬……于是我很郁闷，当初那么拼命考上大学是为了什么？今天是什么原因让被称为大学生的自己沦为就业的"困难户"？

解析　案例中反映出的这些现象，在你身边存在吗？你的大学生活又将如何避免出现类似的情况呢？相信很多人不清楚自己上完了大学之后能干什么，这源于他们没有全面认识大学，在进入大学后又失去学习目标和方向。

大学，是每一位大学生心中亮丽的风景线，是众人心目中的知识殿堂。它承载着每位学子的梦想，是个人知识、技能积累与能力锻炼的重要地方，是人生中最为关键的转折点。大学生要想在大学期间更好地获取知识、提升素质、培养能力、实现个人理想与抱负，就必须从正确理解和全面认识大学、了解大学特殊环境、适应大学生活开始。

一、大学的含义

一个人要进行清晰地自我定位，就需要对自身所处的环境有一个充分地认识和了解。作为一名大学生，大学校园无疑是其所处的最基本的环境。究竟大学是什么呢？大学有什么呢？这个环境又能给我们带来什么呢？这些问题值得我们去探究和深思。

（一）大学的由来

大学的发展历史源远流长。现代大学起源于中世纪的西欧，1158 年成立的意大利波隆那大学，是西方世界第一所大学。1168 年英国成立牛津大学，1180 年法国成立巴黎大学。随后，1209 年剑桥大学成立，1231 年萨莱诺大学成立，之后大学得到蓬勃发展，到 1500 年，欧洲已有 60 余所大学。此后美国诞生了最早的两所大学，即哈佛大学和耶鲁大学，之后诞生了包括常青藤名校在内的许多大学。大学和高等教育的蓬勃发展极大地推动了西方文明的进步。在近代西方大学发展的基础上，洪堡于 1810 年在德国创立柏林大学，确立独立治校与自由教学的大学原则，更明确倡导学术研究是大学的职能，现代大学便由此诞生。1876 年美国模仿柏林洪堡大学而新创的约翰·霍普金斯大学，成为现代大学的又一重要里程碑，此后研究型大学在美国蓬勃发展，美国社会与科技文明得以迅猛发展。德国的现代大学也深刻影响着近代日本大学的诞生和发展，如日本最早的东京大学就是该影响的产物。中国同样如此，1895 年，中国近代第一所大学北洋大学堂诞生，1898 年中国近代第一所国立综合大学京师大学堂诞生，1920 年前后产生了中国近代第一所现代意义上的国立综合大学东南大学，由此开启了我国现代大学教育发展之路，此后清华大学、南开大学、浙江大学等相继发展为中国早期高水平的现代国立大学。现代大学为社会提供了很多人才，他们为思想解放、经济建设、社会发展和文明进步做出了杰出的贡献，成为推动我国不断走向繁荣富强的中坚力量。

（二）大学"有"什么

1. 大学有教书育人的良师甚至大师

大师是文化教育的支撑者、缔造者、拓展者，同时是大学生学知识、长智慧乃至培养道义的后盾。大学里汇集了众多的专家学者，他们精通本专业的基础理论，了解最前沿的科技，具有丰富的科研实践经验，熟悉教育教学的客观规律。他们敏锐的思想、渊博的学识，感染、鼓舞、砥砺和激发着莘莘学子奋发向上。在这些良师的指导下，通过系统的教学活动和严格的技能训练，可以使学生系统地掌握专业学科知识，提高专业能力，直接接近学科前沿。同时，学生还能通过耳濡目染，从身边良师那里学到做人的道理，接受人格的熏陶，吸取思想道德的营养，为自己的成长成才树立赶超的榜样。

2. 大学有先进的思想

蔡元培先生曾经说过：教育要指导社会，而非追逐社会。大学之大，确实不在于建筑之大，面积之广，更不在资金的充裕、实力的雄厚，真正的大学之大，是能够以自己的制度典范和精神气质辐射和影响社会，在于治学和求学态度符合人类文明的标准，其精神具有巨大的魅力，能影响社会的主流价值观。所谓大学精神，是一所大学在长期的发展中所形成的特有气质，是一种人格独立、意志自由的人文精神，是一种追求真理、勇于批判的科学精神。在当前我国不断深化的改革中，大学应推动社会变革、制度创新。大学是社会主义精神文明建设、现代化建设、公民道德建设的推进器与辐射源，是促进社会发展、不断涌现和产生智慧的源泉。

3. 大学有广博的爱

一位学者曾形象说过，大楼可以用钞票堆起来，大师可以靠丰厚的物质引进来，唯有体现对人性关怀的大爱却是极难做到的。美国大学排名靠前的普林斯顿大学正因其拥有包容个性、自由甚至缺点的精神，培养出了许多享誉世界的科学家。而这种包容个性、自由甚至缺点的精神就是大学的大爱。大爱是大学得以生存、发展的重要保证。大学的大爱给予学生们平等、自由、民主和展现真我的机会，能让学子们早日成才，报效祖国。

4. 大学有浩瀚的知识

浩瀚的图书、报刊资料和先进的仪器设备是大学必备的资源，能使大学生接触广博的知识，锻炼必要的专业技能。而能否学会在知识的海洋中遨游、掌握利用优越的条件获取知识的本领，是大学生顺利成长成才的重要前提。

总之，在知识领域里，大学是一个知识传承和创新的地方，在众人眼里，大学是一个精英汇聚的地方。大学时期是大学生为今后进入特定的社会领域工作而进行一种知识积累和技能锻炼的准备时期。

二、现代大学的主要职能

大学职能是大学与社会之间关系的集中体现。随着社会的发展与进步，大学职能呈现出新趋势，也被赋予了新的内涵。了解现代大学的职能，有助于更好理解现代大学。人们普遍认为，现代大学被赋予了人才培养、科学研究与社会服务等三种基本职能。

1. 人才培养

人才培养是大学最基本的职能，这也是大学能够从起源发展到今天，并具有广阔发展前景的原因所在。这一职能内涵会随着不同的国家和历史发展时期而有所不同。

近现代大学起源于西方的中世纪，当时西方各国封建制已基本建立，国家机构逐步得到完善，出于管理需要，为此要配备官吏、教会人员和各类专门管理人才，这些人才需求促进了中世纪大学的兴起。

如今，随着经济全球化、网络信息化、文化多元化、行业细分化等时代发展趋势，社会分工进一步细化，这将促使社会各行业需要更加全面化、高素质且专业化的人才。与时俱进，培养满足和符合社会需要的人才正是大学的使命所在，培养什么人和怎样培养人也成为当今大学需要面对的时代问题，即一方面要解决为大学生提供学习知识、培养技能、成长成才的机会和条件的问题，另一方面，要解决培养学生树立正确的世界观、人生观、价值观，具有高尚道德品质、塑造学生良好性格的问题，从而真正培养出符合时代发展需求的人才。

2. 科学研究

传统大学属于纯粹传授知识的地方，尚未具备研究和发现知识的功能。到西方中世纪时期，随着文艺复兴后，祭祀神学的地位受了人文主义的挑战和冲击，彼时科学家在大学中也还没有得到应有的重视。直到 19 世纪初，洪堡在创建柏林大学时，把新人文主义思想奉为办学指导思想，把培养学者和学术发展都当作自身的办学目的，推崇"学术自由"和"教学与研究相统一"，实现"通过研究进行教学"和"教学与科研"相统一，才真正推动大学把传授人类知识和培养科学工作者作为大学的主要任务。

当今科技创新越来越受到各国政府的重视，进一步强化了大学的科学研究职能，而且大学也非常重视科学研究成果的转化问题，许多科研成果得以广泛地应用于国家的各项事业发展上，直接转化为生产力，推动社会的发展与进步。众所周知，美国的"硅谷"科学工业园，是依托斯坦福大学等，中国的"方正集团"则依托北京大学，都体现出了大学科学研究力量与产学研相结合在科技发展基地中的重要作用。

3. 服务社会

大学通过人才培养，满足社会需求和推动科学研究发展，间接为社会服务，体现了其服务功能。但如今，时代发展对大学提出了新的使命，社会各行业需要大学融入其中，直接为社会服务。现代大学是社会科技文化的中心，在科技创新、文化研究等方面处于社会领先地位，大学有能力承担起应有的研究重任，也有责任对社会机构进行指导、提供咨询服务，以帮助解决社会发展与进步过程中遇到的各类理论和实际难题。

总之，现代大学的三种职能从根本上来说是统一的，构成了一个有机整体，其目的是一致的，是为社会发展和进步服务的；它们又是相互补充的，人才培养虽然以教学为主，但需要与科学研究和社会服务相结合，三者有效结合才更有助于科技创新和服务社会，有助于大学把各种资源进行充分共享以及把自身的作用和效用最大化发挥出来。

三、大学的特殊环境

1. 特殊的学习环境

大学特殊的学习环境包括以下几方面内容。

(1) 学习目标由应试转为就业。目前中学教育尚属于一种应试教育，着眼于帮助学生升学，向学生传授科学文化中的各类基础知识，而大学教育是为了学生今后就业进行的专业素质教育，主要是向学生传授各科专业知识和锻炼专门技能，帮助其成为能满足社会需求的专业人才。

(2) 学习内容由基础转为博而专。中学阶段学习的知识是科学文化中的基础性常识，内容相对比较简单。而大学阶段教育，属于专业学习，学习内容的深度和广度均加深了，要求学生不仅要学习与专业有关的基础知识，强化专业技能训练，还要学习高、精、尖的理论和最新的科学成果，不仅要学习与专业相关的学科发展上已有的定论，还要接触和研究尚处于探索和争议的问题。

(3) 学习形式由简单变为多样。中学阶段的学习形式比较简单，主要通过老师的课堂讲授完成。而大学的学习形式丰富多样，除了课堂学习外，还要通过实训、专题讲座、网络微课、社团活动、社会实践以及实习、毕业设计等形式进行学习。这主要源于学习内容的博而专，是出于人才培养的需要而产生的，通过多种形式帮助学生形成和完善应有的专业知识和能力结构，切实提高大学生的综合素质。

(4) 实践环节比例由微转为大。中学学习阶段，基本上没有实践环节，最多开设一些劳动课，以此增强学生的学习兴趣。而大学的人才培养方案明确要有实践性环节，比如要有实验实训课、实习、毕业设计等内容，实践性环节所占的比例不断加大，尤其在高职高专院校当中，要求实践性环节在总学时占比中不能少于40%，从中可以发现，实践性教学环节对大学生的技能锻炼和强化是必不可少的。

(5) 学习方法由被动转为主动。中学学习阶段，在高考重压之下，教师管理严格，学习时间长，作业负担重，学生的学习常常处于被动状态。相对于中学而言，大学由于学习氛围变得宽松，作业相对较少，学生有较多的可自由支配的业余时间。但是大学的专业学习任务重，学习难度大，逻辑性强，除了理论学习还有实践性环节学习以及社团锻炼。为此，大学生必须积极主动学习，要努力去获取知识、培养自主学习能力，要根据学校教学计划的安排、专业学习的进度和要求，有针对性地确定学习目标，再根据自身条件和实际需求，恰当选修课程，补充相关知识，完善自己的知识结构，锻炼自身能力，为自己今后的就业打下坚实的基础。

(6) 思维方式由感性转为理性。相比中学，大学生的生活空间大，也更丰富多彩，不过学习任务也繁重了。为此，大学学习在思维上要由"非成人化"向"成人化"转变，由感性转向理性。大学生要逐步培养自身的理性思维能力，思考处理问题时要有远见卓识，不要目光短浅，遇事要三思而后行，不能随心所欲，要理智，不能感情用事，要考虑行为后果，不能鲁莽草率行事。

2. 丰富多彩的生活环境

1) 生活环境由狭小变得广阔

告别中学跨入大学，大学活动范围和活动生活内容都得到了极大地拓展，变得更为丰富，为大学生个性发展提供了足够的空间和创造了良好的条件。大学生要充分利用和发挥出这些有利因素的作用，要积极实践，展示和充实自己的才华，要在实践中不断去发展、完善和提升自己。

2) 大学生活由依赖转为独立

中学时期，无论在别人眼中还是自我意识中，自己都被当作一位未成年人对待，仍处于一种被父母、老师等人呵护的状态。而步入大学后，社会、学校和家庭开始把自己当作成年人，老师和家庭对自己的直接干预和限制大为减少，自己开始逐步成为独立的社会人。在大学生活中，不论校内生活还是外出实践或兼职锻炼，都要依靠自身知识、认知和能力去判断、思考、选择、决策甚至是行动。

3) 交往对象更广

中学时期，学生交往对象比较单一，主要是学校的老师、同学，而且大家都处于同一地域，相互熟悉，交往沟通容易；而大学的同学来自四面八方，兴趣爱好、生活习惯、家庭背景都可能存在较大的差异，沟通的难度加大了。为此，要克服这种困难，大学生应该多参加一些交往活动，以增强交际能力。另外，中学阶段学生交往的渴望没有那么强烈，但进入大学后，新的学习生活环境促使大学生要独立、主动去建立各种人际关系，交往的需要明显增强，交往活动也逐渐增多。

四、大学的意义探究

从中学迈入大学，给人带来了从未有过的很多全新感受。只要用心留意，短暂的大学生活，或许将为个人留下终生受用的体验。对立志成才的大学生的短期目标而言，就是毕业时让自己能够顺利地找到一份满意的工作。

那么大学究竟给大学生带来了什么呢?

(1) 提供了一个新的起点。进入大学,你将第一次独立面对生活,第一次开始自由自在地追逐自己的兴趣与梦想等。重要的是,大学里不再有父母安排的一切,而是让自己有足够的自由去支配属于自己的时间,自由处理生活和学习中所遇到的各种问题。大学是一个新的起点,一个新天地,是你人生中极为关键的一个阶段,你应当认真把握当中的各种新经历,真正地把大学的体验变成你未来人生道路的基石。为此,在大学里,要努力为自己编织出生活理想,明确奋斗目标,为今后的事业发展奠定基础。

(2) 提供一个新的成长舞台。进入大学,面对的是一个全新的学习环境、生活环境和人际环境,这些新环境将为大学生今后发展奠定新的基础。在学习上要有强烈的好奇心,不仅要传承知识,更要注重培养求知欲和探索精神;在生活上要学会自我管理,学会生活,增强面对今后人生挑战的勇气和自信;在人际交往上,要学习为人处世,构建良好的人际关系,为自身今后工作和职业发展创造出一个良好的人际氛围与空间。总之,通过这个舞台,大学生应充分锻炼自身适应能力、学习能力、人际交往能力、创新能力、竞争能力等各种能力。

(3) 提供了一种大学精神。通俗来说,大学精神是指大学在其自身发展过程中所形成的特定气质和价值追求,是大学的灵魂和精髓,也是大学的生命力源泉。大学不仅仅提供知识,更重要的是潜移默化地滋润着学生的精神、信念与信仰,帮助学生形成世界观、人生观和价值观,帮助学生今后能以新的思想境界观察和审视世界。德国学者雅斯贝尔斯说过:"教育的过程首先是一个精神成长的过程,然后才成为科学获知过程的一部分。"大学就是把大学精神传给学生,唯有这样,大学生才能在追求真理、追求理想、吸取知识的整个过程中不断地超越、不断地提升自我。

(4) 提供了一种多样化的文化体验。大学作为文化传承和创新的场所,同样汇聚了多样的文化资源,提供了一种职业发展的锻炼平台。图书馆藏书丰富、类别齐全,在大学里,同学们可以尽情地在知识的海洋里畅游,努力汲取自身成长所需的知识营养。

第二节　我的大学梦

案例 导入 ▶▶

入学已有两个多月了,小强仍感到自己未进入良好的学习状态。算算时间,高考仅过去半年,可是自己那种备战高考时的全身心投入学习的激情完全找不到了。

那时的高中学习,他有一个明确的奋斗目标——上大学。为了能考上大学,夜以继日地埋头苦学,顾不上去想别的事。小强还清晰地记得,高三时的学习劲头特别足,自己好像是一台被老师设置了程序的机器一样,只要跟着老师的节奏完成作业就行。

进入大学后,学习情况发生了很大变化,老师不会跟在学生后面监督、催促,不会布置很多作业,就连考试都很少了。小强开始发现自己有些不适应,心情也复杂起来,有时觉得开心,有时又很担心。没有了那么多的考试,没有了每天一大堆的作业,他也感到了一种自由和放松,觉得很开心。可是,他又担心没有了阶段考试的检查,对自己的学习情况无法摸底，对于期末考试心里更没底。小强看到有的同学相当放松，甚至经常不去上课，他们说紧张了那么多年，现在该松口气了，反正离毕业还远着呢。小强觉得他们说得也不无道理，但是总觉得自己很迷茫……

解析　案例中人物存在的困惑，作为刚进入大学的你，是否有着同样的感受呢？你将如何去面对和解决上述困惑呢？

告别了十多载寒窗苦读的时代，怀着对未来美好的憧憬，大学生们迈进了向往已久的大学校门。在家长、老师和师兄师姐诸多描述中的大学，有着优美宜人的环境，有着学识渊博的教授，有着丰富多彩的社团活动，甚至还有着美好浪漫的爱情故事，于是大学生们对大学抱有了太多的美好幻想。但是真正进入大学后，也许会突然发现这一切离自己想象中的那般轻松、自由自在的活脱状态有些距离。对此，有人顿悟，及时调整，及早规划，未雨绸缪，为日后踏入社会而打下坚实的基础；而有些人从此迷茫，萎靡不振，浑浑噩噩，毕业即失业。那么在大学里究竟该怎么做呢？

一、大学学习规划

刚入大学，在学习上会出现一些不适应现象，会困惑、迷茫，这时就需要大学生制订科学合理的学习规划，主动适应新的学习环境和养成自主学习的习惯。

学习规划就是大学生对自己的学习进行的安排和筹划，换言之，就是大学生根据自身情况，考虑到现有条件和制约因素，明确自己在整个大学期间的学习发展目标，并且制订切实可行的学习计划，保证自己大学目标如期实现。

大学生要想让大学过得充实而有意义，最重要的一项内容就是做好学习规划。要在刚入校门时，就着手设计大学学习规划。尤其是要在弄清楚自己学什么、怎么学、什么时候学等问题的基础上，充分利用大学的优势资源锻炼和提高自身的综合素养，这样才能在未来人才竞争中把握机会，为事业发展与成功打下基础。那么，怎样去确定学习目标，怎样去实现自己的学习目标呢？这是很多大学生遇到的部分实际难题。为此，可以分以下两步来操作。

(1) 确定学习目标。明确的目标是我们航行的方向，没有目标，就会迷失前进的方向。要综合各方面的因素去设定目标：一是要了解自己的兴趣爱好，确定自己想干什么；二是要分析自己的能力与特长，再确定自己能干什么；三是分析未来，结合未来社会发展趋势，选择好专业方向和研究领域；四是确定自己适合干什么，然后把自己的兴趣爱好、能力特长与社会需求结合起来，以此确定学习目标。当然，目标也不是随便能确定的，先要确定自己的长期目标，尤其是大学期间努力去实现的总目标，然后确定阶段性目标，即对总目标进行量化，分成一学年或一学期的目标。当然，目标确定后要每隔一段时间检查一次，看实现得怎样，然后总结经验，查找不足，争取按预期前进。

(2) 制订学习计划。确定学习目标后，要制订详细的学习计划，并合理安排学习时间，确保学习目标实现。要把目标细化为切实可行的学习计划，要明确阶段性的重点与难点任务，以利于合理安排时间，分清楚哪些是必须要做的事，哪些是紧迫要做的事，哪些是不重要但不紧迫的事，把每一天的时间都要妥善安排好。当然，计划制订后，要有执行力，要靠坚强的意志力和高度自觉性去落实。

二、大学生活成长规划

进入大学，要面对现实，生活当中无论大事小事，都要靠自己去面对和处理。要学会适应和规划大学生活，养成良好的生活习惯，尝试理财规划，体验理财乐趣，制订身体锻炼计划，确保自己拥有健康的体魄。

1. 制定合理的理财规划

虽说大学生活是独立自主的，但并不意味着大学生就完全能够独立了，尤其是在经济上还离不开父母。谈起理财规划，面对的也仅是父母每月给的生活费，可能有些同学想不明白了，就这点费用还值得做理财规划吗？是的，大学生此时的费用确实有限，但如果从中去学习理财规划，帮助自己把有限的费用分配好、支配好，不仅能把费用花在实处，还能慢慢培养自己用钱的良好习惯且发挥费用最大效用。对此，可进行如下规划：

(1) 大体制订每月支出计划。有些学生经常出现每月还没过半，手头就开始拮据了。每月刚拿到费用时，花费起来不节制，结果后半个月就不够了，这就是没有规划造成的。对此，在领到费用时，先认真规划本月大体支出，然后分门别类安排好费用。

(2) 尽量买适合自己的东西。现在大学里也存在"剁手党"的现象，如不少女生喜欢逛街或网购，一般对促销打折、优惠的商品容易动心，禁不住诱惑去购买就超支了。不仅有些女生这样，在男生中也普遍存在这样的现象。因此，每次采购时，罗列一下必买清单，完成清单就行。

(3) 充分挖掘一些免费资源。大学里，学生身份其实隐含着一些宝贵的资源，如能充分利用，可享受到不少实惠，比如大学生办理公交卡，就能享受到折扣优惠；学校图书馆是一个学习资源的"聚宝盆"，图书馆有的资料就尽量少买；大学生还能享受到一些门票等优惠，对此，如也利用起来，可省不少费用，能减轻经济压力。

(4) 尽量减少不必要的聚会。大学里，同学间的聚会自然少不了，这是一种联络感情的方式，但一些没必要的聚会，可尽量少参加，避免出现囊中羞涩的尴尬境况。

总之，大学里初步尝试理财规划也是一种生活锻炼，而做好理财规划，不仅要注意节流，而且也要注意开源。如果感觉费用不够花，也要想办法增加一些收入，而不能完全依赖父母，如在业余时间，可尝试做些兼职或者勤工俭学等，这样既能增加一点收入也能进行一定的社会实践。

2. 制订合理的时间规划

古人言：一寸光阴一寸金，寸金难买寸光阴。可见时间很宝贵。当代大学生要有强烈的时间观念。初入大学，很多大学生认为大学才刚开始，离毕业还很漫长，有的是时间。殊不知，三年大学时间，一转眼就过去了，临近毕业猛然叹息"自己还没准备好，大学怎么就快结束了呢？"这样大学的收获只有遗憾……而此状况基本上是由于没有合理规划时间造成的。因此，大学生要学会时间管理。

(1) 转变时间管理观念。不能仅在意识上明白时间的重要性，而是要懂得充分利用时间，化意识为行动，认真把握好当下。时间不够用的感慨是普遍存在的，但时间对每个人都是公平的，不会给谁多一分，又给谁少一分。如要比别人争取更多的时间，唯一的办法就是做好规划，利用好时间，为自己创造出更多有效利用的时间。

(2) 要掌握一些时间管理方法。一是制订计划。管理时间关键在于你能否制订出合理的计划，合理地安排好最主要和最关键的事务。有完整的计划，执行起来才顺利。二是积极行动。任何时间管理办法都不能只停留在口头上或纸上，落到行动才是重要的。行动是保证计划能否按预期完成的必要手段。三是适时总结。通过分析前一阶段的计划执行情况，找出问题，弥补不足，调整计划，强化时间管理，提高时间管理的自觉性和预见性，防止并克服行动上的盲目性和主观随意性。

(3) 养成时间管理的良好习惯。良好的习惯是打开成功之门的钥匙，不良的习惯是失败的开始。美国哈佛大学前校长埃利奥特曾这样说过："成功的习惯其本身就是成功的原动力。"习惯成自然是人们熟悉的警言，道出了人们行为形成的过程。同理，大学生要学习自我管理，要学会安排时间，要培养自己珍惜时间、合理安排及利用时间的良好习惯。

3. 制订全面的健康计划

常言道，身体是革命的本钱。大学生有着不可限量的美好未来，但一切美好事物，都离不开一个健康的体魄。大学生要利用好大学时间锻炼好身体，养成良好的生活习惯。

(1) 合理安排饮食生活。大学生要养成正常合理饮食的生活习惯，这样才能拥有一个健康的体魄。但是有些大学生自恃年轻，无所谓，不懂得科学饮食的重要性，不讲究饮食规律。有的因赖床不吃早餐；有的女生因追求身材苗条而节食减肥；有些学生通宵玩游戏后就睡到第二天中午，这样身体就完全得不到能量补充，最后对身体健康造成严重的损害。为此，大学生要保持三餐均衡有规律，尽量做到早餐吃好，中餐吃饱，晚餐吃少，三餐能量摄入合理，营养搭配均衡，保证身体成长和学习所需要的能量。

(2) 开展适当的体育锻炼活动。运动对健康很重要，尤其在现代快节奏生活状态下，每个人更应注重运动，当然，运动不是要求学会某种运动项目，也不是追求大的运动量，而是要进行适度的适合自己的运动。

(3) 养成规律有序的作息。良好的睡眠质量是身体健康的重要保障，大学生要做到以下几点：一是养成早睡早起的生活习惯，注意不要熬夜，以免影响学业或损害身体健康；二是不要贪睡，要给自己设定一个适合自己的作息时间表；三是要培养优质睡眠习惯，睡眠质量不好或经常失眠，会造成记忆力衰退，不利于身心健康。

三、大学生职业理想的确定

职业理想关乎着大学生的未来。现实生活中，有志之人都会有自己的职业理想，它是职业活动的目标和指南，直接体现了个人的价值取向，影响着个人职业发展。在职业生涯活动中，只有确立了理想职业，职业方向才会得以确立，职业发展才会有所收获、才会成功。可见，职业理想对大学生职业的成功有着非常重要的意义。

1. 职业理想的内涵

职业理想是指人们在对未来职业活动以及事业成就大小的向往与追求，即人们在世界观、人生观和价值观的指导下，对自己未来的职业发展目标和所从事的职业进行预先的设想和设计。通俗地讲就是人们对自己未来工作部门、工作种类和工作成就的向往与追求。职业理想一般在少年时代就已经萌芽了，从小学到大学，从学校到社会，都是个人职业理想形成的重要阶段。人们在心中一旦有了正确的职业理想，就会指引人们在人生的道路上脚踏实地，朝着既定的目标努力奋斗。

2. 确立职业理想的途径和方法

作为一名大学生，在跨入大学校门的那一刻起，就要铭记当初上大学的初衷，要清楚几年大学生活之后，自己的职业去向以及职业发展问题，而个人能否顺利开启职业发展之路，就需要大学期间给自己的职业方向进行定位，而个人职业方向的选择和确立等问题则受制于心目中的职业理想，那么确立个人职业理想有什么途径和方法呢？

(1) 全方位正确评估和认识自己。认识自己本身是件比较困难的事情，尤其是客观、公正、全面地评估和认清自己。大学生要善于借助科学的方式、方法和手段，了解自己的职业兴趣、职业性格以及职业能力。全面评估和认识自己的过去、现在和未来，以此树立起自己正确的、合适的职业理想。

(2) 要对照社会需求进行职业定向。每个人的职业发展都不能脱离社会需求，只有适应社会需求的职业理想，才有实现的可能性。有些职业有较高的社会声望，但社会需求少、竞争大；有些职业暂时不被社会看好，但有着较大的社会需求，发展前景也不错。因此，加强对社会职业需求的分析和预测，了解社会上对职业岗位需求的情况，对科学合理设计职业定向有很重要的作用。

(3) 根据专业能力进行职业定位。所谓职业定位就是对职业目标进行界定，即确定自己能干什么，适合干什么的理性认识和分析。随着社会分工不断细化，每个人都不可能适合所有的职业，也不可能胜任所有的职业岗位。任何职业都对从业者提出了一定的能力要求，而职业定位就是衡量自己是否已达到这种条件要求。此外，一些特殊的行业还对从业者有着特殊的要求，如建筑设计等职业，不仅要求从业人员具备很强的计算能力、美术装潢能力等，还要求从业人员对有关图形的阴暗、线条的宽度和长度等做出视觉上的区别判断。因此，有选择性、有针对性地培养和锻炼自己一些岗位需求的能力，主动去适应并接受职业岗位的挑战也是很重要的。

(4) 结合兴趣爱好选择职业类型。做自己喜欢的事情，做自己感兴趣且擅长的事，并且把职业能力和职业兴趣结合起来，这样最大程度把自己的才能发挥出来，以实现职业成功。现实工作中，不同的职业对从业者的兴趣特征要求不一样，这也是构成职业选择的重要依据。

总之，大学生一定要全面客观科学了解和分析自己的兴趣爱好、性格气质、知识结构和专业能力，然后结合自己的意愿和社会对职业的要求，选择职业理想，实现个人兴趣和职业类型的最佳匹配，从而为职业理想的实现打下坚实的基础。

3. 实现职业理想的准备工作

在全面了解自我，确立职业理想后，大学生就要考虑怎样去实现职业理想。究竟要做些什么准备，具备哪些能力和素质，才能迎接未来职业的各种挑战呢？

(1) 大力拓展自己的专业知识面。随着时代的进步，社会的快速发展，未来职业岗位对人才知识结构的综合性提出了更高要求，不仅要专更要多能，即除了学好本专业知识外，还要拓展专业知识面，这样才能适应未来社会发展对人才的需求。

(2) 培养兴趣特长。在确立职业理想的过程中，要分析自己的性格和能力，并培养兴趣特长，其目的是发挥自身优势，扬长避短，提高职业稳定性，提高工作效率和工作成效。

(3) 分析职业需求。大学生在选择职业时，不能只看单位大小、名气、待遇好坏等，还应对该行业需求情况、发展现状和前景等进行深入细致的了解。

(4) 提高实践能力。如今用人单位在招聘人才时，不仅看大学生的知识和学历，而且还偏重考察其实际操作的能力。为此，大学生要多参加实践，以便提升自身的实践能力。

(5) 参加职业能力训练。大学生活中，除了学好专业课程外，还要抓住一切可能和可以的机会，积极主动参加多种形式的职业能力训练，如目前高校中的"三下乡"活动、实践基地顶岗实习、毕业实习、社会兼职以及校园创新、创业、创意活动等。此外，还可以积极参加校园模拟招聘、创新创业大赛、职业生涯规划大赛等活动，与成功校友、成功企业家、知名人士等交流座谈，通过这些各式各样的训练，为自己今后实现职业理想打下坚实基础。

4. 职业理想在实践中遇到的问题

职业理想不等于理想职业，当我们为自己确立了职业理想之后，大学生要在职业实践中不断修正自己的职业理想，正确处理好职业理想与现实择业就业的矛盾，总结并积累经验，调整自我状态，留意并发现机会，为今后的长远发展做好准备工作。

大学生应通过"实践—认识—再实践—再认识"的反复循环模式，逐步加深对职业的认知与理解，不断地修正、完善和升华自己的职业理想。人们只有通过实践才能检验理想与现实之间的差距，才能检验理想与现实的相符状况，才能重新审视自己的理想与职业观，才能分析自己所确定和选择的职业是否切合实际，才能知道自己的职业理想是否符合自身的特点、需求以及社会需求，才能了解自己的职业理想通过自身努力实现的可能性又有多大。

大学生在择业就业前，要客观正确评价自己，对自己进行合理地定位，认真分析评估自己的职业理想是否与现实相符，自己的职业素养和能力是否达到职业选择的要求。正常来说，只有当个人能力、职业岗位与理想职业实现最佳结合，达到有机统一，这个职业才是最理想的职业。只有个人的理想职业符合社会的需求，自身的素质和能力符合职业岗位的要求，自己又愿意不断为之努力实践，这样才有可能实现职业理想。

如今社会就业形势严峻，大学生要转变就业观念，先就业后择业，循序渐进，而不能一味追求一步到位到理想职业岗位去就业；要善于根据形势情况分步实施职业目标，同时通过自我调整，把握好择业期望值；通过分步确定阶段性目标，在实施过程中，调整自我状态，最终通过一个个阶段性目标的达标而实现个人理想目标。

思考与实践

1. 如何理解当今大学已步入经济社会发展的中心？
2. 如何管理和经营好大学时光？

行业和专业发展前景

1. 能够正确认识和了解行业和专业，明确专业发展方向和就业去向。
2. 能够正确认识和理解社会对专业人才的需求标准，增强专业学习的自觉性。

第一节　认识行业

案例 导入 ▶▶

　　近年来，计算机专业已是当今社会发展的主流。按目前软件产业的发展速度来看，在未来五到十年内，软件开发人员还存在较大的需求缺口，其中急需三类人才：第一类是既懂技术又懂管理的软件高级人才；第二类是系统分析及设计人员，即软件工程师；第三类是熟练的程序员，即软件蓝领。而现在高职院校的软件技术专业的学生属于哪一类人才呢？社会进步，人才济济，又该何去何从呢？现实生活中，本科生输于高职生的例子不是没有，一位招聘经理曾说过："很多时候，学历在实践中已不是重点，如何用最小的功做最大的事才是用人单位关心的。"可见，高职生不断"武装"自己，增加实践经验和技能才是王道，是金子总会发光的。所以，现在的高职生不应该气馁，从现在开始要为自己的人生道路进行规划设计，从而为走向成功做准备。

　　解析 在市场需求面前分析自己与竞争对手的优劣利弊，最后找出自己的努力方向，要切合实际、现实可行。

　　行业是社会分工的产物，通过了解行业方面的相关知识，能更好地了解职业。按照行业→职业→专业→岗位的顺序进行探索，大学生能更清晰地明白职业需求，因此，有必要了解有关行业的概念和相关知识，以利于更好理解专业学习重要性。

　　随着社会发展与进步，大学开设的每一个专业在社会上都有与之相对应的行业，成为该专业的就业方向，大学生在选择和决定去哪个行业就业和发展之前，应先了解该行业的发展趋势，分析该行业就业形势，以利于就业选择。

一、行业的相关概念

所谓行业，是指从事国民经济中同性质的生产或其他社会经济活动的经营单位和个体等构成的组织结构体系(或集合)，如服务业、林业、汽车业、银行业、房地产业等。行业是企业的集合，从事同样产品的生产销售企业或提供类似服务的企业达到一定的数量才能形成一个行业，比如家电行业，就是包括生产电饭煲、空调、洗衣机、冰箱、电视机等家电产品的若干企业，当该行业的生产产品总值或销售总额在社会经济中占有相当权重比例时，则可称为产业。在同一行业里，人们可以从事不同的职业，例如，在服务业中，可以做销售员，也可以做人力资源经理。在不同行业中，人们可以从事同一职业，如在金融行业、保险行业，均可担任财务经理。

二、行业的分类

所谓行业分类，是指按照一定的科学依据，有规则地对从事国民经济生产和经营的单位或者个体的组织结构体系进行详细划分。

根据 2017 年修订方案(《国民经济行业分类》(GB/4575—2017))，将国民经济行业分为 20 大标准门类。其代码和具体门类如下：A.农、林、牧、渔业；B.采矿业；C.制造业；D.电力、热力、燃气及水生产和供应业；E.建筑业；F.批发和零售业；G.交通运输、仓储和邮政业；H.住宿和餐饮业；I.信息传输、软件和信息技术服务业；J.金融业；K.房地产业；L.租赁和商务服务业；M.科学研究和技术服务业；N.水利、环境和公共设施管理业；O.居民服务、修理和其他服务业；P.教育；Q.卫生和社会工作；R.文化、体育和娱乐业；S.公共管理、社会保障和社会组织；T.国际组织。

我国现行的高校设置、各高校专业设置，基本上是根据上面已有的行业来进行归类细分的，比如海洋大学、农业大学、财经大学等；财经大学的金融专业、国际贸易专业等。要进行个人职业生涯规划，必须先选择一个行业作为个人的职业方向，因此，了解行业是非常有必要的。

随着社会的不断发展，社会上热门行业也在不断变化。近几年的热门行业主要集中在网络服务行业、游戏行业、人工智能行业、心理咨询行业、生物医药行业、集成电路行业等。当代大学生要根据自身优势和家庭背景，结合社会需求及对人才的标准要求，选择适合自己的行业，不能一味追求热门行业。

三、行业分析的内容

通过对行业所处的发展阶段及其在社会经济发展中所处的地位进行分析，以及对影响行业发展的各种因素进行分析，有助于人们预测行业未来的发展趋势，判断评估行业选拔人才的准入条件和要求，从而为自己进行职业生涯规划提供参考依据。

行业分析是指人们对目前从事或拟从事的目标行业进行分析和评估。社会是由不同行业构成的，步入社会进行就业前有必要对行业进行一番探索，以全面了解行业的相关情况。大学生在选择进入大学学习某个专业时，应该弄清楚这个专业对接社会中的哪个行业，毕业后将去哪个行业工作,这个行业是做什么的。一般通过了解和分析行业中的一些通用因素,大体上能比较全面了解一个行业。

(1) 了解这个行业是什么。每个行业都会有自己的定义,当人们给行业下定义时,通常会采各家之长,包括政府、社会、行业组织以及学者个人等对行业下的定义。通常每种定义都是对行业进行不同层面的解读,因此,通过深入仔细地收集和研究关于行业的一些定义,有助于加深了解这个行业。

(2) 了解行业的发展前景、趋势。每个行业在社会经济发展中都会有特定的功能,了解行业在经济发展和社会生活中的作用,有助于在一定层面上了解、分析该行业的发展前景和未来趋势。当人们选择某个行业作为自己的职业发展方向时,就可结合该行业的未来发展前景给自己定位,以便确定自己未来的发展规划。

(3) 了解行业的具体领域。行业的划分是比较粗略的,其实在行业内部还有着自身更为具体的分类依据。正常情况下,可以选择政府或行业协会给出的内部分类标准,进一步理清行业发展的脉络,了解该行业的发展空间。例如人们经常说的金融业,可以分为银行、证券、期货、保险、基金等。

(4) 了解行业的人才需求状况。了解一个行业需要怎样的人才是很有必要的。弄清楚一个行业对人才的需求状况,有利于在职业选择时进行定位,从而明确自己所选择的具体职业。

(5) 了解行业内一些著名公司的有关情况。为了进一步了解行业信息,可以在行业细分的具体领域内去搜索该领域内的标杆性企业。一般来说,标杆性企业是该行业、领域内的佼佼者和杰出代表。通过对其的经营规模、经营状况、商业模式、员工发展、薪酬待遇及企业文化等情况进行大体了解,再将其跟不同区域、不同领域的标杆性企业进行对比分析,有助于进一步掌握和了解行业的核心竞争力。

(6) 了解该行业涌现出的知名人士。"三百六十行,行行出状元。"每个行业都有其代表(先进)人物,通过了解这些先进人物的奋斗历程和先进事迹以及目前的状况等情况,有助于进一步了解这个行业,也能为自己入行后如何发展提供借鉴和参照,指明前进方向。

(7) 了解入行需要的条件和行业资格证书。通常情况下,一个行业在长期发展过程中会形成该行业对人员进入的要求标准,即入行条件,只有具备了这些条件才能比较容易进入该行业并获得发展。从业资格证书则是入行条件的一种有效的证明手段,比如想要从事会计这个行业,就需要通过会计从业资格考试获取从业资格证书。

(8) 了解行业内著名公司的高管和人力资源总监有关言论。一个行业内著名公司的高层管理人员的言论会影响公司的发展,而人力资源总监的言论则影响着企业人才招聘、培训和职业发展。通过了解这些权威人员的相关情况以及他们对该行业领域的一些评价分析等言论,有助于全面了解行业领域的发展状况和人才需求状况。

(9) 与行业内一般职员进行交谈。通过与曾在某个行业工作或正在从事这个行业的一般人员交流,详细了解和咨询他们以前从事或正在从事工作的状况、特点,以及对这个行业的认知和评价,这样能帮助你更具体了解自己所关心的职业和职位的要求和条件。

(10) 了解国家有关行业政策。研究国家对行业的一些相关政策，有助于把握行业发展状况。通常国家会根据宏观经济发展状况对一些行业发布一些法律政策，支持一些行业发展，限制或缩小一些行业发展，这样能加深对行业发展趋势了解。

四、行业分析的意义

了解和分析一个行业是大学生进行职业生涯规划的重要依据，也是着眼于未来职业发展能够顺利取得成功的重要因素。古话言"男怕入错行，女怕嫁错郎。"在现代职场上，不管男女都害怕入错行，从而耽误了自己的发展。职业生涯规划理论告诉我们，适合自己的才是最好、最理想的。为此，要想进入适合自己的行业，有必要对自己今后想进入的行业进行一番全面深入地了解。不管是出于制订自己职业生涯规划的考虑，还是着眼于今后职业发展、职务晋升，对行业进行了解和分析是每一位大学生必不可少的工作。

每一个人都希望自己将来在职场上谋得一个好职位，但是企业对人才的需求状况影响着个人能否得到好职位。如果选择一个发展处于下降趋势的行业里谋职，要想获得好职位是比较艰难的事情。要用心研究评估自己未来的职业方向与目前正处于上升趋势的行业是否相吻合，要寻找出能快速成长或能获得高回报的行业。通常来说，在热门行业或处于上升趋势的行业里，想要谋得好的发展机会相对容易，个人发展空间也比较广阔，前提是行业是否适合自己。

五、行业分析时要注意的问题

行业是社会分工的产物，对行业进行分析时，一定要结合社会的发展趋势。科学技术日新月异，有些行业如同夕阳西下，慢慢萎缩甚至消亡，但同时也催生一些新兴行业，这些行业属于朝阳行业，极具发展前途，对此，要留意国家立法出台的一些新法规政策，及时了解国家支持、鼓励和培育的新兴行业，限制、控制和淘汰的旧行业，因此，大学生要尽可能选择前景广阔且有较大发展空间的行业。如近十年来，我国狠抓环境保护工作，实施可持续发展战略，防止污染，推行绿色食品，淘汰污染重、耗能大的落后产能等，如此一来，环境保护产业如同初升的太阳，充满希望和前景。环保设备生产、环保技术咨询、新能源等上下游行业得到带动，迅速发展，产生了众多的就业岗位。如果不及时了解这种变化趋势，只是为了眼前一时利益，盲目进入那些污染严重、前景逐渐暗淡的行业去谋生，必将影响自己的职业发展。

六、什么样的行业算是好行业

从工作的角度去理解，一个好的行业能给予你：① 喜欢的工作内容；② 稳定的生活方式；③ 接触所喜欢和仰慕的人员(包括公司内部的同事、行业同仁和外部客户)；④ 能获得所期望的社会地位和荣誉；⑤ 理想的收入；⑥ 可以实现心中的理想和抱负。上述六个方面的优先顺序也是由个人去做决定的。也只有遵循内心需求去排序，你才有可能选择到一个让你感到幸福和满意的行业。

第二节　认识专业

案例导入 ▶▶▶　　　　　　　　　　　　　　　• • •

　　"你学什么专业？"在进入大学之初，这是常常被问到的问题。在收到大学录取通知书的那一天，你已经知道答案，但你真的知道它的内涵吗？

　　小华参加学校社团活动时经常有人问起他的专业，在得知他的专业是金融管理后，有些同学就会多问一句："金融管理是干什么的？"开始小华自己也搞不清就敷衍过去了。后来被问得多了，小华就开始思考这个问题。

　　解析　在被问到专业时，你会怎么回答呢？你是否也想知道同一个学院的其他专业的同学每天在学什么？跟自己的专业有什么区别？也许经过本节的学习，你将更了解自己所学的专业。

　　"闻道有先后，术业有专攻"，术业其实就是专业。同学们在上大学时应该专注地学好自己的专业，同时也要了解其他相关专业。其实所有的专业之间有着内在联系，如只局限在自己熟悉的专业领域内，犹如井底之蛙，只见树木不见森林。

一、专业概述

1. 专业概念

　　大学是进行专业化的学习时期，专业学习与大学生将来的就业去向和个人职业发展有着直接关系。所谓专业，《教育管理辞典》和《辞海》中有这样的解释表述："高等学校和中等专业学校按学科分类或职业分工而设置的教学及管理单位"，就学业而言，专业是指教育机构培养专门知识人才的学业门类。大学设置专业是大学培养人才的重要特征。为了更好地调整和服务国家和社会经济发展需要，高等学校根据自身层次和类型，按专业设置独立的教学计划、教学目标和课程体系，以实现专业的培养目标和要求，实现专业人才的培养。

2. 专业分科由来

　　专业并不是一成不变的，而是不断分化和整合的结果。在古代，几乎没有专业区别，所有的知识都是哲学的一个分支，如大家熟知的古希腊哲学家亚里士多德，他同时还是物理学家、心理学家、经济学家、教育学家和政治学家。后来随着社会发展，知识不断增长与积累，数学、力学和天文学等科学逐渐从哲学中分化出来。到 15 世纪以后，随着人类对世界认识逐渐深入，逐渐产生近代科学，物理学、化学、生物学、生理学等基础科学相继出现。后来社会学、心理学等也从哲学中分化出来，成为独立学科。当然在专业演变过程和分化中包含着整合。如牛顿力学是天体力学和地面力学的统一；电磁学是在麦克斯韦理论的基础上整合电学和磁学而产生的。

　　经过分化和整合演变，不断有旧学科消失，也有新学科产生。比如古代的占星术、炼金术等学科就被天文学和化学取代。在现代大学里，有些专业是几百年前就存在的，例如天文学、物理学；有些专业是百年前产生的，比如经济学、心理学；有些学科的出现比较迟，甚至只有几十年的历史，比如互联网技术等；甚至有些专业是最近十多年才出现的，如机器人技术等。可以说，每个专业产生的社会历史背景是不一样的，所以有必要了解自己所学专业的发展历史，加深对专业的了解。

3. 专业设置与调整

随着时代进步和科学的发展，社会分工的变革以及教育对象的变化，高校也相应地进行了专业的设置和调整。若专业设置跟不上经济社会发展和社会需求变化，不利于高校专业人才培养的发展，此时就要对专业设置进行大的修订和调整，以满足经济社会发展的需要，正是因为这样，专业门类不断得以丰富，专业划分趋向细化。

二、专业的发展与前景

考虑到目前计算机类专业受到广大学生的青睐，而且也是学校学生人数比较多的专业，因此，此处就以计算机类专业为例，简单介绍一下专业发展方面的情况。

1. 计算机科学与技术发展情况

从科学技术半个多世纪的发展历史来看，计算机科学与技术得到了迅猛发展。以信息获取、表示、储存、处理、控制为主要研究对象的计算机科学与技术学科已广泛渗透到人类活动的各个领域，极大地影响着人类社会的进步与发展。如今，人类迈入了信息时代，和计算机科学与技术相关的新概念、新方法、新技术不断涌现。随着信息技术的飞速发展，现代工业化社会已过渡到以信息价值生产为中心的"全球信息社会"。信息技术的发展，正全面改变人类社会的面貌，为人类提供新的思维、学习、工作和生活方式，为社会提供新的发展手段，创造出新的就业机会。在信息社会，知识和信息能更快、更有效地转变为物质财富。可以说，信息技术是当代最具潜力的新的生产力。哪个国家在信息技术上占有优势，哪个国家就会高速与高效地发展。进入 21 世纪以来，计算机技术与通信技术有效结合，在全球范围内形成了以互联网络(Internet)为主要载体、以信息高速公路为龙头的信息产业。

2. 计算机科学与技术专业发展前景

信息技术对国民经济的发展和信息化起着非常重要的作用，并成为衡量一个国家发展水平的重要标志。计算机科学与技术是信息技术的核心和灵魂，是信息技术竞争的一个重要制高点，成为促进国民经济增长、社会进步和保障国家安全的重要因素。因计算机硬件、软件技术以及网络技术迅速发展，使得计算机的应用已不再局限于计算机专业人员，而是广泛地渗透到国民经济的各个领域和人们社会生活的各个方面，通过现代高速信息网实现数据与信息的查询、高速通信服务、远程教育、电子图书、电子商务、远程医疗和会诊、交通信息管理、农业信息化、电子娱乐等。计算机应用的高速发展正推动着信息社会更快地向前发展。社会信息化和计算机的普遍应用，对社会的经济结构、生产方式、精神文化生活、教学和科研活动等产生了深刻的影响。计算机科学与技术涉及电子与信息各个领域，是其他学科发展的重要基础之一，有力地推动了其他各学科的发展，促进了信息产业和知识经济的迅猛发展。因此，建设好计算机科学与技术专业学科具有十分重要的意义。

3. 计算机类专业的发展前景

计算机类专业在应用方面广泛渗透到各个行业和社会生活各个方面，因此，与之密切相关的有关行业和领域的发展趋势，将展现出本专业广阔的发展前景。

(1) 信息消费成为新常态下经济发展的提振器。如今信息消费在国内外受到高度关注，有力支撑和促进经济发展。美国先进制造业战略、欧洲 2020 战略、德国 2020 高科技战略等发达国家制定的国家级战略，无一例外特别重视新一轮技术革命下信息技术对经济形态变化的影响，致力培育和提升信息消费需求。

(2) "互联网+"成为推动产业融合的加速器。我国已拥有世界一流的互联网产业，阿里、腾讯、百度、京东位居全球前十大互联网企业之列。互联网具有的超强渗透力和持续高速发展的内在需求，促使互联网不断与传统产业融合，催生新的发展空间。互联网+传统产业，不断孕育出 C2B、工业互联网；互联网+商贸金融，孕育出 O2O、移动支付、互联网金融；互联网+生活服务，孕育出网络社交、在线教育等。"互联网+"已经成为各行各业发展的加速器。

(3) 智能制造成为产业转型升级的新出路。智能制造是我国推动两化深度融合的重要抓手，通过提升制造业的竞争力，将为信息技术产业发展带来新的巨大空间。工业企业的智能化生产与管理需求，推动工业软件、管理软件加速发展；工业企业的市场预测、创新研发、生产线分析、供应链优化等需求，极大加速了云计算、大数据产品与服务创新；工业企业提高生产率、增强灵活性等需求，进一步加大了工业互联网的研发投入，推动软硬件、网络等多种信息技术的有机融合和协同发展。

(4) 云计算、大数据、物联网将实现跨越发展。随着云计算、大数据在技术、产品和商业模式方面的密切融合，其发展已经实现从概念层面向实际应用转移，与需求紧密结合的实践案例大量涌现。云计算、大数据的快速发展为物联网提供了更强大的基础设施和更智能的分析工具，使物联网不再是传感器及设备的简单互联，真正拥有分析、决策、响应的能力。

(5) 自主信息技术产品成为重点行业信息安全的重要保障。当前，随着全球范围的信息安全事件不断增多，安全隐患不断暴露，我国通信网络核心基础设施和金融、交通、能源、电力等关系国计民生重要领域的信息系统被渗透、被控制的安全风险持续加大，对安全可控的要求急速升级。

(6) 人工智能应用普及和产业拓展速度加快。人工智能领域是全球公认的尖端领域和创新前沿领域，有着超乎想象的广阔前景。近年来，随着以云计算为代表的新型计算技术、计算模式的快速发展，以大数据为代表的新型数据分析方法的出现，以及深度学习等技术的演进，人工智能发展取得了突破性成果，在相关行业得到了广泛应用。

(7) 生态圈建设已成为 IT 企业构筑竞争力的核心举措。信息技术产业的竞争正从单一企业竞争演进到以聚合生态圈协同效应的全产业链竞争，生态圈建设的重要性日益凸显。从互联网公司到传统厂商，各领域企业纷纷发力开放平台，构建各自的生态圈。

从上述相关行业和领域的发展趋势分析中可以看出，计算机类专业发展前景和空间可见一斑。随着信息化时代到来，我国也进入了信息化建设的黄金时代，大中型企业、科技公司、互联网公司以及政府机关、事业单位等迎来了前所未有的发展机遇，但也面临着挑战和压力。企事业单位信息系统建设、管理、运行、软件以及硬件维修维护的技术工作，以及各类 IT 企业中系统集成或售前售后服务的技术工作等，需要大量计算机类专业人才。

4. 计算机类专业的社会需求和就业去向

(1) 专业社会需求。与西方发达国家相比，当前我国的信息化建设还处于初级阶段，未来发展之路还很长，其中还有近六成的企事业单位信息化建设与发展因人才缺乏而受到影响。同时，随着软件外包、多媒体设计等的发展，进一步加大了对具备软件编程能力，掌握多媒体制作技术，能够从事软件开发、多媒体制作、网络建设与维护等方面能力的计算机应用型人才的需求。可见，在计算机应用得到广泛普及和计算机网络高速发展的环境下，只要具有扎实的专业知识水平、熟练的专业技能的计算机类专业大专毕业生，其就业前景就非常广阔，可以进入到信息化和电子政务建设与应用部门、各类计算机专业企业、广告设计制作公司、汽车营销技术服务等 IT 领域进行就业。

(2) 就业去向。计算机类专业就业前景广阔，其应用已渗透到国民经济发展和社会生活的各个领域。当然，具体到高职高专学生而言，计算机类专业的就业去向主要为机关、事业单位、学校、企业等涉及应用计算机技术的相关领域，主要从事计算机及相关设备的使用和维护、办公应用、IT 运行维护管理、软件数据库管理与维护、图形图像处理、广告设计与制作、平面设计与制作、IT 产品的销售与售后服务等工作。

(3) 就业单位。就业单位主要类型：一是互联网类企业，包括百度、腾讯、阿里巴巴等。互联网企业的典型特征就是轻资产、无污染、资源消耗极少，且普遍具有较强的自主创新能力；二是传统软件类企业，以软件技术为基础，提供相关服务的公司，按照经营类型可分为软件开发公司、软件外包公司、软件代理公司、软件包装公司、软件运营公司、软件信息服务公司等。

(4) 就业行业。就业行业典型单位：一是 IT 服务业，如百度、必应、腾讯、领英、ebay、阿里巴巴、京东商城等知名企业，当然与其相关的上下游企业就更是不计其数，可见，毕业生能就业的单位非常多，选择空间大；二是计算机软、硬件产业，如惠普、思科系统、联想、华硕、华为、网易、小米、360 等，还有很多中小微企业供毕业生选择。

三、专业教育与就业

专业和职业在分类上是不一样的，从市场需求上看，用人单位聘用的是"人"而不是"文凭"，文凭重要，但人的素质更重要。

如今，用人单位招聘时，一般会设置文凭门槛，也就是对应聘者的专业知识水平提出严格要求。用人单位对被录用的人员经过一段时间试用，会淘汰那些专业知识不过关或缺乏技能水平不能胜任工作的人员。成绩优异、专业技能娴熟的优秀毕业生是很受用人单位青睐的。因此，大学生一定要完成专业学习和技能培养这两个核心任务。

第三节　专业人才需求标准

案例 导入 ▶▶ ········· •••

　　曾经有专家开展过一项针对全美用人单位的调查，调查结果显示，用人单位最看重的品质如下：

　　(1) 极为重要类：沟通能力(包括口头表达和书面表达能力)、诚实、正直、团队精神(与人协作能力)、人际交往能力。

　　(2) 非常重要类：恪守职业道德、积极性、主动性、灵活性、适应性、分析能力、熟练操作计算机能力、组织能力、注重细节等。

　　(3) 重要类：领导能力、自信、随和、开朗、举止得体、礼貌、精明、GPA(平均成绩点数)、创造力、幽默感、创新精神、敢于冒险的精神等。

　　解析 案例的调查结果能否为大学生今后的就业提供一些启发呢？上面这些品质的重要程度，可能会因地域不同而有所变化，但社会上各行各业对人才要求在实质上都是大同小异的，成功人士所具备的品质都差不多。作为大学生，根据社会对人才的需求标准，有针对性地强化和提升个人综合素质是很有必要的。

　　大学生完成专业学习后，就要步入社会，迈入职业发展之路，为此，在择业、就业过程中，除了要面对竞争对手的挑战外，还要面对用人单位的挑战。用人单位的人才观和挑选人才标准，对大学生而言，也是需要认真面对的软环境。随着经济社会的发展，社会对专业人才的要求在不断变化，不管各行业各单位对人才要求如何变化，但总体一致，均要求专业人才除有过硬的专业知识水平和专业技能外，还要具备忠诚、责任感、诚实守信、团结协作精神、创新精神、沟通能力、重细节、执行力强等职业道德、态度以及内核价值观的共性。

一、社会对专业人才的需求标准

1. 核心能力要求

　　(1) 诚信品质。古人云：人无信不立，人而无信，不知其可，诚信是立人之本。这是当下用人单位选人用人的一个基本点和出发点，也是首要原则。企业在招聘人员时，"诚信"是最被看中的素质，如果被招聘人员品行不符合企业要求，即使专业水平再高，工作能力再强，企业也不会录用。

　　(2) 敬业协作精神。其实用人单位都比较推崇"员工就是合伙人""企业就是大家庭"的管理理念。用人单位并不是强求每位员工的能力都要很强、很出色，但必须具有团队合作精神，服从团队管理，这是市场在激烈的竞争中的税利武器。

　　(3) 创新精神。社会进步，企业发展，都需要创新精神。企业尤其是名企之类的用人单位在选人用人时，不仅需要求职人员能胜任工作，而且更需要求职人员富有创新精神。比如微软公司宁愿冒着失败的危险，任用曾经失败过的人，也不愿意要一个处处谨慎而毫无建树的人。英特尔公司在高校招聘人员时，更喜欢招聘各科成绩是中等，但富有创意，甚至完成过创意项目的学生。正是凭着这样的冒险精神和创新意识，微软公司和英特尔公司才能够成为计算机领域中的"蓝色巨人"。

(4) 发展潜能。企业选人用人虽然重视文凭，但不仅仅只看重文凭，更看重人才未来的发展潜质。飞利浦公司对员工进行工作业务考核评估时，除业务评估外，还对员工的潜能进行评估。这些评估使员工在飞利浦工作时更有激情、热情和动力，可大幅提高员工工作效率，进一步增强员工个人能力，真正实现员工与企业共同进步与发展。

(5) 学习能力。时代在进步，社会在发展，新的知识不断涌现，个人要想有所成就，必须具备良好的学习意识和能力，不断充电，与时俱进，才能保证跟上时代发展的步伐，确保人生成功。古人言：活到老，学到老，尤其是现代社会变化太快，稍不注意学习就会落后。而在社会上，企业尤其是知名企业非常重视应聘者是否具备良好学习能力和强烈的求知欲望，如一些知名企业在招聘应届毕业生时，往往把学习能力和求知欲作为考核的重点。可见，这两项考核指标在面试中很关键。

(6) 融合程度。企业在招聘人员时，经常会考查人员是否认同和适应该企业的价值观和企业文化，因为这将决定人员能否很好地融入企业，为企业服务。比如 SONY 公司曾在招聘过程中就把员工能否适应本土文化尤其是索尼公司的企业文化作为考查的重点内容。

(7) 责任意识。调查显示，现在多数企业在招聘员工时都把责任感列为员工素质考查的首选项。企业员工有责任，企业组织才会生存、发展和壮大。作为大学生要树立责任意识，对自己、对他人、对单位、对社会负责。

(8) 自律意识。人的自律意识属于道德范畴，是指人不受外在环境的约束，不为喜怒哀乐和欲望等情感驱使，而是遵从自己的"良心"，为追求道德而进行自觉的自我约束。

2. 专业知识和技能要求

大学生经过专业学习，学到的知识和技术包含陈述性知识和程序性知识、专业技术和专业素养。大学生要树立专业发展意识，要静下心来专攻专业知识和技能。专业技能的提升还需要在实践中动手操练积累。为此，在实践中要有意识地培养自己分析问题、解决问题的能力。认真对待实践中的实习工作，不挑三拣四，扎实练好基本功。专业技能是安身立命之本，要强化专业技能的学习。

3. 通用能力要求

通用能力主要指适应能力、沟通能力、抗挫折能力、管理能力、人际交往能力、思辨能力、团队合作能力以及学习能力等，下面重点讲前四种能力。

(1) 适应能力。任何工作都是从基层做起的，都有一个适应成长过程。大学生应先要学会接纳工作，只有接纳了、适应了，才能在企业中站稳脚跟，找到实现个人职业发展的切入点。大学生要转变调整就业观念，端正工作态度，要甘于从基层做起，善于从基层做起，小事做好了才能把大事做好。

(2) 沟通能力。社会上任何一项工作都需要沟通，即便你只想做名会计，安静把账做好，但也要跟数据打交道，也需要把数字代表的意思表达清楚，需要向领导报告工作进度和向跟同事传达清楚要求以及报账需要履行的程序等。总之，你步入企业，站在岗位上，开展工作时，就需要懂得如何与他人沟通，这是开展工作的基本前提条件之一。

(3) 抗挫折能力。现代社会竞争大，压力也大，在工作中会遇到许许多多的困难与挫折，要学会在逆境中生存。逆境与挫折是淘汰竞争者，磨炼意志的过程，胜利属于那些有耐心、敢于挑战并战胜困难挫折的人。企业需要的是这样的专业人才。徒有天大本事，一遇到挫折困难就打退堂鼓的人，迟早会被企业淘汰，被社会抛弃。

(4) 管理能力。管理能力包含自我管理能力和组织管理能力。企业在招聘专业人才时，会特别倾向于那些在大学期间入党和做过学生干部的毕业生，主要是看中这些学生的管理能力。为此，大学生在校期间，要积极主动利用社团组织锻炼管理能力，即使没有机会担任学生干部，也要把握机会，积极主动地配合他人，学习他人长处，弥补自己的短处；也可以发现和创造机会，主动倡议、组织一些社团活动，如学术沙龙、主题演讲、人物事迹报告会等，提高自身的管理能力和组织管理能力。

二、专业学习要求

高职高专院校是应用技术型高校，主要培养技术技能型人才。因此，大学生一定要明白专业学习的重要性。要积极主动强化专业学习，让自己拥有扎实的专业知识和过硬的专业技能。

有了明确的专业学习方向，大学生还要清楚地知道自己的优劣势，明确专业学习的重点和难点；做好自己的大学生活规划，积极主动加强专业学习；认真听课，高质量完成课后任务；深入参与实训实习，钻研专业技能；要主动选择职业，提前进行相关职业领域或职业资格考证等方面的学习；积极加强动手能力、实践能力、可持续发展能力的培养，努力把自己锻炼成为符合社会需求的复合型的技术技能人才。

思考与实践

1. 请同学们调查和了解与所学专业相关的行业状况，明确专业学习方向。
2. 请同学们调查了解所学专业的发展前景，明确专业人才的就业去向。
3. 请同学们了解社会对所学专业的人才需求状况。

第五章　专业人才培养目标定位

★ 学习重点

1. 学习和了解职业教育特色，明确专业发展方向和就业去向。
2. 能够正确认识和理解专业人才培养方案，增强专业学习的自觉性。
3. 学习和理解角色转换的重要性，掌握角色转换方法，锻炼和提升角色转换能力。

第一节　职业教育特色

高职教育是按照职业分类，根据一定职业岗位实际需求，培养生产、建设、管理、服务等一线所需要的高技能人才的一种新型高等教育。这种教育强调对职业技能的训练，是以社会人才市场的需求为导向的就业教育。要求学生在具备基础理论和专业知识上，重点掌握从事本专业领域岗位工作的基本能力和基本技能，同时具有良好的职业道德和敬业精神。

2012 年 11 月 1 日，教育部职业教育与成人教育司制定并出版了《高等职业学校专业教学标准(试行)》，在培养目标和规模上，把高职定位在为生产、管理、服务一线、培养具有良好职业道德、专业知识素养和职业能力的高素质技能型人才；在教学模式上建议实行"以学生为中心"，根据学生特点，实行任务驱动、项目导向等多种形式的"工学结合"的教学模式；在教学内容和课程体系安排上体现与职业岗位相对接的中高职衔接，理论知识够用、职业能力适应岗位要求和个人发展要求。高职教育有以下几个方面的特色。

(1) 人才层次具有高等性。高职教育是大学教育的重要组成部分，是属于高中后教育，也是大学教育的范畴。高职人才必须具备专业的基本知识、理论和技能，要掌握新知识、新技术和新工艺；与普通高等教育人才相比，高职人才具有较强的实践动手能力和分析、解决生产实际问题的能力；与中等职业教育人才相比，高职人才具有较宽的知识面和较深厚的基础理论知识。

(2) 知识能力体现出职业性。高职是一种职业教育，即对学生进行某种职业生产和管理教育，以提升其职业技能水平。在人才培养实践中，以职业岗位群的需求为依据开发设计教学计划，即通过对职业岗位群进行职业能力分析，确定人才培养目标和规格，明确大专毕业生应具备的职业道德、职业知识和职业能力，以此规划、组织和落实教学，适时更新和调整教学内容，优化课程结构，注重知识的横向拓展与结合，实现知识的先进性和应用性相结合，培养学生掌握新设备、新技术、新工艺的能力。因此，高职毕业生具有上手快、适应性强、动手能力强等特点。技术技能型人才的知识、能力的职业性，体现了职业教育的本质属性。

(3) 人才具有技术性。高职教育的人才培养目标是面向生产和服务第一线的应用型技术技能人才，这点不同于普通高等教育培养的理论型、学术型人才，也不同于中等职业教育培养单纯的技能型人才。高职毕业生不仅懂得所学专业的基础理论和基本知识，更重要的是他们具备某一岗位群所需要的生产操作和组织能力，善于将技术意图或工程图纸转化为物质实体，并能在生产现场发挥技术指导和组织管理作用，解决生产中的实际问题。高职毕业生是一种专业理论知识够用、生产操作技术熟练和组织能力强的复合型人才。

(4) 毕业生就业去向的基层性。因为高职教育主要是面向生产第一线而培养人才，所以学生毕业后就业去向具有很强的基层性。如工科类毕业生主要去企业生产第一线从事施工、制造、运行、检测与保养维护等工作，艺术类毕业生主要到文化部门从事艺术创作或组织工作；经管类毕业生主要去财务部门从事财经管理或服务工作等。可见，毕业生就业去向的基层性正是职业教育的生命力之所在。

(5) 培养手段呈现多样性。高职教育人才培养目标的复杂性决定了其培养方式的多样性，如在教学形式上，不但有一定的理论教学，帮助学生掌握基本理论与基本知识，而且还要进行大量的实习实训等实践教学，以培养学生的综合能力和素质。在教学任务落实上，除有学校的专职教师，还配有校外兼职教师以及校企合作单位的指导老师。在教学过程实施中，教师是学习的指导者、组织者和管理者，为学生学习提供资料、咨询指导等方面的支持，学生不再是被动接受者，而是主动探索者。在教学手段上实现计算机多媒体技术的综合运用，从而为教育教学提供各种所需信息，提高教育教学的效率和质量。

总之，高等职业教育作为大学教育的一个重要组成部分，是保证教育公平的需要，也是教育协调发展的需要，更是社会发展的需要。大学生应当认清我国高等职业教育的发展形势，主动认真学习，充分提高自身的素质和技能水平。

第二节　专业人才培养方案

案例导入 ▶▶

　　小廖学的是工商企业管理专业，专业知识多而杂，缺乏明确就业方向。小廖只是想当一名管理者，但是听了已毕业的师兄师姐对本专业就业情况介绍后，他知道刚毕业的学生不可能一工作就能做管理层，必须先要从基层做起，但是这个基层范围太广，很多人做了很多基层岗位工作还是升不到管理层。自己现在已经大三了，一眨眼就快毕业了，很多同学都开始找实习单位了，那么自己该怎么选择呢？自己现在学的知识出去后能帮到自己就业吗？现在该做些什么事情呢？很迷茫！自己希望往专业相关行业方向发展，但是就业范围广，自己根本不知道切入哪个起点，也不知道哪个是自己适合的、有发展前途的、怎样去发展。

解析 案例中的小廖出了什么问题？该怎么办？他学的是工商企业管理专业，专业基础知识涉及面广，但他缺乏明确就业方向，出现就业迷茫与困惑。

大学生跨入大学进行专业学习时，必须了解并熟悉自己专业的人才培养方案，了解社会对专业人才的需求状况，结合主客观条件、社会需求、发展趋势进行职业前瞻性选择，确立好适合自己的职业发展路线，规划好大学学习和技能训练，增强就业核心竞争力，为其今后就业做好前期准备工作，避免重蹈案例中小廖之路。

一、专业人才培养方案相关内容

专业人才培养方案包括培养目标和培养过程(方式)，对本专业的人才培养方案进行了解，就如同司机出发前看了一遍行车路线图，在心中就形成了图示，然后对要到达哪个位置，在哪里转弯都了然于胸。

1. 人才培养目标

为便于理解人才培养目标，本部分选取某些高校某些专业的具体事例进行讲解。

(1) 社会科学实验班培养目标(国内一流大学)：定位于培养基础扎实、专业精深、瞄准国际学术前沿、符合国家战略需要的新型社会科学人才。

(2) 新闻学专业培养目标(985高校)：培养系统掌握新闻学与传播理论知识，熟练运用各类媒体技术，能从事新闻采访写作、出版与宣传、网络编辑与策划、信息传播与咨询等工作的新闻传播人才。

(3) 服装设计专业培养目标(地方本科高校)：强调设计与艺术观念结合的具有前瞻性的设计理念。加强学生创造性设计思维的训练；注重培养学生在服装成型过程中的操控能力；强化产品品牌概念，将品牌效应和品牌运作知识引入教学中，培养学生对服装品牌设计风格的掌控能力，注重培养学生的综合能力和创新能力。

(4) 计算机应用技术专业培养目标(地方高职院校)：培养思想政治坚定、德技并修、全面发展，具有正确的世界观、人生观和价值观，具备一定的国际视野、创新意识、创业精神、良好的职业道德素质，掌握Web前端开发和后端开发方面的专业知识和技术技能，面向信息化建设领域，能从事中小型企业的前端开发、后端开发等职业岗位的高素质技术技能人才。

从上述例子中可以看出，所谓专业人才培养目标就是具体规定各专业所要培养的专门人才应达到的基本素质要求和业务能力规格，其内容包括基本理论和专业知识、专业能力以及身体方面的特殊要求和职业道德等。

专业培养目标往往侧重于专业知识和专业技能方面，不过通用知识、通用能力和态度的养成往往可以通过课程学习而得到一定的训练，比如自学能力、文献调研能力、写作能力、学术交流与合作能力等各方面的综合能力会在课程学习过程中得到锻炼。还有比如人文基础知识的训练和积累、国际化视野等也有可能在专业学习的过程中得到训练和完成。

2. 专业课程体系

在人才培养过程中，最重要的环节是构建课程体系以及确定培养方式。课程既根据培养目标进行设置，同时又把培养目标具体化，落实到具体的教学内容和教学环节上，从而对专业人才的培养起推动作用。通过规划设计，若干门相关联的课程组合成课程体系，不同院校的相同专业，在开设的课程体系方面可能存在不同，这是因不同院校人才培养目标不同决定的。如多数高校遵循在"厚基础、宽口径"的原则下，然后在"全校通修课程+学科通修课程+专业发展课程+开放选修课程"模式中自行调整而构建各自的模块化课程体系，并引入第二课堂资源，建立多元化的实践教学育人体系。

高职高专院校在课程体系设计上则更偏重按照真实环境真学真做。需要掌握本领的则要求开展教学活动：按照企业真实的技术和装备水平，设计理论技术和实验实训课程；依据生产服务的真实业务流程设计教学空间和课程模块，推动教学方法改革；通过真实案例、真实项目激发学生学习兴趣，探究职业兴趣。

二、专业人才培养方案案例

由于专业人才培养方案内容比较多，本部分以典型的计算机应技术专业人才培养方案为例进行相关内容的讲述。

1. 专业培养目标

培养思想政治坚定、德技并修、全面发展，具有正确的世界观、人生观和价值观，具备一定的国际视野、创新意识、创业精神、良好的职业道德素质，掌握 Web 前端开发和后端开发方面的专业知识和技术技能，面向信息化建设领域能从事中小型企业的前端开发、后端开发等职业岗位的高素质技术技能人才。

2. 能力要求

(1) 专业核心能力：① 具备 Web 界面、图标、广告设计与制作能力；② 具备 Web 前端(HTML+CSS+JavaScript)开发能力；③ 具备 Web 程序设计开发能力；④ 具备数据库应用与 SQL 代码编写能力；⑤ 具备 PHP/Java+MySQL 动态网站开发能力；⑥ 具备网站的整体规划、开发与建设能力；⑦ 具备响应式设计和 Web App 开发能力；⑧ 具备面向对象与主流框架应用开发能力。

(2) 基本能力：掌握专业技术知识，掌握电子信息技术和程序编写、计算机操作、平面设计、计算机网络基础、计算机组装与维护、数据库应用技术、网页广告制作、网络工程与布线、网络维护、平面广告设计等知识。

(3) 通用能力：分析问题与解决问题的能力、运用知识的能力、创新能力，工作实践能力和组织管理能力，包括人员管理、时间管理、技术管理和流程管理等能力。

3. 专业主干课程与实践环节

专业主干课程：编程基础、图像处理技术、HTML+CSS 网页设计基础、UI 设计基础、PHP/Java 面向对象程序设计、动态网站开发技术、JavaScript 程序设计、数据库技术与应用、HTML5 移动 Web 开发技术、JavaScript 框架技术、Web 前后端数据交互技术、移动端应用开发技术、响应式开发技术。

实践环节：① 基本技术技能项目：企业级 Web 网站综合设计；② 专业技术技能项目：基于 B/S 架构 Web 应用解决方案；③ 综合技术技能(融合)项目：移动端应用解决方案设计；④ 创新技术技能(融合)项目：综合创意项目训练、岗前综合训练等。

4. 职业技能证书

相关职业技能证书包括 1+X 试点 Web 前端开发证书、数据库应用系统设计工程师技术水平证书、网页设计工程师技术水平证书、程序设计工程师技术水平证书(PHP/C/Java/Android)、软件开发(Java 或 C)中级证书、软件开发(Java 或 C)高级证书等。

5. 就业方向

毕业生可到各类企事业单位从事系统后端开发与 Web 前端设计、IT 运营和服务管理、IT 企业产品的营销、电子商务网站设计和管理维护等工作，可担任 PHP 开发工程师、Java 开发工程师、网页 UI 设计师、网站管理员、移动互联网 UI 设计师、电子商务开发与运营工程师、网络广告与网站推广师、网上自主创业等。

6. 其他相关技能证书要求

其他相关技能证书要求：高等学校英语应用能力考试证书、全国高等学校计算机水平考试证书、微机安装调试维护维修证书、计算机辅助设计证书、图形图像处理证书等。

第三节　专业能力培养模式和教学模式

案例导入 ▶▶

　　小诗从小是一位很乖巧的女孩，用她自己的话说，就是"在家听从父母的话，在学校听从老师的话，老师布置的任务总是按时完成，老师强调的事情也不会忘记。"过去在读高中时，小诗尽管并非很聪明，但只要上课都认真听讲，做好笔记，课后好好复习，最后的学习成绩还是很不错的。可是上了大学，似乎这些方法就不管用了。相比中学从早到晚的课时安排，大学里的上课时间分散，课余时间多了，可是不上课的时候自己又不知道该干什么；有的老师在课堂上常讲述课本上没有的知识，自己来不及记笔记，有时记上了却还是没听懂；作业大多是做论文和设计，难度很大……她发现自己有点应付不过来了。

　　解析 案例中的小诗在高中时游刃有余的学习方法到了大学全然无用。其原因在于小诗不了解大学人才培养方式，也没有对比高中学习与大学学习有哪些异同，她只是按之前的方法来应对新的环境。所谓"知己知彼，百战不殆"，很明显，用一种方法应对不同类型的事物，是很难收到理想的效果。

由于大学教育与中学有所不同，学生的学习方式方法与老师的教学模式均存在着差异，大学教育不仅仅要强化学生专业知识学习，还要全面培养学生能力与素质，帮助学生在做人、做事、做学问方面协调发展，着眼于培养全面发展的高层次的专业技能人才。

一、专业能力的培养模式

专业能力的培养模式如下：

(1) 学习目标的定向教育。大学教育是高层次的专业性教育，专业课程设置是根据人才培养目标和专业特点进行安排的。学生入校后，要根据自己的兴趣、爱好、特长，结合专业方向进行职业定位，明确本专业课程学习的目的性和必要性，着重提高自身的专业素质，把自己培养成满足未来社会需要的专门人才。

(2) 学习途径的拓展引导。大学生的专业学习不再像中学那样，纯粹机械单一的从课本、老师那里获取知识，而是要拓展学习途径，到图书馆去查阅、搜集大量信息完成实验实训、论文设计任务，还要积极参加和听取相关学术报告和专题讲座，了解学科前沿知识，更要走出校门开展社会调查，丰富专业实践能力。大学生要明白通过以上种种指引和途径，其目的是要获取大量额外信息，吸取文化成果，扩大自己的知识范围，增强专业能力。

(3) 培养专业学习的探索精神。大学的专业学习不完全只在于获取多少专业知识，而在于提高专业学习能力以及研究解决问题的能力。学校不仅是人才教育培养中心，也是社会科研基地，还是社会服务基地，这样为大学生创造了探索与研究专业的条件和气氛。在专业理论学习、实践操作、毕业论文设计上，要求大学生不仅要理解、巩固、掌握专业知识与技能，还要在学习中养成自己独立思考、探索创新的精神，切实提高专业学习水平，适应职业发展需求，实现职业目标。

(4) 培养专业学习的自主性。大学专业学习主要以学生自学为主，老师教学为辅。大学生有着充足的自由支配的时间，要安排好专业学习时间。如根据个人的兴趣、爱好和专业需要选择相关选修课程；如在老师指导下，充分利用好实训实验以及毕业实习时间，独立开展专业研究。

二、教 学 模 式

合理有效的大学教学模式不仅是教学活动顺利开展的保证，而且更是提高教学效果、提高学生学习积极性的保障。教学模式是教学活动的组织开展方法或形式，是专业能力培养的途径与手段。我国大学各学科在教学方面还处于进一步完善之中，随着社会发展，如今大学的教学方法在过去几十年发展中经历了明显的变化，从先前"以教学为主"转变为"以学生为主"，经过改革完善，出现了当前"翻转课堂"形式。不同的教学模式有其利弊，大学生要提前了解这些教学模式，根据自己的情况进行调整，以适应不同形式的教学模式，从而提高专业学习效果，增强自身学习能力。

1. "以教学为中心"的教学模式

此教学模式是指教师根据教学目标和对象的特点，通过教学设计，合理选择和运用现代教学媒体，以多种媒体信息作用于学生，形成合理的教学结构，达到教学效果最优化的一种教学方式，也称为多媒体教学。在传统教学中，一般以老师为中心，学生被动参与，处于灌输知识的状态。而多媒体计算机的交互式学习环境，能够激发学生兴趣，使学生产生学习欲望、形成学习动机。教师会根据不同专业的学生，调整教学方式，旨在激发学生学习积极性，提高学习效率。对此，大学生要从习惯于之前传统教学模式下被动学习的状态中调整过来，及时适应新的教学模式。

2. "以学生为中心"的教学模式

此种模式不仅仅只是学生与教师之间的角色互换，而是教师承担的责任从传授知识给学生转变为让学生积极主动学习知识，也就是实现了从教师以"教"为中心到学生以"学"

为中心的转变。此种教学模式中，教师引导学生去学习理解知识，学生要自觉主动学习。对此，在专业学习中，学生要实现与教师的有效磨合，使学习效果最优。

3. "翻转课堂"教学模式

此种形式是近年来得到关注的一种新模式，主要是让学生提前预习课堂所学知识，在课堂上通过教师与学生共同参与和互动，解决学习过程中遇到的问题。此种模式能帮助学生合理安排学习和其他活动，通过课前预习或补习，实现学业和自身能力的共同进步，当然，教师也有更多的时间和精力指导学生。总之，通过与学生互动，有针对性地解决学生学习过程中存在的问题，增进了与学生之间的沟通交流，进一步营造学生学习兴趣和氛围，调动学习积极性。

三、专业学习的方式和方法

大学新生即将面临学习环境的重大变化，从由老师督促培养转向自主学习，这种变化使许多大一新生一时难以适应，缺乏学习动力，迷失前进方向，加剧心理矛盾，严重影响大学专业学习。为此，刚入校的大学生要尽快调整自己的学习方式，适应大学专业学习。世界著名科学家、教育家，杰出的社会活动家钱伟长曾经这样对大学生说过："一个青年人不但要用功学习，而且要有好的科学的学习方法，勤于思想，多想问题，不要靠死记硬背。"可见，大学生要调整学习方式，形成正确的学习方法。

1. 专业学习需培养独立思考、解决问题的能力

专业能力的磨炼和提高是建立在专业困惑及难题不断得以发现和解决的基础之上的，专业技能的提高不是一朝一夕就能轻易完成的，需要经历一番勤学苦练，需要在专业实践中去拓展和提升的。大学生进行专业学习，仅仅靠老师在课堂上的教学和指引是远远不够的，因此，大学生还要培养自己独立思考问题、解决问题的能力，去拓展专业学习的广度和深度。

2. 在专业学习上，要善于自学，并妥善制订学习计划

大学的学习安排更多在于学生自己，要靠自学以强化专业学习，同时要制订好自己专业学习的计划，以进一步使专业学习有条不紊地进行。

3. 要善于利用身边各种学习资源，深化专业学习

专业学习不是仅把课程体系中规定的那些课程学完就够了，更多的时候是要在那些课程的基础上，挖掘和利用好大学的人才资源、实验实训资源、图书资源等，深化专业学习，丰富专业学习内容，提升专业学习能力。

4. 要不断寻找和总结自己的学习方法，不断进步

为适应全新的学习生活环境，大学生要善于不断尝试调整自己的学习方法，在探索中前进。通过寻找、分析与总结，慢慢增强学习信心与兴趣，探索出适合自己的学习方法，提高专业学习效果。

5. 通过理论与实践相结合的方法强化专业学习

大学生进行专业学习时，任何时候都不要忘记学习目标就是把自己培养成技术技能型人才，不仅要扎实学好专业理论知识，更需要在实践中锻炼和强化专业技能，要通过专业

见习、实验实训、顶岗实习以及专业实习，努力践行理论与实践的有机融合，通过实践提高专业能力和实践技能。

第四节　大学生角色转换教育

每位刚参加工作的大学毕业生都会怀揣梦想，希望能将自己所学的知识运用到实际工作中，希望自己能在崭新的工作岗位上很快有出色的表现，并做出一番成就。但事实上，很多大学毕业生步入职场后，发现理想与现实有差距，如环境不如人意、人际关系复杂、工作标准要求高、工作强度大、薪酬待遇不理想、社会认可度不高等，自己不能很快地适应这个新环境，不能较好地融入公司，甚至难以开展好工作。归根到底，这些都是与大学生的角色转换有关，大学生只有真正意识到，从步入职场的那一刻起，角色身份就发生了变化，自己不再是一名学生而是一名职业人，才能重新对自己进行正确的定位，才会去了解成为一名职业人应当做什么和怎样做，才能在新的工作生活环境中立足与发展。作为一名大学新生，需要提前规划自己的就业去向问题，学习角色转换知识。

一、角色转换的概念

所谓角色(role)是指个体在特定的社会关系中处于一定位置时所执行的职能。而社会角色(social role)简单地说就是一个人在所处的相应社会关系中的身份。在日常生活中，每个人总是同时担任着多种不同的社会角色，承担着不同的社会责任。随着年龄的增长和社会实践环境变化，每个人承担的社会角色也由少到多，内涵由简单到复杂，面临着不同的角色转换。总之，角色转换就是个体在社会关系中的动态描述。

二、大学生角色与职业人角色的差别认识

每个人扮演的角色，是由其承担的主要任务决定的。大学生在大学校园里主要任务是学习知识、提升素质、增长才干，因而主要角色即为学生。大学生告别校园，步入职场，角色就转变成职业人了。从一个熟悉的校园环境进入到一个全新陌生的职场环境，一切都需要重新开始、重新适应。其实，这种角色转换是每一位初入职场的人都要经历的。因为不同的社会关系对应着不同的社会规范，因此，不同的社会角色有不同的行为规范和要求。学校和职场、大学生和职业人是两种不同的社会关系和社会角色，而通过了解学习与工作的不同、学校与职场的不一样，可以帮助学生顺利适应角色转换，适应新的职业环境，为职业的发展奠定良好的基础。

1. 大学生角色

大学生是学生角色中的一个典型角色。在大学里，学生的主要职责是学习本专业知识，掌握专业技能，掌握各种生存技能。储备知识、发展智力、培养能力是大学生首要的任务。虽然大学生已经开始走向成年阶段，开始拥有绝大部分权利尤其是社会权利，但是社会更多的是希望学生接受专业教育，完成好专业学习任务，掌握好专业技能，为今后步入社会储备能量。在经济来源上，由于大学生主要还是以在校学习为主，经济主要还是依靠父母。

在人际关系上，相对比较简单，日常交往主要以同学、朋友以及师长为主。

2. 职业人角色

所谓职业人角色就是自身具备较强的专业知识、技能和素质，参与社会分工，并能够通过为社会创造物质财富和精神财富而获得合理报酬，在满足自我精神和物质需求的同时，实现自我价值最大化的一类群体。与大学生角色相比，职业人角色要复杂很多，也更具个人色彩。作为职业人，最主要的社会职责就是在本职岗位上发挥专业知识和能力，在为社会做出贡献的同时满足自我物质和精神需求，相比学生要承担更多的社会责任，甚至是成本和风险及责任。在人际关系上，因职业角色需要，人际交往比学校要复杂得多，也更为微妙，需要不断提高自身生存能力和适应能力。

大学生角色与职业人角色的区别如表 5-1 所示。

表 5-1　大学生角色与职业人角色的差别比较

项目类别	大学生角色	职业人角色
思维角色 (立场)	一般只关注是什么	比较关注做什么
思维方式	他人提出问题，被动进行思考和回答	自己发现问题，主动思考问题
解决问题	强调独立思考并解决问题	团队合作，协助共同解决问题
行事规则	待人接物和处理交往比较简单直接，不牵涉过多利益关系	高效做事，以结果为导向，利益为中心，绩效为主
合作方式	松散的，自由的，情感导向	业务性的，受规则约束，利益导向
承担责任	以学习、钻研、探索为主要任务，受校纪校规约束，犯错受到精神和荣誉等形式惩罚	须服从组织领导和管理，适应职场，出错要承担相应的成本、风险和责任
享有权利	接受教育权利，享受相关国家政策待遇	依法行使职责，开展工作，获得合理报酬
行为规范	学生规范，遵守学校规章制度	职业规范，遵守所从事职业相应的行为规范
生活环境	简单的校园生活方式，宿舍→教室→图书馆(运动场)→饭堂，四点一线，单纯的校园文化氛围	单位和家庭为主的生活方式，生活节奏快，工作紧张，可自由支配时间少，需适应不同环境和组织文化
人际交往	单纯、民主、平等、自由	复杂，明确的等级关系和利益关系，服从管理
活动方式	学习知识，培养能力，增进才干，接受给予	运用自己的知识和能力，自主开展工作，提供劳动和服务

三、大学生角色向职业人角色转换

从大学生角色向职业人角色转换是一个比较艰辛的过程，需要持之以恒的努力，越早转变越好，因此，可从下面三个阶段进行角色转换学习。

1. 在校期间的实践锻炼是角色转换的基础阶段

在校期间的专业实习和社会实践是大学生接触、认识、走向社会的第一步。通过专业实习和实操训练能够使大学生把专业理论知识与实践有效结合起来，充分认识和了解专业特点，巩固专业知识，也有助于大学生更好锻炼专业技能和加深对职业人角色的认识、认可、认同。实践是学生运用自身专业特长展示才能、服务社会的重要渠道，可以为今后角色转换进行预备性练习，可以促进大学生在毕业实习阶段的角色转变。总之，大学期间角色转换是大学生的一个基础阶段，虽然在这期间学习是首要任务，但由于是大学生步入职场的一个重要过渡时期，在校期间依然有必要做好向职业人角色转换的准备工作。

2. 毕业前夕的实习阶段是角色转换的主要阶段

目前，我国大学毕业生的毕业离校时间一般在每年六月底或七月初。但是毕业生就业实际上一般已从前一年 11 月份就开始了，因为从上一年国庆节后，用人单就开始陆续进校开展应届毕业生招聘活动了，这样计算下来，到正式毕业，前后有半年多的实习时间，因此，大学生可充分利用这段最佳时间，了解职业人的特色，以及思考如何成为一名优秀的职业人，并通过对两种角色的对比，顺利实现角色的转换。

3. 试用期是角色转换的重要阶段

大学生离开校园正式入职后，大多要经过用人单位试用期的观察和考核，合格后才能成为正式员工。因此，有人把试用期形象地称为"磨合期"。初到工作岗位，由于生活和学习环境与大学相比存在着巨大差异，新旧角色之间冲突和由此导致的不适应难以避免，因此，大学毕业生应该加强试用期的角色学习，顺利实现角色转换。

四、大学生角色向职业人角色转换的应对办法

1. 在校期间角色转换的应对方式

在校期间角色转换的应对方式包括以下两点。

(1) 积极主动参加各类社会实践锻炼。

(2) 培养自身良好的交际能力。

2. 毕业前夕角色转换的应对方式

这个阶段大学生向职业人角色转换应做到以下几方面。

(1) 通过择业认识和理解职业人角色。为了顺利就好业，毕业生要主动调整状态，转变观念，做好求职择业的相关基础准备工作。在与用人单位进行"双向选择"时的接触和沟通中，要比较全面了解和掌握用人单位基本情况，了解将从事的岗位所需要具备的基本素质与能力，然后结合自身的综合素质，对自己的职业期望值和自身的知识结构与能力状况进行适当调整，合理确定自己未来的职业，然后顺利实现职业人角色的转变。

(2) 开展非智力因素技能的相关训练。所谓非智力因素通常指包括情感、动机、兴趣、意志、性格、目标、抱负、信念、世界观、价值观等方面。一般情况下，同一层次的大学生在智力上相差并不是很大，而非智力方面的技能和水平在学生进行择业、就业和创业方面则有着不同的影响，为此，大学生应重视自身非智力因素的训练和培养。

(3) 通过实习预先使自己进入职业人角色。大学生要充分把握和利用好大学最后一年时光，根据学校教学实践安排，主动把毕业实习融入实际工作当中去。在实习这段时间，大学生要积极主动学习与未来岗位有关的专业知识和专业技能。通过学习和训练，提高自己的职业素质和能力，加深对未来职业认同感。通过日积月累地在实践中训练，总结经验，

不断提升，最终使自己具备独立开展工作的能力，以便更好地适应职业人角色和承担相应责任，创造更多的成绩。

3. 试用期内角色转换应对方式

在这一阶段，大学生主要任务就是通过对新环境和人际关系变化进行深入细致的了解，结合自身情况考虑职业定位，尽快熟悉环境、工作岗位职责，提高心理适应和承受能力，加强角色认知，顺利通过试用期，为此，可从以下几方面进行转换。

(1) 注意知识的转化。工作上要放下大学生身份和姿态，要明白，拥有知识并不意味着拥有一切。大学毕业生一定要保持谦虚、随和的态度，在尊重同事、尊重经验的前提下，适时、适度地展现自己的知识和技能，如可利用工作上的协作机会，谦虚、诚恳地发表自己的见解，共同商讨、共同解决问题；此外，可通过人际交往关系，适度展现自我，让同事了解你的为人和性格，拉近你与同事之间的心理距离，共同致力于构建和谐融洽的人际关系和企业文化，创造良好的工作和成长氛围。

(2) 要树立良好的第一印象。人靠衣装马靠鞍，仪表是职业形象的基本外在特征，端庄稳重的仪表能给人留下良好的第一印象，始终展现出积极向上的良好形象。在日后的职业生活中，可以多参考职业的具体要求，不断修正自己的外在形象。

(3) 要养成实事求是的工作作风。

(4) 要发展健全的职业自我理念。职业自我理念的发展是基于学生对自我认识和对工作的认识，进而形成个人对职业的态度、对劳动的态度、对职业的责任感、对社会的责任感等。大学生只有具有了健全的职业自我理念，结合自己的身心特点、个人能力及价值观进行工作，才能轻松地实现从学生到职业人的转化。

(5) 要重视岗位培训。岗位培训对刚步入工作的大学生来说是非常重要和必要的，它不仅仅能帮助大学生了解单位的基本情况，熟悉规章制度、工作流程，更重要的是通过岗位培训可以树立大学生的集体主义观念、培养人际协调能力和敬业奉献精神。在一定程度上，岗位培训能反映出员工的素质和能力。因此，用人单位一般对新入职员工进行岗位培训这一关键环节格外重视，并依此择优录用，分配岗位。对此，大学生在毕业之际，一定要以认真的态度把握住这一次充实、表现和提升自己的好机会。

总之，由学校走入社会是人生的一个重要转折点，是大学生角色向职业人角色转换的必然过程，也是每一位大学生适应社会及工作的过程。而顺利迈入职场，实现角色转换，能帮助大学生尽快进入工作状态，为社会创造效益。要想尽快树立职场个人形象，就需要大学生从正在从事的工作入手，认真专注地做好身边的每一件小事。

思考与实践

1. 请同学们了解本专业人才培养方案，明确本专业人才培养目标和就业方向。

2. 了解自己所学的专业，认识专业的价值，思考未来的专业出路。将自己所学专业的探索结果记录下来。(探索项目参考如下：所学专业名称、培养目标、专业价值、核心课程、教学方法、知识与技能、相关专业、近年就业情况、对口行业状况、可能适合的职业、学习资源获取的渠道、专业相关名师和学习达人等内容)

3. 请同学们拟定自己未来职业角色转换发展规划。

个人职业生涯规划引导

1. 学习和理解大学学业规划内容，熟练掌握技巧并运用到实践中。
2. 能够正确认识和理解专业与职业的关系，强化大学专业学习和技能提升技巧。
3. 学习、理解并掌握职业生涯规划书撰写技巧，制订个人的职业生涯规划书。

第一节　大学生学业规划

案例 导入 ▶▶

　　小方，广州人，26岁，参加工作已三年多。刚毕业时，她在一家报社做编辑，但由于文笔不好，工作业绩始终不行，压力越来越大，小方就辞职了。第二份工作是一家公司的文员，平时做些打字之类的琐碎小事，学不到什么知识，于是小方又辞职了。后来她又找了几份工作，都和第二份工作差不多。目前，小方在一家公司做经理秘书，对这份工作，小方还是比较满意的。

　　最近同学聚会，小方发现周围的老同学都比自己发展得好，有些已当上了经理。再看看自己，经理秘书虽听起来不错，但说不定哪天就失业了。所以小方想换一份稳定的工作。想来想去，除文员、经理秘书这些也想不出其他更好工作岗位来了。她该怎么办呢？

　　解析　小方的问题是典型的"职业迷茫"问题，职业顾问认为，造成"职业迷茫"问题的直接原因就是缺乏职业发展规划。

　　如今，大学毕业生面临社会变革、人才竞争，需要提早规划好自己的学业。对个人而言，个人学业生涯是有限的，如果不提早进行有效的规划，势必会造成生命和时间的浪费。作为大学毕业生，若是带着一脸茫然离开学校，步入拥挤的社会，那怎么能满足社会的需求，让自己占有一席之地呢？因此，大学生应该从入校第一天起，就要开始规划好未来，并在实施过程中，根据自身条件和环境因素的变化而及时调整，以更好适应形势发展需要。

一、大学生学业规划的含义

　　大学生学业规划，是指大学生根据自身整体情况，结合现有的条件和制约因素，为自己确立整个大学期间的学业目标，并为实现学业目标而确定行动方向、行动时间以及行动方案的过程。简单地说，就是通过解决大学生学什么、怎么学、什么时候学、在哪里学等问题。

▌ 二、设定目标的重要性和法则

1. 设立目标的重要性

设立目标有多重要？美国斯坦福大学曾经对比做过一项调查，他们随机抽取了一群年龄、智力、学历等都大体相同的人，调查发现 27%的人没有什么目标，60%的人目标模糊，10%的人有明确目标，3%的人不仅有明确的目标，而且能把目标写下来，经常对照检查。25 年之后，美国斯坦福大学再次对这群人进行调查，结果发现：当初 27%没有目标的人都处于社会的最底层，他们贫困潦倒，靠社会救济过日子，有的甚至成了流浪汉；60%目标模糊的人普普通通，没有什么作为；10%目标明确的人成为白领阶层，属于专业人士，部分已经进入上流社会；3%把目标写在纸上并经常检查的人，成了社会顶尖人士及各行各业的领袖。产生差别的原因在哪里呢？原因就在于 25 年前，他们中的一些人知道自己到底想要什么，而另一些人则不清楚或不明确。

人生要有明确的目标和方向，因为目标和方向主导了人一生的命运和成就，是驱使人不断前进的原动力，如果没有明确的目标，则会徒耗生命与精力，虚度人生，犹如一辆没有方向盘的超级跑车，即使拥有最有力的引擎，最终也发挥不了作用，产生不了价值。设定明确目标使人拥有一种潜意识的巨大能量，自然而然地引导人朝着目标的方向前进。

2. 目标设定的 SMART 法则

每个人或多或少都有过制订目标的经历，制订目标看似简单，但其实当中包含了很多不可控的因素。对于大学生而言，确定三年大学目标对其如何度过大学生活是非常必要的。那么大学生在制订目标时可遵循 SMART 原则，严谨、科学地制订出适合自己三年大学的发展目标。SMART 其实是五个英语单词的第一个字母组合体，具体如下：

(1) S 代表 Specific，即明确性。该法则要求目标清晰明确，便于准确理解，为此，目标设定要有项目、衡量标准、达成措施、完成期限以及资源需求，以利于考核时让人清晰地看到要做哪些事情，要达到什么程度。

(2) M 代表 Measurable，即衡量性。该法则要求目标能量化，以便考核。应该有一些明确的数据作为衡量目标是否达到的依据。如果设定的目标没办法衡量，就难以判断这个目标是否实现。为此，目标的衡量标准要能量化的则量化，不能量化的就质化，使目标有一个统一的、清晰的、可度量的标尺，避免在目标设定中使用概念模糊的形容词等。

(3) A 代表 Attainable，即可实现性。该法则要求目标切实可行，不能超过实施者的能力范围。为此，目标设定时既要有吸引力，又要有可达到性，不能设定遥不可及的目标。

(4) R 代表 Relevant，即相关联性。该法则要求目标是实施者最主要的目标，而不是相关度很低的目标，否则即使达到了目标，但意义也不大。因此，大学生设定目标一定是自身最重要的目标，而不是一些无关紧要的小目标。

(5) T 代表 Time-bound，即时限性。该法则要求目标设定有时间限制，如在 2022 年 8 月 31 日前完成某事，那么 8 月 31 日就是一个确定的时间限制。没有时间约束的目标是没有办法进行评估的。为此，设置目标要有时间限制。

总之，不管是学习目标，还是职业目标，都要符合上述五项原则，缺一不可。制订目标的过程就是一个自我不断完善的过程，完成计划的过程也是自我专业学习和技能操作历练和提高的过程。

三、三年大专的学习规划

法国著名军事家拿破仑有句名言："想得好是聪明，计划得好更聪明，做得好最聪明。"一语道破凡事抓落实的重要性。唯有行动才能成就自身价值。行动有助于你的目标与梦想从思想层面步入现实。大学生在设定目标规划之后，下一步的关键就是根据这一规划制订好相应的实施方案，并依据实施方案去行动。如果我们把目标看作结果，那么实施方案就是过程，是依据目标制订出的为了达到目标而必须采取的行动措施。

大学生如何规划并实施三年大学的专业学习和技能提升目标呢？本部分主要从新生期(指大一上学期)、低年级(主要指大一下学期和大学二年级)、高年级(指大学三年级)三个阶段进行讲述。

(一) 新生期大学生的学习规划

大学新生主要任务就是尽快适应大学的学习和生活，要尽快完成未成年人的角色转换。完成依赖他人到独立自主生活的转换，完成被动学习到主动学习的转换，重点是加强专业学习、成长、实践的规划。

面对大学新环境，新生要尽快调整心态，顺利实现角色转换，实现与新环境的融合与平衡。这个时期，大学生学业规划就是尽快适应大学学习方式的转变，养成自主学习习惯。从学习时间、方式、业余作息时间等都要靠个人有较强的自制力，需要自觉去上课、去图书馆查资料、与同学讨论问题等。因此，新生要尽快地适应大学的学习方式，尽早步入学习正轨、融入大学环境。

(二) 低年级大学生的学习规划

低年级大学生的学业和技能提升规划重在强化落实，使自己在德、智、体各方面全面发展。对所学专业、所学专业与行业关系、本专业可以就业的职业及其准入标准等进行充分、详细的了解，为今后职业生涯发展做好能力和技能准备。

1. 大一下学期的学习规划

大一学习任务暂时不重，课程多为基础、人文及通识课程。此阶段，大学生要尽量把更多时间放到图书馆，去博览群书，充实自己，要多去思考。要抓紧时间把外语、计算机、生涯规划与方法类课程上好，熟练掌握这些方法后，对自己的职业生涯发展很有帮助。学习之余，要提早了解本专业的就业情况和前景，树立忧患意识。此阶段的主要学业任务为：

(1) 了解本专业课程学习的人才培养计划和目标，明确学习方向；

(2) 了解并熟悉大学阶段学习方式和途径，充分利用学校的学习资源；

(3) 建立起以学习为中心的任务观念，努力学习本专业基础知识；

(4) 初步了解本专业就业、升本情况，并对与专业关联度大的相关职业的发展情况进行初步探索。

2. 大二上学期的学习规划

大学二年级上学期为学生职业生涯中的定向时期，此时，大学生已顺利完成了角色转换，已基本适应大学生活，因此，接下来重要任务就是在学好本专业的专业基础课程上掌握本专业的就业创业要求和情况。通过储备相关专业知识，提高自身综合素质，初步明确大学毕业后的基本就业去向，尽量明确自己今后职业生涯发展方向。此阶段主要学习任务如下：

(1) 继续深入学习和掌握专业知识，增强专业技能；

(2) 熟练操作计算机，争取通过大学生英语等级和计算机等级考试并获得证书；

(3) 向老师、学长虚心请教，请他们对自己的学业规划提出宝贵的意见；

(4) 充分利用好图书馆、学术报告会等途径积累知识，丰富自己的知识结构；

(5) 积极主动参加有关专业科技竞赛活动，提升自己的专业技能水平；

(6) 加强了解自己职业方向相关情况。通过与相关专业杂志、网站等途径了解和学习更多专业知识；选修相关课程，增加知识积累。大学生一定要利用在校时间构建科学合理的知识结构，培养自己的综合素质和能力，尤其对于理工类专业的学生而言，需要建立合理的知识结构，提升就业的核心竞争力。

3. 大二下学期的学习规划

此时已经进入到大学生涯规划的分化期，重点任务是要进一步坚定确立未来职业目标，完善和提高各项实践技能水平，继续深入学习和钻研本专业的专业知识；在具备必备的基础理论和专业知识的基础上，重点形成和掌握本专业领域实际工作所需的基本能力和基本技能。

(三) 高年级大学生的学习规划

此阶段一般是针对大学三年级的规划，也许部分同学在大二下学期就着手准备了。大学生要按照行业、职业的用人需求标准，做好就业或毕业后去向的充分准备，即一切以毕业后的去向作为规划目标。

经历了两年多的学习和技能操作锻炼后，大学生不仅掌握了扎实的专业知识和技能，而且在组织沟通协调能力、语言文字表达能力、分析解决问题能力等各个方面有了质的飞跃。在即将迎来大学结束阶段，大学生在学业规划上的任务有：

(1) 在加强专业知识学习之际，要多考取与目标职业相关的职业资格证书；

(2) 广泛参加一些相关的职业培训，有针对性地提升职业能力；

(3) 积极参加一些与专业有关的暑假实践工作，多与同学交流工作心得体会等；

(4) 按发展规划，着手开展专升本及创业需要的准备工作，如语言能力证明等；

(5) 学习撰写简历，着手准备求职信等求职应聘的材料，掌握求职技巧，了解面试流程，模拟、演练面试；

(6) 了解、搜集岗位招聘信息的渠道，并积极去尝试求职应聘；

(7) 加强职业道德理论学习，提高思想道德修养；

(8) 自觉完成学业，即要完成毕业论文，顺利实现毕业，这也是大三学生的主要任务之一；

(9) 选择专插本的同学就要做好参加考试的相关知识准备，抓紧时间备考；

(10) 选择创业的同学要了解和学习相关创业知识和国家有关创业扶持政策；

(11) 选择出国的同学要了解出国的相关知识、政策以及各个国家和学校的最新留学政策。

大学三年级的结束意味着大学正式结束和职业生涯的正式开启，为此，此时学业规划任务就是围绕顺利毕业(毕业论文撰写、毕业答辩准备、毕业考试复习)，或者顺利就业，或者成功考上本科，或者如愿出国，或者开始尝试创业等并做最后准备工作等来安排。

第二节 "创新、创意、创业"教育

随着社会发展和人类进步，创新能力日益成为人的核心能力，教育也把培养创新精神放在突出位置，学校以"创新、创意、创业"为精神内核，以引导创意、鼓励创新、推崇创业为校园文化，致力于挖掘学生的创造潜能，培养学生具有创意智慧、创新思维和突出学习力、想象力、探究力、创业能力的良好素质。

一、创新教育

创新是以产生新思维、新发明和新描述为特征的一种行为过程。创新包含三层含义：第一，更新；第二，创造新的东西；第三，改变。创新能力是人类特有的认识能力和实践能力，是人类主观能动性的高级表现形式，是推动民族进步和社会发展的不竭动力。因为创新不容易，所以创新成为人才的一大特征。学生创新能力的培养必须依靠教育。创新教育的实施能够为学生创造一个有创意的学习情境，激发学生兴趣，培养学生逻辑思维，进而发展学生创新能力。

二、创意教育

创意原意是指写文章有新意，即有好的想法和巧妙的构思，现在特指有新意的想法、念头和打算，即有与众不同的好点子。一个好的创意一定具有新奇、简单、实用、与众不同、能使人眼前一亮、会令人久久难忘等特点。创意就是具有新颖性和创造性的想法，学校通过创意教育，帮助学生增长创意意识和创意能力。

三、创业教育

创业是指创业者通过发现和识别商业机会，成立一定的活动组织，利用各种资源，提供产品和服务，以创造价值的过程。创业有广义和狭义之分。狭义的创业是指创业者的生产经营活动，主要是开创个体和家庭的小业。广义的创业是指创业者的各项创业实践活动，其功能指向成就国家、集体和群体的大业。学校应通过创业教育，帮助学生增长创业能力，并了解创业过程，最后顺利实现创业。

总之，"创新、创意、创业"教育旨在激发学生的学习兴趣，在实践中强化对知识的学习、理解和巩固，拓展创意思维，树立创新精神，增强创业能力。

第三节　职业与专业的关系

案例 导入 ▶▶▶ ●●●

　　某职业学院外国语学院举办一届职业规划大赛，一位应用英语专业大二男生不以为然："我学英语，毕业以后做翻译，有什么好规划的呢？"别人问他："你了解翻译这个职业吗？毕业后想做笔译还是口译？"他回答得很干脆："只要把专业学好了，还怕出来找不到翻译工作吗？"

　　解析 从案例中这位同学的回答中不难看出，该同学实质上没有正确认识到专业与职业之间的内在联系。

一、未来职业的特性

　　随着社会经济快速发展，尤其是现代科学技术的迅速发展，新产品的开发运用、新工艺的研发推广，人类的职业活动也随之发生着巨大的变化。当前很热门的职业，明天也许就消失了；先前少有人问津的职业，如今却变得炙手可热；以前不存在的职业，现在发展正旺。总体来看，未来职业有如下几个特性。

　　1. 职业分类的频率增大

　　在职业产生初期，种类少，发展变化缓慢，稳定性高，而随着社会进步，职业与行业变成了同义语，职业最初被划分为六大类，即王公(发号施令的统治者)、士大夫(负责执行的官员)、百工(各种手工业工匠)、商旅(商人)、农夫(种田人)和妇幼(纺织的妇女)。那时所谓的"百工"，就是木艺匠人的总称，当时木工有七种，金工有六种，皮工、染色工各五种，还有其他各种工种，加起来不足 40 种，十分简单。然到了隋唐，增加到了 100 多种行业，比周朝翻了一倍；到了宋朝，超过了 200 种，又比隋朝多了一倍多；到了明朝，则增加到了 300 多种，当时人们把社会上职业分工统称为 360 行。

　　中华人民共和国成立之后，全国各工种岗位的总数则发展到 1000 种左右。1982 年，在我国第三次人口普查使用的《职业分类标准》中，把职业划分为 8 个大类，64 个中类，301 个小类。1993 年，劳动部发布的《中华人民共和国职业工种分类目标》，根据从业人口所从事工作性质的统一性进行归类，把我国职业分为 8 个大类、66 个中类、413 个小类、1838 个系类(职业)，可见，我国职业种类的增加速度十分快。

　　总之，随着社会发展，职业分类呈现出加剧趋势，许多新型职业层出不穷。

　　2. 职业结构的变迁速度加快

　　(1) 增长和发展中的职业。虽然第一、二产业的职业数量在不断减少，从业人员的数量和比例也随之减少，但是在这两个产业中，随着生产知识和技术密集程度的不断提高，还在不断出现一些新的职业或职业群。如第一产业中的基因和转基因工程师、遗传工程师、细胞工程师和技工；第二产业中的加工中心工程师和技工、环境监测工程师、计算机辅助设计工程师和技师、计算机辅助制造技师和技工、纳米材料生产技师和技工以及航空航天技工等。而在服务领域中，同样由于生产活动方式的变化，以及生活内容的丰富和增加，新产生的职业数量超越生产部门，这些新职业主要集中在信息服务业、管理咨询业和社会服务业三个领域。

(2) 处于衰落和消退中的职业。主要集中在第一、二产业中，第三产业中也有部分职业在消退，这些衰落和消退中的职业，主要与技术和产品更新有关，或者由于制度和政策限制，淘汰使用某种材料或工艺，致使这些职业难以为继。如农业的高度集约化、机械化，曾使农民转变职业，且这一过程仍在继续当中。随着数控机床普及，传统的匠工机床操作工职业正在快速减少。在第三产业中传统的机械打字员、铅字排字工等职业已经消失了。

(3) 处于调整和变化中的职业。在三大产业部门中，有许多传统职业在新的条件和形势下，出现了较大调整和变化。如在第一产业中，传统的农民变成农机师、农艺师或从事专业性更强的无土栽培的现代农艺师。在第三产业中，这种转变发展更迅速，如理发员转变成形象设计师，销售库管理员转变成物流配送师等。现实中，几乎所有的职业都会随着生产技术的进步而出现一些调整和变化。需要注意的是，在现代职业发展与变化中，有的职业发展较快，如第一、二产业中生产部门和实验部门的技术、技能人员，第三产业中的助理医师、助理律师、服务技师和个人助理或家政助理或科研助理等。

3. 职业活动的内容不断得到更新

同样的职业随着时代不同，工作内容也会发生很大变化。当旧的业务知识、技术方法成为过去时，必将被新的业务知识、技术方法所取代。职业虽然没有改变，但内容已有很大的更新。如现在设计院的设计师，以前使用的是图版、尺子、画图笔等工具画出图纸，而随着计算机广泛应用，设计师现在使用 CAD 技术画图纸，而且图纸的效果更美观、准确，工作效率也大大得到提高。可见，同是设计工作，所凭借的工具发生了革命性变化，工作效果效率大不一样。

4. 职业呈现出专业化、综合化和多元化

随着科技的进步与飞速发展，有些新职业出现高度专业化，如果不具备一定的专业能力，达不到职业的要求，基本上无法适应职业的需求。如邮电行业，因采用了新技术，所以缺乏现代化电子技术的人员就难以适应工作的要求。职业除了专业性强度外，开始向综合化、多元化方向拓展，打破了以往每种职业都有相对稳定范围的明显界限，职业间出现相互交叉和延伸，界限模糊。

5. 职业流动速度增强

随着工业化进程推进，因自动化技术得到发展和广泛应用，职业的更新和流动性也随之增强。近年来，深圳等地区的一些广告和咨询企业一直被员工流动太快的问题而困扰着，员工流动已成为最不确定的风险。如今社会上职业发展迅猛，深刻影响着大学生就业。大学生在求职择业和进行就业准备时，必须审时度势，多关注一些职业。

二、专业与职业的关系

大学生在校期间所学的专业将会对自己今后的职业生涯发展产生影响。正确认识专业与职业之间的关系，对专业学习与职业发展具有重要的影响，是大学生合理规划大学生活、

明确今后职业发展方向首要解决的问题。

从个人兴趣角度考虑，如果一个人选择的专业与社会职业总能一致，是一种比较理想的状态，但现实情况是专业有别于职业，专业是学业类别，职业是工作类别，总体而言，两者之间有以下四种关系。

(1) 专业包容职业。在这种关系中，个人的职业发展将会一直在所学专业领域范围内，选择的职业与所学的专业是一致的，达到学以致用的效果。

(2) 专业是核心，职业包容专业。这也就是说个人的职业发展以所学的专业为核心而向外延伸。虽然所选择的职业与所学的专业方向上一致，但职业发展超出所学专业领域之外，为此，需要根据自己的职业规划，在学好专业的基础上通过自学、研修等方式提升个人素质和能力，以适应职业发展需求。

(3) 专业与职业交叉，以专业为基础发展职业。个人的职业发展是在所学专业基础上的指引下，同时辅修或自学自己规划的今后要从事的其他专业课程。

(4) 专业与职业相分离。个人规划要从事的职业与所学的专业基本无关，所学专业的某些内容对个人职业发展有一定作用，但方向并不一致，此时应尽早调整目标。

综上所述，职业并不等同于专业，即使所学专业与未来所从事的职业完全对口，为了在该职业中充分发挥自己的作用，仅仅靠专业知识也还是不够的。因此，进入大学，我们不能把眼光仅仅局限于专业上，更重要的是学会用科学的方法和积极的心态围绕自身专业，努力学习，在知识、能力、心理素质等各方面打好基础，以备将来就业发展之用。

三、专业学习的重要性

如今社会，一个人不经过专业学习，不掌握一定的专业知识和技能，是很难顺利就业的，更谈不上实现职业理想。因此，大学生应早日抓住在校学习机会，努力完成学业。

(1) 学好专业知识是顺利就业的必备条件。扎实的专业知识和较强的技能水平是应届大学毕业生就业的必备条件。假如机械制造类专业的毕业生，既看不懂图纸，又不会使用量具；电气工程专业的毕业生既不会使用仪器，又看不明白电气图，这样怎么能胜任工作呢？在当今就业竞争日趋激烈的形势下，唯有具备扎实的专业知识和过硬的专业技能，才能在就业中掌握主动权，占有优势，为自身顺利就业创造有利条件。

(2) 学好专业知识是实现职业生涯规划目标的基础。大学生要胜任职业规划中的未来就业岗位，前提是完成学业，学好所学专业，并在职业中灵活运用专业知识，充分发挥出专业特长优势，出色完成岗位任务。

第四节　大学生职业生涯规划

案例 导入 ▶▶

小赵于 2016 年毕业于某职业学院的电子信息工程技术专业。上大学后，小赵对电子问题很感兴趣，想毕业后进入知名大型外企工作。毕业时，由于种种原因，小赵没能进入他理想中的企业工作，最终只好回到家乡，找了一家广告公司，从此开始从事与专业不相关的工作。

由于小赵聪明好学，对广告公司的工作也很快熟悉并有了一些成绩。几年下来，小赵已经从一个普通职员成为广告公司的中层管理者。但由于没有专业基础，他难以在设计方面有大发展。在广告公司主要承担了一些拓展市场和行政管理工作，收入稳定并逐渐攀升。可是小赵始终觉得这不是自己感兴趣的工作。他一直希望自己还能有机会出去闯一闯，但是该进入什么领域，小赵却一直觉得困惑。这当中，曾经有过机会可以到某电子厂，但艰苦的工作环境和长时间对专业的生疏令小赵犹豫了。他很纠结、也很困惑自己到底要到哪个行业去发展。

解析 案例中的小赵学的是电子信息工程技术专业，却去了广告公司工作，从事的工作跟他的专业毫不相干，现在工作上取得的成就并没有令他满意，这是为什么呢？小赵到底想要什么样的工作呢？其实小赵遇到的问题源于他缺乏职业发展规划，不清楚自己的职业发展方向在哪里，而这种问题也经常会发生在我们大学生身上。

一、职业生涯规划的内涵

1. 职业生涯的含义

职业生涯的英文是"career"，原意指两轮马车，引申为道路，即人生的发展道路。在日常翻译中，人们习惯使用"职业"或"职业生涯"，通常理解为个人所从事的工作。但实际上，"career"翻译成"生涯"更为贴切，"生"即"活着"，而"涯"即为"世界"的意思。从翻译上理解，"生"自然是与一个人的生命相关，"涯"则有边际的含义，合在一起就指人生经历、生活道路和职业、专业、事业，这样"career"就可以被理解成贯穿于一个人一生的各种活动。当然，职业生涯不仅局限于"工作"或"职业"，它还涵盖了一个人一生所从事的各种活动，是各种活动的集合。

2. 职业生涯规划

通常来说，职业生涯规划是指个体根据自身情况、结合当前的机遇以及相关制约因素，为自己确定职业方向、职业目标，选择职业道路，确立教育计划，执行发展计划，为实现职业目标而确定行动的时间和行动方案。

从定义中可以看出，职业生涯规划是一个人主动的、有潜意识的自觉行为活动。我们要尽可能规划生活中的一切，对于所能做到的，要全力以赴；对于生命中诸多个人无法掌控的因素，如地震、飓风、台风等天灾，就必须沉着冷静面对，简单地说，生涯规划就是找到引领我们自己坚定前进的方向！

3. 大学生职业生涯规划

大学生职业生涯规划是指大学生在大学期间，通过对自身和外部环境的了解，为自己确立职业方向、职业目标，选择好职业道路，确定学习教育计划特别是大学期间的学习计划和技能提升计划，是为实现职业生涯目标而确定的行动方案。

大学时代是一个人职业生涯规划中的黄金时段，一方面，此时是人生中最美好的年纪，精力充沛，学习能力强，在职业观念、职业理想、人生观、世界观、价值观等方面具有很强的可塑性，职业生涯还有很大的可规划性；另一方面，大学为青年学生创造和提供了学习基本职业技能和本领的有利条件，大学生可以为自己的职业生涯打好基础，做好准备。

可见，及时科学、合理的进行职业生涯规划，不仅有利于大学生度过一个完美而充实的大学，而且还会影响其今后的人生。

二、职业生涯规划的要素

制订职业生涯规划，要综合考虑各种要素，主要包括知己、知彼、抉择、目标、行动等内容。首先，知己就是要充分认识和了解自己以及与自身相关的因素，要了解自己的兴趣爱好、能力、价值观、个性以及家庭背景，学校与社会教育对自己产生的影响等。知己其实质就是要认清自己的特性。其次，知彼就是探索外部世界的特性，了解今后从事职业的相关内容，包括工作内容、能力要求、工作发展前景、就业渠道以及福利待遇等。在职场上，知己与知彼之间是紧密联系在一起的。再次，抉择包含的内容就是抉择技巧、抉择风格以及抉择过程中面临的冲突、困惑、阻力和助力等。抉择的原则是制订目标，最后则是采取行动。

三、职业生涯规划的步骤

一个好的职业生涯规划有助于开启一个发展良好的职业生涯道路，能帮助你高效率、合理安排自己的一切，人生的努力也能收到事半功倍的效果。通常，为了控制未来职业存在的风险性，我们需遵循以下科学的职业生涯规划步骤。

1. 自我评估

一个合理而发展良好的职业生涯规划始于全面而客观的自我评估。在选择任何一种职业之前，我们有必要全评估和分析自己，这是规划好自己职业生涯的前提条件。

(1) 健康。健康的身体是个人职业生涯的首要条件，几乎所有的职业都离不开健康的身体。

(2) 兴趣。兴趣是影响个人择业最主观的因素，也是判断一种职业是否适合自己的关键因素，对个人事业的发展极为重要。著名的霍兰德职业兴趣理论把人的职业兴趣划分为六种类型：常规型、实用型、研究型、艺术型、社会型和事务型。大学生可对照参考，根据自己的兴趣类型寻找选择自己喜欢做的工作。

(3) 性格。性格是指一个人经由生活阅历所积累的稳定行为、习惯倾向，对一个人的职业生涯发展有着非常直接的影响。据职业心理学有关研究表明，不同的职业有不同的性格要求，虽然每个人的性格都不能百分之百地适合某种职业，但却可以根据自己的职业倾向来培养、发展相应的职业性格。个人只有选择了与之匹配的职业或岗位时，才能更好地发挥出自己的独特性。许多工作对性格品质有着特定的要求，要选择某职业还须具备这一职业所要求的性格特征。例如教师除了具备丰富的知识外，还应具备热爱学生、正直、有责任感、有奉献精神等良好品质；医生要求其还应具有救死扶伤的人道主义精神和一丝不苟的工作态度；企业家除了具备这一职业所要求的品质、能力外，还应具有果断、勇于开拓创新的性格。事实证明，没有良好的且与职业要求相适应的性格品质，是很难适应工作的。著名的 MBTI 理论用四维人格来评估一个人的类型偏好，大学生可参考自己的性格特征寻找合适的工作。

(4) 能力。能力是影响个人职业生涯发展的根本因素，能力大小决定着一个人的职业生涯发展状态。正确评价自身能力状况，就可以预知自己的职业生涯发展的潜力到底有多大。个人能力条件是进行职业生涯规划最主要的影响因素，须注意以下几点：一要考虑各种能力的综合运用；二要懂得扬长避短；三要充分考虑到可能获得与可以提高的能力。大学生可结合自身技能寻找擅长的工作。

(5) 价值观。价值观是我们在生活和工作中最看重的原则、标准或品质，它是人一生中最重要的东西，是一套自我激励机制。职业价值观是个人追求的与工作有关的目标，是个人通过工作所追求的内在需求。人有时候要在得与失之间作出抉择，而左右这种抉择的就是价值观。在择业时，我们需要根据对不同职业的评价和价值取向来选择自己的职业。

总之，自我评估是职业生涯规划的基础，关系到职业生涯发展成功与否，有一些方法可参考，如自我反省法、360度评估法、橱窗分析法、自我测试法、自我询问法、职业测试法等。当然，评估自己时，个人对自己的认识都存在一定的片面性，还应当听取他人的意见和建议，虚心采纳他人的评价，以便对自己有更全面、准确的认识。

2. 评估职业环境

每个人都处于一定环境中，离开了这个环境，便无法生存与发展，因为环境为每个人创造和提供了活动空间、发展条件、成功机遇。为此，我们必须充分了解职业环境因素。只有当我们了解和把握好了职业环境因素，才能在复杂的职场环境中趋利避害，使自己充分适应与满足社会的需求，从而实现自己最大的人生价值。

职业环境是不以人们的意志为转移的，没有人能准确预测未来世界是怎样的，需要什么样的工作，但个人可以对自己未来的职业进行一些预测，在做这个预测时，需要综合考虑对职业市场产生影响的因素。

(1) 经济环境因素。经济环境对每个人的职业发展都有一定的影响。当前，经济全球化，经营贸易壁垒减少，但对从业人员的就业、发展、素质就提出了更高、更多的要求，如对外贸易的从业人员要求不但要精通专业技术和经营知识，还要通晓外语，熟悉国际贸易法以及异国他乡的风土人情习惯等。

(2) 家庭环境因素。一个人的成长经历受家庭环境的影响非常大，长期的潜移默化会使人形成一定的价值观和行为模式。因此，大学生在进行职业生涯规划时，要把握好职业生涯的每一阶段与家庭之间的平衡。

(3) 社会环境因素。每个人都生活在特定的社会中，离不开社会环境的影响。社会经济、政治秩序以及就业政策和体制等都会影响职业岗位的数量和结构。任何脱离社会实际环境而制订出来的职业生涯规划都是不切实际的。

(4) 组织环境因素。良好的企业组织环境可以促使人们的工作顺利进行，人的才能也能够得到全面的发挥。组织环境对大学生职业生涯规划有着一定的影响。

总的来说，你需要分析与评估这些方面的相关信息，了解最新的发展趋势，从而对不同职业的未来发展潜力做出合理地判断。

3. 收集相关职业信息

职业规划工作中一个关键步骤就是收集现有和未来就业机会的相关信息，如用人单位的性质、类别、工种、业务及企业文化等情况。根据信息收集的不同渠道可分为间接信息和直接信息。

1）直接信息

（1）在职人员。通过在职人员收集相关企业或行业的信息。

（2）公司提供的有价值的信息。如有些公司会为未来的员工提供职业规划信息，这类信息可能包括与公司业务有关的一些职业领域发展前景以及对员工的职业要求和发展规划等。应聘这类公司时最好能提前去它的官网了解一下这些资料。

2）间接信息

（1）图书馆。图书馆通常有职业教育类资料，如相关的图书、期刊、报纸等。

（2）官方正式出版物。政府出版的有关就业、职业方面的图书。

（3）大众传媒。大部分报纸都定期开有特色的职业专栏，公布最新的就业信息，也有一些专门提供人才中介服务的求职网站，可以查阅大量的最新招聘信息。

（4）专业机构。几乎每个行业都有专门的管理和发展机构或行业协会，这些组织除了提供专业的行业发展信息外，往往还提供一些有关就业资讯。

4．确定职业生涯的目标

对职业生涯目标进行确定是职业生涯规划的核心环节，因为目标是个人追求职业成功的驱动力。一个人如没有奋斗目标，是很难获得成功的。目标选择的依据就是个体自身的最佳才能、最优性格、最大兴趣以及最有利的环境等条件的综合体。

个人进行职业生涯目标确定时，要考虑目标是否符合社会与组织的需要，是否适合自身的特点。目标定得要高，但决不能好高骛远；目标幅度定得不能过宽，要注意长期目标与短期目标相结合；目标定得要具体明确，同一时间内要实现的目标不宜太多。此外，还要考虑职业目标与家庭目标的协调关系。

5．实施职业生涯的策略

职业生涯策略是指个人为争取实现职业生涯目标所采取的各种行动和措施，包括职业生涯发展路线、教育培训安排、实践计划等方面措施，具体策略实施如下：

（1）要构建自身合理的知识结构。人才的竞争靠的是真才实学，学历只是一块敲门砖，要想在职业上有良好的发展，需要个人构建起一个以专业知识为核心、以相关专业知识以及一般知识为支撑的稳固、宽泛的知识结构，这样的知识结构有利于拓宽视野、提高职场适应力。

（2）要培养职业所需要的实践能力。能力比知识更重要，因此，大学生在校期间，要有侧重点的培养满足社会职业需要的创新能力、社交能力、实践操作能力、组织管理能力、沟通能力、终身学习能力、心理调适能力、随机应变能力等。

（3）广泛参加有益的职业训练。当前社会上和大学里针对大学生进行的职业训练还比较少，大学生可利用大学里的实践资源，通过校园文化活动、社会实践调查活动、志愿者活动、社会兼职活动等积极主动接受职业训练。大学生通过参加有益的职业训练，能更多更早地了解职业，掌握职业技能，提高心理承受能力，培养自身职业素养，提高未来职业工作的适应性。

6．评估反馈

为了确保职业规划行之有效，要适时对生涯规划进行评估与修订。其实职业生涯规划本身也是一个动态的概念，并不是一经制订就不修改了。职业生涯规划过程是一个不断发展的过程，对规划保持灵活性、适时地评估与调整是必要的。当社会大环境变化了，职业本身也发生相应变化，应对这些变化的唯一办法就是做好规划，然后在规划实施的过程中总结前一阶段的经验和教训，采取自我评价和他人评价相结合的方式，对职业生涯发展进行适时反馈，以便决定是否需要调整下一阶段的职业生涯目标。当然，调整虽然是有必要的，但也要适度调整，绝不是朝令夕改，如果职业生涯规划不断被修订与调整，将难以发挥出它的引领作用。

以上是制订职业生涯规划的步骤。其实，根据未来职业方向选择一个对自己有利的职业，是我们每个人的愿望，也是追求实现自我的基础，这一步的迈出相当重要。就人生的第一份职业来讲，它往往不仅仅是一份单纯的工作，更重要的是它初步帮助我们去了解职业、认识社会，在一定程度上具有职业启蒙的意义。

四、职业生涯规划的原则

职业生涯规划的原则如下：

(1) 坚定信念原则。规划好职业生涯后一定要坚定目标，不能随波逐流，也不要因为遭受一点挫折或困难就中途放弃。只有坚定信念，努力付诸实践，才有可能一步步达到自己理想的职业状态。

(2) 长远规划原则。职业生涯规划一定要体现出前瞻性，因为它是对人一生的职业生活进行安排，是对未来生活的一种设计，所以要把眼光放得长远一些。

(3) 目标明确原则。规划中的各项措施与行动要有明确的时间表，如各项主要行动何时实施、何时完成。这些可以作为检查行动结果的依据，以便对职业生涯规划及时进行评估和修正。规划中不能笼统地定为："我希望我以后成为一名管理者"。目标要有明确的具体要求，应该有一些可以量化的评估指标，如对时间限制、职位晋升、薪水提高、培训提升计划等。

(4) 切实可行原则。一份好的职业生涯规划，不管表面多么诱人，应该是一份充分考虑到了现实环境和个人条件的限制，在实践中是切实可行的规划。脱离现实或难以实现的规划都是不可取的。同时，未来具有很大的不确定性，规划中的未来职业生涯目标也会受各种内外部因素的影响，对此，规划时要保持一定的弹性，要能紧随环境的变化而适时调整。

(5) 终身学习原则。随着科技发展和社会进步，各种职业在知识和技能方面对从业人员提出越来越高的要求，应对现在和未来社会变化趋势的有效方法就是终身学习。对此，在进行职业生涯规划时，要加入持续的继续教育和培训学习的内容。

(6) 独特个性原则。在现实生活中，每个人的成长方式和发展历程是与众不同的，每个人的生活习惯和性格爱好也是千差万别的，即使很多人所学的专业和从事的职业工作具有相同性，但是他们都不能用相同的一份职业生涯规划来指导个体成长。通常情况下，个性化的职业生涯规划才是好的职业生涯规划。为此，个人在制订职业生涯规划时，一定要把握住独特个性的原则。

思考与实践

1. 请同学们拟定出自己大学三年的专业学习和技能提升规划。

2. 请每位同学制订出自己的职业生涯规划书。

3. 请调查本专业有哪些社会实践基地，每个社会实践基地有什么要求，然后完成表 6-1 的内容。

表 6-1　社会实践基地调查表

序号	社会实践基地名称	地点	要求
1			
2			

展示职业规划

学习重点

1. 学习和了解职业能力测试，掌握测试方法，评估自身能力状况。
2. 学习和理解大学生职业生涯规划书撰写要求，制订个人的实施方案。

第一节　职业能力测试

案例 导入

　　某职业学院 2018 年中文系毕业的王慧是一个比较文静、有些内向的女孩，读大学期间学习成绩一直很好，曾多次参加学校的征文比赛并获奖，有较强的文字表达能力，但有些腼腆的她不善于口头表达，也不善于人际交往。现在她在一所小学担任语文教师。在多年的工作中，王慧发现自己其实并不适合做老师，虽然具备了工作需要的相应学历，但她并不具备管理学生的能力。课堂上她总是难以调动学生的积极性，因此她所带的班级语文成绩总是不理想，学校对她的工作表现不是很满意，王慧非常苦恼。因此她想转行从事其他工作并且能够发挥自己的文字特长，但是具体向哪一个行业转？什么工作适合自己呢？

　　解析　请给王慧一个好的建议，她应该如何做？其实王慧的困惑，根源在于大学期间没有对个人职业发展进行规划，以致工作发展不顺，产生职业困惑。

一、认识能力

1. 能力的含义

　　日常生活中常说的"本领""本事"其实说的就是能力。在心理学上，能力是指人们顺利完成各种活动所必需的，并直接影响活动效果和效率的一种个性心理特征。能力总是和人的某种活动联系在一起，并在一定的活动中表现出来，能力强弱决定人们活动效率的高低。

　　任何一种职业都要求从业者必须具备相应能力，如从事公关职业，就要求从业者有较强的口头表达能力和人际交往能力，从事编辑工作就要求从业者具备较强的文字功底和写作能力等。因此，能力是职业适应性首要的和基本制约的因素。

能力对于人们选择职业道路、事业的成败具有重要作用。我国职业教育奠基者黄炎培先生曾说过："一个人的职业和才能相当和不相当，相差很大。用经济的眼光来看，要是相当，不晓得增加多少效能；要是不相当，不晓得埋没多少人才。就个人而言，相当，不晓得有多少快乐；不相当，不晓得有多少怨苦。"

2. 能力分类

能力有一般能力和特殊能力之分。一般能力或称为基本能力、或称为"智力"，主要是指从事各种活动必须都具备的能力，包括注意力、观察力、记忆力、思维能力、想象力及创造力等，是能力体系中最一般、最基础的部分。在大学阶段，学习各门学科的目的是奠定职业的基础，发展一般能力。特殊能力是指人们从事某种专业活动或工作需要的能力，也称为一个人的特长，如计算能力、音乐能力、动作协调能力、语言表达能力、空间判断能力等。心理学家认为，每一种特殊能力都是由制约职业活动质量的几种心理品质构成的。如飞行能力就是由注意力分配、手足动作协调、生物反馈、空间定向、知觉广度、图形辨认等心理品质构成的。正因如此，目前许多人才中介服务机构开始采用心理测试的科学方法来选择推荐人员。人们从事任何一项职业或专业性活动，既需要一般能力，也需要特殊能力。

二、认识职业能力

1. 职业能力的定义

职业能力是指职业作为一种重要的而又复杂的社会活动，要求从业者具备的必要的生理和心理条件。一个人能否从事某种职业的先决条件是职业能力。一个人无论从事什么职业都要有一定的能力来做保障。为此，职业能力可以定义为个人将所学的知识、技能和态度在特定的职业活动或情境中进行类化迁移与整合所形成的能完成一定职业任务的能力，包括三个方面的基本要素：一是为了胜任某种具体职业而必须要具备的能力，表现为任职资格；二是指个体在步入职场之后所表现出来的职业素质；三是开始职业生涯之后须具备的职业生涯管理能力。如从事教师职业，只具有语言表达能力是不够的，还必须具有对教学的组织和管理能力，对教材的理解和运用能力，对教学问题和教学效果的分析、判断和总结能力等，并且还要对学生进行积极有效的教育与关爱，这就是从事教师所需要的一些基本职业能力。

如果说职业兴趣能影响甚至决定一个人的择业方向，以及决定其在该方面所乐于付出努力的程度，那么职业能力能决定一个人在学习活动和职业活动中的发展效果。从事同一职业的人，在相同条件下，如职业兴趣和职业性格不一样，他们的职业能力也会表现得不一样。

2. 职业能力的构成

因职业能力是多种能力的综合，对此，我们可把职业能力分为一般职业能力、专业能力和综合能力三部分。

(1) 一般职业能力。该能力通常指一般的学习能力、数学运用能力、文学和语言运用能力、形体知觉能力、空间判断能力、颜色分辨能力、手眼协调能力等。此外，任何岗位的工作都离不开跟人打交道，因此，人际交往能力、团队协作能力、环境适应能力、抗挫折的心理承受能力都是人们在职业活动中不可缺少的能力。

(2) 专业能力。这是指人们从事某种职业的专业能力。通常在求职应聘过程中，招聘单位最关注的就是衡量求职者是否具备胜任工作岗位的专业能力。如应聘文职岗位，招聘单位看重的是应聘者是否具备最基本的办公软件操作能力与写作能力。

(3) 综合能力。关于这个能力可借鉴国际上普遍注重培养的"关键能力"来理解，包含四个方面内容：

① 跨职业的专业能力：一是运用数学和测量方法的能力；二是计算机应用能力；三是运用外语解决技术问题和进行交流的能力。

② 方法能力：一是信息收集和筛选的能力；二是制订工作计划、独立决策和实施的能力；三是具备准确的自我评价能力和接受他人评价的承受能力，并能够从失败中有效地吸取经验教训。

③ 社会能力：一个人的团队协作、人际交往和善于沟通协调的能力。在工作中表现为能够协同他人共同完成任务，对他人公正宽容，具有准确裁定事物的判断力和自律能力等，这是胜任岗位和工作中能够开拓进取的重要条件。

④ 个人能力：个人道德品质。在当今社会上，一个人的职业道德会越来越受到全社会的尊重和赞赏，爱岗敬业、工作认真负责、注重细节的职业人格品质会得到全社会的肯定和推崇。

总之，清楚知道自己的能力以及职业能力有哪些优势，有利于我们选择职业，从而可以避免出现大的失误。

3. 职业能力对职业的影响

明尼苏达工作适应论分析认为：当工作环境满足个人需要和个人能够满足工作要求时，个人与环境之间的关系就比较协调，个人的工作满意度会比较高，在该工作领域的发展也能持久。可见，个人的职业能力与"内外在满意"实现直接相关，只有具备了相关的职业工作能力，才能胜任相应的职业工作。

(1) 职业能力影响个体胜任职业。不同的职业对能力的要求不一样。每个人都有自身的优势和劣势，如有的人擅长逻辑思维，有的人擅长形象思维，还有些人则擅长具体行动思维。如果按照思维能力类型来考虑选择职业，形象思维的人比较适合做文学艺术方面的工作，逻辑思维的人比较适合从事哲学、数学等理念性强的职业，行动思维的人比较适合做机械、修理方面的工作。如果不考虑能力上的这些区别，而让其去做与能力不相符的职业工作，就会直接影响其工作的效率和满意度。可见，弄清胜任职业岗位所需要的职业能力很有必要。

(2) 职业能力影响个体选择职业。社会上任何一项职业对从业者的能力都有一定的要求，如工程、建筑及装饰设计等职业要求从业者要具备空间判断能力；会计、出纳、统计等职业要求从业者具备较强的计算能力；飞行员、外科医生、运动员、舞蹈演员等职业要求从业者具备基本的眼与手的协调能力。可见，在选择职业时，要特别注意职业能力与职业是否相匹配。

(3) 职业能力影响个人职业发展。个人职业能力是职业发展的基础，个人职业能力越强越有利于各项能力综合发展，越能促进个人在职业活动中的发展，就越能给个人带来职业成就感，利于其在该职业领域得以持久发展。

4. 职业能力测评

职业能力测评是指通过某些测试来预测个体的职业定位、适合的职业类型以及性格之类。通常情况下，这是属于一种倾向性测试，又称作职业能力倾向性测试。通过职业测试能更好地确定一个人对其从事职业的综合考量。为了寻求个人能力与职业技能要求有效匹配，大学生可以借助多种能力测评来了解自己所具备的能力。

能力倾向是指一个人能够获得新知识、新技能的潜力，是一种潜在素质。我们知道，能力是个体能够从事某种职业工作或完成某项任务的主观条件，是当时就已经具备的，已经成为现实；而能力倾向还只是一种成功的可能性而已，而不是已有的水平，还没有成为现实。能力倾向和能力对人们的职业有不同的影响，能力能影响人们在职业上的成就，而能力倾向则影响人们对职业的选择。

不同的人具备的能力倾向是不同的。1983 年美国发展心理学家加德纳(Cardner)提出的多元智能理论把能力倾向的分类引向深入研究。该理论认为，传统的学校教育一直只强调学生在数学(逻辑)和语言(主要是读和写)两方面发展，但这并不是人类智能的全部内容，不同的人会有不同的智能组合。如建筑师及雕塑家的空间想象力(空间智能)比较强，运动员和舞蹈演员的体力(身体运动智能)较强，公关销售人员的人际智能比较强，作家的自我认知智能比较强等。人类的智能至少由语言智能、数学逻辑智能、空间智能、身体运动智能、音乐智能、人际智能、自我认知智能七项内容组成，不同的人拥有不同的智能优势组合。

加德纳多元智能理论给我们带来的启示就是，在世界上，对每一个人来说，不存在谁更聪明的问题，只存在不同的个体在哪方面更聪明的问题，即所谓：天生我材必有用。如果每个人都能把自己独特的天赋训练开发出来，那么，每个人都可以是优秀出色的。

5. 大学生职业能力的自我培养

有专家通过对学生成就进行差异分析研究发现，具有相同智力水平的学生，后来的能力发展水平却可能截然不同，究其原因，主要在于在校期间的主观努力不一样。那么在校期间，大学生应当怎样去发展和培养自己的职业能力呢？

(1) 要认清知识与能力的关系。知识不等于能力，但知识是个人顺利完成某种活动起定向作用的重要因素，是能力形成和发展的基础。随着现代科学技术的不断发展，许多工作更多地向智力型发展，这就要求从业者不仅会动手，而且还要会动脑。因此，大学生有必要认真学好每一门功课，才能使自己职业能力得到全面、和谐发展和提高。

(2) 要注重自己实操技能的培养。现实中，一些理论知识成绩很好的学生，到了实习岗位进行实操时常出现手足无措的情形，不能把所学的理论知识与实际工作结合起来，个别学生动手能力还比不上一些平时学习成绩较差的同学。因此，大学生在校期间要有意识地把所学的理论知识运用到实践中，去解决实际问题。在业余时间要积极主动参加一些实践活动，加强锻炼，这样不仅有利于增强一些与职业能力相关的实际技能，还能促进对专业理论知识的深入理解和扎实掌握。

(3) 要有锲而不舍的学习精神和冲劲。职业能力的发展不仅需要客观条件，更需要个人坚强的意志与毅力。在人的能力形成与发展过程中，越接近成功时，越是需要付出更大的代价，因为这里有一个难以逾越的"高原期"，此时需要个人坚强、坚持、勇敢地跨过这道坎，以便实现能力在质上的提升。

(4) 要善于抓住施展能力的机会。"虚心使人进步"，我们在培养自身能力时，要谦虚谨慎，脚踏实地，不骄不躁，但是虚心不代表要过于谨小慎微，胆小退缩。现实生活中我们可以发现，有些人虽然具有某种优势能力，但如果恃才自傲，不以为然，不积极主动参与活动，不能抓住施展能力的机会，其优势能力也得不到发展。在社会实践中，大学生有比较多的施展才能的机会，如学生会、团委及社团组织的各类活动，学校安排的学生自我管理的活动、参与学校管理的活动、社区公益活动、企业实践活动、顶岗实习的活动等，都是训练和培养良好的职业技能和交往能力的机会，应当积极参与，多进行实践，增强自身职业能力。

第二节 大学生职业生涯规划书的撰写

案例导入 ▶▶▶ ●●●

2018年毕业于某职业学院计算机网络技术专业的小蔡，最近心情烦躁，郁闷难受，不想做网管了，想换份工作，但又不知道自己还能做什么。他不爱玩游戏，做了两三年网管工作，到现在也不懂如何玩一个网络游戏，因为他对游戏不感兴趣，也不喜欢做网管工作，但除了这工作自己还能做什么呢？他从学校毕业后没做过其他工作，没有任何经验。

解析 案例中的小蔡出现职场困惑，很明显是缺乏职业发展规划造成的。他缺乏实践经验，自身的职业能力在工作中得不到发展和提升，想换工作却困难重重，出现职业困惑后，影响其个人职业发展。

大学生职业生涯规划书是大学生针对职业生涯规划形成书面材料，是职业生涯规划的浓缩与集中展现，也是大学生用来参加职业生涯规划大赛的重要材料。通过撰写职业生涯规划书，大学生对自己未来的职业规划进行设计和陈述，有利于进一步明确自己的职业生涯目标，科学合理地规划大学生活，主动适应社会发展对大学生的要求，顺利实现自己的职业规划目标。

一、大学生职业生涯规划书的撰写特点

大学生职业生涯规划书的撰写特点如下：

(1) 价值的实用性。实用性是职业生涯规划书的本质属性，其他属性都是由其派生出来的。实用性体现为：一是大学生通过撰写规划书能够有效梳理对未来职业规划的思路，同时对进行此种规划的原因进行深刻分析；二是大学生通过撰写规划书，能进一步明确职业奋斗目标，并制订出实现目标的行动方案。

(2) 内容的真实性。为了有效落实规划，在撰写规划书时必须真实客观地分析自身兴趣爱好、能力特长、性格特点、家庭环境等方面的因素，同时在结合当前社会形势等外部环境的基础上确定自己的发展方向和奋斗目标。在尊重实情的基础上制订出来的职业生涯规划才能够与实际生活相符，才能使制订的具体措施可以真正付诸行动。内容的真实性要

求职业规划书避免浮夸，不能虚构。内容上不真实，不仅使得规划书毫无价值，而且还会误导自己，影响个人职业生涯发展。

(3) 结构的模式化。通用模式是在职业生涯规划的实践中形成的，是得到公认的经验总结，因其符合职业生涯规划的基本原理而逐渐被推广开来。不管职业生涯规划书使用条列式、表格式、复合式还是论文式，都需包含自身分析、环境分析和职业选择三部分核心内容，只有这样才能指导大学生制作简洁的规划书，使用起来一目了然，行动更加直观明了。

(4) 语言的生活化。职业生涯规划书在语言表述上宜简洁、朴实、准确，忌讳使用华丽的语言。它注重用生活化的语言对个人的特点进行准确的描述，对自身的优劣势进行客观分析，并结合内外部环境进行恰如其分的判断，根据缜密的分析进行职业定位。为此，规划书要求条理清楚、开门见山、就事论事，多用说明表述，少抒发个人情怀，多用直笔论述，少用旁征博引。

二、职业生涯规划书撰写格式和内容

1. 职业生涯规划书撰写格式

大学生职业生涯规划书有多种形式，高职学生应根据个人的特点、职业环境特点、职业生涯发展目标等设计职业生涯规划书。而规划书作为一种书面表达方式，必须遵循一些基本的规范要求，以保证基本信息和内容在规划书中得到全面涵盖和反映。职业生涯规划书的常用格式有表格式、条列式、复合式和论文式。

(1) 表格式。表格式规划书涵盖了分析与论述的全部内容，且清楚明白、一目了然。因此，规划书多数情况下采用表格式，包含最简单的目标、分段实现时间、职业概念评价和发展策略等项目内容。

(2) 条列式。此种规划书一般包含职业生涯规划的主要内容，不过大多数只做简单表述，分析和评估时欠缺详细的佐证材料。条列式规划书的缺点是逻辑性和说理性不强。

(3) 复合式。此种规划书综合了表格式和条列式的优点，展现出规划书较好的适应性和实用性，主要内容比较完整，但分析和评估仍存在材料欠缺、连贯性不够、说服力不强的问题。另外，还存在结构比较复杂的问题，如设计不好很容易让人产生凌乱的感觉。

(4) 论文式。此种规划书对一个人的职业生涯规划做出全面、详细的分析和评估，属于一份研究自己未来发展道路的可行性分析报告，是目前最为完整的职业生涯规划书格式，也是被广泛采用的一种格式。

2. 职业生涯规划书内容

职业生涯规划书是大学生对自身职业规划的书面化呈现，不但能帮助其梳理清楚宏观的职业生涯规划，而且还能指导和鞭策个人具体的学习和工作。一份完整的、翔实的职业生涯规划书，既是大学生对自己人生深思熟虑的结果，也是对自己人生奋斗的见证。通常标准职业生涯规划书的主要内容如下：

(1) 封面。封面上要注明规划书名称，署上姓名、学校、日期，也可以在封面上适当地插入图片和警示格言。封面一般用较厚实的纸张打印，既能体现出作品的庄重感，又能增强文本的耐磨性。

(2) 扉页。扉页主要写姓名、年龄、籍贯、性别、学历层次、所学专业、所在学校、通信地址、联系方式等个人基本资料，也可以放张个人照片。

（3）目标。此部分主要介绍职业生涯规划书主要内容的形成情况，体现出作者的分析思路和规划书的整体框架。

（4）环境分析与探索。此部分主要通过资料检索、社会调查、实验、实习、职场人物访谈等多种方式对自己所处的职业环境进行系统的分析，通常包含：一是社会环境分析，即目前大学生就业形势与政策，社会政治、经济、文化等因素和自身就业的关系等；二是职业环境分析，包括今后工作单位所在地域、行业、职业、企业的现状及未来发展趋势分析；三是学校环境分析，即自己所在学校的特色、专业情况、社会实践、就业前景等情况；四是对家庭环境进行分析，即分析家庭经济状况、家庭文化背景、家人期望以及父母的职业状况等对自身的影响。分析完成后最好有一个简单的小结。

（5）自我分析与探索。这是职业生涯规划的重要内容，包括如下内容：一是个人基本情况描述，对自己的成长经历、学习情况进行简要分析介绍；二是职业兴趣分析，根据职业测评结果分析并描述自己的霍兰德职业代码，列出与其对应的职业；三是对职业价值观进行分析，结合职业测评报告剖析自身的重要价值观，并说清楚其中的具体含义，阐述自己的理想职业；四是进行职业性格分析，根据 MBTI 的 16 种性格类型特征及相应的领域与职业分析描述自己的职业性格特点，找出与其对应的职业类型；五是进行职业技能分析，找出自己最擅长并愿意在未来职业中运用到的专业知识技能、自我管理技能及可迁移技能，同时还要对自己的优势和劣势进行分析；六是对以上自我分析与探索情况进行综合分析和判断，从中找出自己核心的职业个性特征。在自我分析过程中，尽量给出对自己职业生涯产生影响的一些人的评价和建议等内容。

（6）职业目标的定位。这是职业生涯规划中的核心内容，也是最难撰写的内容，通过综合自我分析和环境分析进行职业决策，确立自身的职业发展方向，并结合自身可能面临的职业发展机会进行评估，做出职业选择和职业决策。确立职业目标包括人生目标的长期目标、中期目标和短期目标。

（7）职业发展路径。职业发展路径主要就是按照时间段的划分对职业目标进行层层分解，并根据每个阶段的目标和任务情况提出具体可行的实施办法。

（8）行动计划及实施方案。为了达成以上确定的职业目标，需要制订一个具体的时间安排表，明确列出实现目标需要落实的工作事项，即自己重点要做的事情、具体措施和策略，制订出切实可行的行动计划和实施方案。

（9）职业生涯的评估与修正。按照一定的时间周期对职业发展状况进行评估，并根据评估的结果修正职业进程和阶段目标。时间可以根据自己的实际情况去安排，一般可每学期或每学年评估一次，也可在情况有重大变化时及时调整。同时对职业生涯可能出现的危机进行预测，并做好应对危机的准备方案和措施。

（10）结束语。规划书结尾部分，需要对职业生涯规划的整个过程进行总结，并对未来进行展望，同时展示出个人对未来发展充满坚定的信心。

三、大学生职业生涯规划书的撰写要求

大学生在撰写职业生涯规划书时应遵循以下基本要求：

(1) 步骤须完整，逻辑要严密。职业生涯规划书必须包含自我分析与探索、环境分析与探索、职业目标的定位、行动计划及实施方案、职业生涯的评估与修正五个基本步骤和内容，缺一不可。步骤名称可以有所不同，但步骤内容不能缺少。对职业生涯规划基本内容进行分析阐述时，要紧紧围绕职业目标这条主线展开，以此体现出规划书的逻辑性和连贯性。在对各部分进行分析描述时，也应该合乎逻辑，特别是职业目标的定位，不能主观随意设定职业目标，而应运用科学的决策方法进行分析和决策。

(2) 分析须客观，论证要有据。科学合理、切合实际的职业生涯规划书应有分析论证的环节，否则就只能是梦想书。大学生开展自我分析时，要借助有关职业测评量表与测评软件进行预测，但不是把测评结果进行简单罗列，而应当综合自己的思考、他人的评价总结出较为真实、切合实情的自我评估结果。大学生在对外部环境进行评估时，要尽可能搜集全面、客观、真实的资料，并对相关资料进行筛选和分析，从而围绕自身需求形成有针对性的环境评估，而不是凭空撰写或直接简单地采用他人对社会、行业、职业的分析报告。通过使用科学的决策方法确立职业目标和制订评估与修正的调整方案时，同样需要分析论证，做到有理有据。

(3) 语言须通顺，重点要突出。大学生在撰写职业生涯规划书时，最基本的要求就是语句通顺、行文流畅、条理清楚、用词准确，切忌文法不通、内容空洞、过于煽情，当然也要避免过于死气沉沉、缺乏朝气活力，要详略得当、重点突出、结构清晰、层次分明。要重点突出关键部分，避免出现一大堆资料却无法合乎逻辑地得出分析结论，也无法支撑起制订的目标、计划及措施等情况。

(4) 目标须明确，决策要合理。职业生涯规划书的核心内容就是职业生涯目标，目标的设定不能"关起门来拍脑袋""闭门造车"，也不能过于理想和模糊，要借助科学的决策方法得出目标，这样才能确保规划书具备一定的科学性、合理性及明确性。可以说，大学生职业生涯规划的有效性，很大程度上取决于是否合理地确定切实可行的人生目标和职业目标。

(5) 计划须具体，措施要可行。要注意检查规划书的行动计划及实施方案是否具体详细并切实可行。职业目标设定要合理，行动计划及实施方案也要合理可行。如果行动计划及实施方案无法落地，那么再合理的职业目标也难以实现。

四、大学生撰写职业生涯规划书时存在的问题

大学生撰写的职业生涯规划书中有不少很优秀的作品，但也存在一些问题，为了更好地指导大学生撰写好规划书，少走弯路，以下几方面的问题需要引起高度重视。

1. 规划书版面设计存在不规范、不协调问题

细节决定成败。不少大学生很认真辛苦地撰写出了职业生涯规划书，内容也比较完整规范，也具有一定的深度，但是"包装"方面出现不如人意的细节问题，如版面设计不美观、不协调，不能很好吸引读者眼球，甚至初看让人有一种看不下去的感觉；错别字多，给人留下不认真、不仔细、不负责或语文功底不好的印象；语句不通顺，夹杂方言，把口头语言当作书面语言使用，虽然能看懂，但无法给他人留下深刻印象与好感。

2. 现实发展与未来目标选择上存在不统一问题

做职业规划时，没有很好地把自己过去做过的和现在正在做的与未来的职业生涯发展目标有关联的亮点展现出来。有些大学生的职业生涯规划书内容上存在前后不连贯，逻辑性不强等问题。虽然前面花了不少篇幅来论证，但很难让人在看过后得出其职业选择是由评价结果得出的。如有的同学把自己的职业目标设定为一名成功的策划人员，且该同学在大学期间也多次积极参加过大型活动的组织策划和广告创意工作，也获得过有一定级别的比赛大奖，积累了一定的经验，但是该同学并没有把这些关键性内容在规划书中写出来，这样在论证其想成为一名成功的策划人员的职业目标时就明显缺乏说服力。

3. 对职业目标及其行业认识存在不切实际的问题

有些大学生在对社会环境和就业形势进行分析时，仅仅是对当前大学生的整体就业形势泛泛而谈，没有把分析重点放在对自己职业目标及其所处行业的特点、要求及面临的形势上，存在文不对题情况。为此，大学生要对自己确立的职业目标以及所在行业进行深入广泛的了解，以便做出科学全面的分析。

4. 测评结果与职业目标选择存在脱节问题

大学生进行职业生涯规划时，一般会借助相关测评系统进行职业心理测评，而这种测评也是大学生进行职业生涯规划的重要依据，其测评结果与职业目标选择之间应该有比较紧密的逻辑关系。但实际上，有些大学生在撰写职业生涯规划书时，不清楚如何处理和利用好职业心理测评结果，出现个人职业心理测评结果与职业目标选择的论证脱节的情况，无法推导出目标选择上的合理性和逻辑关系，这样势必影响职业生涯规划书的质量。

5. 对评估与反馈部分存在不够重视问题

有些大学生在撰写职业生涯规划书时，很重视论证过程，但往往忽视收尾的评估与反馈部分的写作，认为写到这里时已经"江郎才尽"，没什么好写的，也无话可说了，因此，草草收尾了事，影响了职业生涯规划书的质量，让人很惋惜。

6. 存在未能注意整个篇章结构前后统一的问题

这个问题是大学生撰写职业生涯规划书时常犯的错误，尤其是参加职业生涯规划大赛的学生更容易在这个问题上出现差错。由于参赛作品篇幅一般都比较长，有的同学写了几万字，而且通常许多学生都会分段落撰写，但是多数同学由于缺乏驾驭整个篇章结构的能力和经验，导致行文连贯性差。如有些职业生涯规划书如果拆开来看，每一部分写得都不错，但是连起来后就很别扭，根本原因在于文章的逻辑性和连贯性有问题。大学生在撰写完职业生涯规划书后，需要进一步认真阅读，仔细推敲规划书各部分的前后逻辑关系，力争各部分之间实现无缝对接。

思考与实践

1. 请同学们课后去调查和分析本专业相关的行业情况，了解本专业今后的就业方向。
2. 请同学们课后去了解本专业发展前景、社会需求和就业去向，明确专业学习目标。
3. 学习了解未来有发展前景的行业信息。

第二篇　职业导向训练

第八章　时间管理

★ **学习重点**

1. 了解时间管理的内涵和大学生时间管理的内容。
2. 了解时间管理的发展历程，锻炼和提升个人的时间管理能力。
3. 学习大学生时间管理的技巧与方法，掌握并运用时间管理技巧与方法。

第一节　时间管理的内涵

案例 导入 ▶▶

　　小谢是某职业学院一名大二服装设计专业的学生，他上课时经常迟到。终于有一天老师询问其原因，他说："因为我时间管理观念不强"。老师就反问他："如果你真的是时间观念不强的话，你也可以早点到，为什么没见你早到过呢？"老师的质问惊醒了他，他觉得老师的提醒是有道理的，于是他开始反思自己迟到背后的真正原因。

　　解析 上述案例中，上课迟到现象在大学生当中是普遍存在的，如果没有特别的意外事件惊醒他们，也许他们就会一直意识不到经常迟到会给自己带来不良影响。案例中的小谢真的只是时间观念不强吗？如果他真的去反思这个问题的话，他要怎样做好自己的时间管理呢？这也是摆在大学生面前一个需要去思考的现实问题。

一、认识时间

　　从古到今，对时间的认识有很多，如时间就是金钱，时间就是生命，时间就是力量，时间就是速度，时间就是胜利……科学家富兰克林曾说过："时间就是构成生命的基本材料。"没有时间，就没有价值、没有思想、没有希望，也就没有了一切。一切存在于时间之中，时间是一切条件中的最基本条件。时间对人类来说是稀有资源，具有以下四个显著特征。

（1）不可逆转性。很早人们就意识到时间一去不复返，如"逝者如斯夫！不舍昼夜。""时间的步伐总是跨过'过去'，碾压'现在'，奔向'未来'，从未停止。"

（2）不可存储性。时间不像人力、财力、物力、技术资源那样可以采用一定的方法储存。时间不管人们用还是不用，它照样流逝；不管人们愿意还是不愿意，它都按一定的速率消耗。人们既不能把时间储存起来，随要随取，也不能零存整取，世界上没有时间收藏家，而只有时间利用家。

（3）不可替代性。时间是人们从事任何一项活动绝对不能缺少的资源。如果缺少时间，将一事无成。就资源而言，当缺少某种资源时，人们可以用其他资源进行替代，而时间这种资源则不能。

（4）可伸缩性。虽然时间转瞬即逝，但只要合理利用，时间就能发挥出很大的效力。虽然在客观上时间是常量，也绝对不受控制，但在主观上时间却有很大的可变性。在使用时，时间是一个变量，即所谓的"善用则多，妄用则少"。现实中，大凡功成名就者都很重视时间的利用。一个人如果想在人生中创造成功，想在事业上有所作为，就必须从小培养出珍惜时间的好习惯，合理有效地利用时间。英国博物学家赫胥黎曾说过一句非常富有哲理的话："时间最不偏私，给任何人都是 24 小时，时间也最偏私，给任何人都不是 24 小时。"可伸缩性就在于能否合理管理和充分利用时间。

时间是有限的，也是弥足珍贵的，一个人只有充分合理利用时间，加强时间管理，才能使时间的价值得以最大化，才能实现个人的人生目标和自身价值。对大学生来说，大学时光管理和使用是否得当，不仅关系到大学生在大学里能收获什么，而且还将影响到今后的工作和生活。为此，大学生在校期间应养成合理管理时间的良好习惯。

二、时间管理的含义

所谓的时间管理，就是为提高时间的利用率和有效性而对时间进行合理的计划与控制，有效安排和运用时间的管理过程。时间管理可帮助人们减少对时间的浪费，抛弃陋习，养成良好的工作方式和生活习惯，高效地实现个人的重要目标；可使人们工作系统化、条理化，使工作更有效率、更有成效、更有成果。

三、时间管理的发展历程

人们对时间管理大体经历了四个发展阶段，从意识到时间管理的重要性，到开始进行有意识的时间管理，其间伴随管理方式和管理重点的转移。通过对这些发展阶段的学习，将有助于人们更好地理解时间管理的具体操作方式。

（1）第一阶段：时间的单纯增加和制作备忘录。所谓时间的单纯增加是指当时间不够用而工作任务又比较多时，人们就单纯地通过加班加点来延长工作时间。制作备忘录就是把所有要做的事情一一列出来，制作成一个工作任务清单，做完一件就划掉一件，通过这种方式进
行时间分配和使用管理。

（2）第二阶段：制订工作计划和时间表。这也就是在所有要做的工作任务开始之前，把任务清单列出来，在每一项任务之前定一个时间的期限，如早上八点钟到九点钟做什么，

下午三点钟到四点钟做什么，给每一项任务都规定一个开始和结束时间，要在这个时间段内把规定的某项任务完成。

(3) 第三阶段：排列优先顺序以追求效率。当需要完成的工作任务越来越多，而且多到在规定的时间内也没办法彻底完成时，就需要对任务进行一定程度的调整：① 对工作任务进行一些取舍；② 对工作任务进行优先排序。通过取舍和优先排序的办法进行妥善安排。

(4) 第四阶段：以重要性为导向。此时广为使用的方法是二八定律，它由意大利经济学家帕累托研究提出，他认为，万事万物都可以分为重点的少部分和一般的大部分，也就是二八定律。该定律即 80%的结果源于 20%的努力。换句话说，80%的结果是因为 20%的关键因素所致。人们常说"力气用在点子上"就是二八定律的体现。因此，在这个时间段内，要保持注意力高度集中，一口气把事情干完，中间不要停止，从而达到一种高效率的状态。同时，要调整好自身的生物钟，控制好工作节奏，使效能达到最高。

第二节　大学生的时间管理

案例导入 ▶

"上大学之初感觉好极了！能认识好多人，自由参加各种社团，没有考试，没有作业……可是接下来我发现所有的事情都堆在一起，难以完成！"

"我宿舍的一个舍友，整天闭门不出，他几乎把所有时间都花在 QQ 聊天、微信聊天、刷抖音以及网络游戏上。"

"上大学之后，我似乎变成了一只懒虫。平生头一回没有人告诉我该做什么，该什么时候做，于是我真的什么也没做——包括学习。"

"我要是在大学多学点东西就好啦！"

"我应该少看些电视剧，好好地约束自己，多读点书！"

解析 从上述案例中可以看出，一提到时间管理的问题，大学生可能都会羞愧地低头。虽然大家都有珍惜时间的想法，但就是缺乏对时间管理的有效措施及落实措施的执行力。

时间管理是所有大学生无法回避的现实问题。"一寸光阴一寸金，寸金难买寸光阴"，很多类似的警世名言，相信每位大学生都能脱口而出。但在现实生活中，他们究竟做得怎么样呢？

一、大学生时间管理的内容

对大学生来说，时间管理就是要求大学生在校期间，要学会自我管理，要把过去当作改善现在的参考借鉴，把未来当作现在努力奋斗的方向，从而好好地把握现在，抓住今天，运用正确的方法做正确的事。大学生时间管理的关键就是对事件的控制，也就是能够把每一件事都控制好、把握好。

大学生时间管理的目的是在于提高自身的工作和学习效率。因此，大学生时间管理的内容主要有：① 学习时间管理，如各学科的学习；② 工作时间管理，如安排干部事务、社团事务、社会实践等事务；③ 休闲时间管理，如跟同学的交流、娱乐时间等。

在当今信息化的时代，时间管理对大学生来说，显得更加重要和紧迫，慢一步，差之千里，误一时，落后一生。大学生要想成才，成就一番事业，就必须对时间进行有效管理，充分挖掘和发挥自身潜能。

二、大学生时间管理的特点

大学生时间管理的特点如下：

(1) 个人闲暇时间总量增加。据有关调查统计显示，除去双休日、节假日外，我国大学生平均每天的课余时间有 3~5 个小时。与中学时代相比，课余时间大大增加，但是课余时间的充裕是通过上课时间的减少和生活必需时间的压缩得以实现的，毕竟时间总量是不变的。

(2) 时间上存在明显的制度特性。大学的校园生活不同于社会的职业生活，具有很强的制度性，如学制的安排、学习内容的选定等，生活在其中，大学生不可避免会受到这种制度性环境的影响。因此，大学生时间的安排和运用也须跟随这种制度变化。

(3) 个体差异分化明显。据一些相关的大学生课余时间管理状况调查显示，在周一到周五的课余时间安排上，自修是第一位的，但从第二位要做的事情上来看，大一、大二、大三的学生中存在明显差别，大一学生以选择参加社团活动为主，而大二、大三的学生倾向于选择上网、外出兼职等。时间价值观念强的学生，有比较强的统筹能力，注重效率，能出色地快速完成任务。

三、大学生时间管理的现状

实际上，大学生时间管理在行为上是一个包含着时间管理意识、时间管理规划和时间管理行为控制等内容的整合过程。然而，如今大学生的时间管理现状并不尽如人意，表现在如下情形：

(1) 时间安排不合理。刚迈入大学时，很多大学生胸怀大志，但是也有些学生不清楚自己在大学里应该做什么，最后毕业时留下的只是遗憾和后悔。随着独立自主意识的增强，大多数大学生不喜欢循规蹈矩，追求个性化与自由，往往喜欢凭感觉去做事，在学习、工作和生活中，不愿意按计划安排和使用时间，导致效率低下，浪费了大量的时间。

(2) 缺乏时间管理意识和自我管理能力。多数大学生还不适应大学里突然增多的大量业余时间，感觉很茫然，无论是学习、生活都缺乏一个明确的目标。虽然很多大学生都明白时间有限而且宝贵，但是依然没有重视计时间安排。有些学生虽制订好了计划却未能坚持执行，计划仅仅停留在纸上甚至头脑中。另外，多数大学生在课余时间安排和自我管理上容易受到舍友、朋友或同学的影响，出于满足自身归属感的需要，从而改变自己的时间安排而迎合小集体的意愿。随意、盲目安排业余时间或不安排，这都表明部分大学生缺乏时间管理意识和自我管理能力。

(3) 闲暇时间安排过于享受化。如今的大学生多数属于独生子女，家庭经济实力较强，没什么压力，无忧无虑地上学，造成部分大学生对闲暇时间的管理与安排过于宽松。虽然大学生怀揣着雄心壮志迈进大学，但因为不知道自己应该做什么，不懂得怎样管理好自己的美好大学时光，最后只能后悔。

四、大学生时间管理的技巧与方法

1. 确定并分解目标任务

大学生可根据自身情况把大学时光分成几个时间段，为每一段大学时光确定几个目标并写出来，根据目标主次关系以及对自己的影响大小依次排序，然后按照目标制订详细的实施计划，并严格按计划进行落实。

在确定大学总体目标后，根据自己的实际情况以及实施计划的能力，再把总计划切割成几个大块任务，如准备英语 AB 级考试，要设定每天背 30 个单词的小计划。你可以把自己将要做的每件小事都写下来，列成一张任务总清单，这样能让你随时明确手头上的任务，然后做好时间管理。

2. 认真制订详细的实施计划

大学生制订的很多计划在实施时经常会遇到难题，主要是没有经过认真思考就行动造成的。如果个人没有认真去做有效的、切实可行的计划，那么时间还是没有得到合理地分配。只有当你把每天的时间分配好并记录下来时，才能真正找到浪费时间的根源，你才会有办法更好地进行时间管理。

3. 熟练掌握并遵循"二八"定律

当你用 80%的时间来做 20%最重要的事情时，就是集中时间做最重要的事情，这样生活才不会紧张。生活中肯定会有一些突发困扰和亟待解决的问题，当你发现自己天天在忙于应对和处理这些事情时，就表明你的时间管理不是很理想。因此，一定要弄清楚对你而言最重要的事情是什么。

4. 明确自身正确的价值观

据有关研究发现，在生活中，如每隔几分钟就会被打搅一次，这将严重影响一个人的工作效率，相反如果每天可以有一个小时完全不受任何人干扰地去思考一些事情，或者是去做一些自己认为最重要的事情，这一个小时的效用会得到大大提高，可以超越一整天的工作效率，甚至可能比三天的工作效率还要高。因此，一定要规划好自己的时间，同时自己要为落实任务创造出不被打搅和不受干扰的环境，如每天在进行背英文单词这项任务时，尽量找一个清静的地方。当然，如果一个人连他自己的价值观都不明确，就没有办法做到合理有效地分配时间。因此，一定要在学习生活中逐渐形成价值观，以指导自己的学习生活。

5. 应着眼于提高效率

巴金森在其所著的《巴金森法则》中有过这样的劝诫："你有多少时间完成工作，工作就会自动变成需要那么多时间。"其意思是指，如果你有一整天的完整时间做某项工作，你就花这一天的时间去做它，而如果你只有一小时的时间用来做这项工作，你就应更迅速且有效地在一小时内做完它。用尽可能短的时间去做重要的事情，提高效率，以节约时间。

6. 克服拖延时间的不良习惯，并立即将要做的事付诸实践

无限制拖延时间是时间管理的最大挑战。拖延会造成目标任务在最后期限内无法完成，或者目标任务在快到最后期限时才刚刚启动。拖延不仅使计划中的工作无法按时完成，而且一旦养成了拖拉懒散的毛病后，还会使人产生无用感、空虚感和挫折感，严重影响个人的信心。克服拖延的办法有如下几种：

(1) 在意识上要把"必须做"改成"想做"。当我们对自己说必须去做某件事的时候，其实在心理暗示自己去做那件事是出于被迫的，那么自然就会有一种愤恨和极不情愿的感觉。这时候，我们就会把拖延当作远离这种痛苦的防卫工具。如果我们所拖延的工作有时间期限，那么当期限不断临近，而工作又还没有开始，这项任务原本引起的痛苦又会被更大的痛苦所代替。

拖延是一个很不好的习惯，如果任其发展，终将毁掉自己的前途。因此，大学生要想合理利用时间，其基本前提是立即行动，把要做的事付诸行动。墨子曾说："志行，为也。"即说意志付诸行动，那是作为。当下很流行的一句话"执行力就是生命力"，也是同样的道理。

(2) 时间管理的重点就是要列出待办事项任务单和计划安排。待办事项任务单就是把自己每天要做的一些工作事项先列出来，形成一份清单，排出优先次序，确定完成时间，并突出重点工作，避免遗忘。待办事项单主要内容就是非日常工作、特殊事项、行动计划中的工作、昨日未完成的事项等。

7. 善于使用时间管理"四象限法"

时间都去哪儿了？这是一个经常令人困惑的话题。著名科学家科维提出了一个时间管理理论，即把工作按照主要和紧急两个不同的程度进行区分，基本上可以分为四个"象限"：既紧急又重要(比如英语 AB 级、四六级考试，计算机等级考试)，重要但不紧急(如人际关系建立、就业机会等)，紧急但不重要(如电话铃声、不速之客来访等)，既不紧急也不重要(如客套的闲聊、阅读无聊的信件等)，具体如图 8-1 所示。

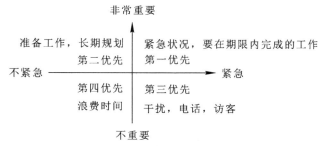

图 8-1　时间管理"四象限法"

时间管理上有一个重要原则需要遵守，即要求有重点地把主要精力和时间集中用来处理那些重要但不紧急的学习与工作。在日常生活中，很多时候我们本来有机会去很好的计划和完成一些事情，但往往没有及时地去做，随着时间的推移，岁月的流逝，造成学习和工作质量下降。可见，把主要的精力重点地放在重要但不紧急的事务上是很有必要的，也需要很好的安排时间。

8. 面对诱惑，训练自己延迟满足的能力

延迟满足，就是日常我们说的"忍耐"。为了追求实现更大的目标，获得更大的成就

感，需要大学生日常训练自己在面对与长远目标不符的欲望或诱惑时克制自己即时满足的冲动。现实中，我们发现时间管理能力强的人面对诱惑时不为所动，且依然坚持自己应该要做的事情，不打乱自己的时间安排计划，而时间管理能力差的人，往往在面对眼前诱惑时不能自制、无法自拔，从而把自己大量的宝贵时间浪费在与职业生涯目标无关紧要的地方。可见，大学生应该在平时要有意识地去训练自己延迟满足的能力。

思考与实践

1. 培养自己的时间管理意识

(1) 实验一：测量自己的客观时间感。

找一位朋友或同学，请他帮你计时，凭感觉说出一分钟与五分钟时间的内容。注意，不要在心里默默计时，静下心来，用心体会，感受一下时间的流逝。

(2) 实验二：评估自己的主观时间感。

准备一本笔记本，记下你每天必定会做的事情(比如刷牙洗脸、洗澡、上网、学习……)并分别估算你会花多少时间，然后再记录下来。比较估算与实际所花的时间，感受它们之间的差别。

上面两个实验在帮助大家注意时间的同时，也帮助大家意识到时间是如此明显的存在，就像是呼吸，当你注意呼吸时，呼吸才显得特别明显。时间管理意识，其实就是把时间等同于自己的呼吸一样，不仅仅是在呼吸时就意识到它的存在，不呼吸时也要意识到它的存在，而且还要认真对待它、珍惜它。

2. 实践活动：画生活"馅饼"

如以大圆代表一天 24 小时，请你根据你一天生活的平均活动状况，将各类活动所花的时间按比例在圆内画出，如图 8-2 所示。然后想象一下，你理想中的时间安排是怎样的，请你同样在圆内画出来。

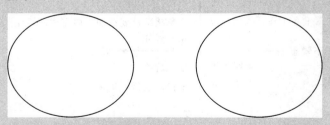

你目前的生活"馅饼"　　　　　　　你理想的生活"馅饼"

图 8-2　画生活"馅饼"

第九章 团队协作

1. 了解团队相关概念，理解团队精神及大学生加强团队协作的重要意义。
2. 了解并掌握融入团队的技巧，学习并理解大学生融入团队的注意事项。
3. 学习和理解沟通、表达的相关概念，理解并掌握沟通和表达技巧。

第一节 认识团队

案例 导入 ▶▶

2007 年 9 月 14 日 20 时，由姚明和纳什发起的中国男篮明星队与 NBA 明星队之间的慈善义赛在北京首钢体育馆角逐，中国男篮明星队以 101 比 92 战胜 NBA 明星队。NBA 明星队的超豪华阵容包括当时太阳队的纳什、开拓者队的奥登、掘金队的安东尼、勇士队的戴维斯、太阳队的巴博萨、火箭队的海耶斯等。此次义赛主要是以娱乐为主，姚明赛后保证，比赛的全部收入都将用于慈善事业。

解析 NBA 明星队是团队还是群体？NBA 明星队成员的个人技能都很高，但并不能称之为团队，只能称之为潜在的团队或伪团队，那么究竟什么才是团队呢？

一、团队

"团队"概念是由美国著名管理学家斯蒂芬·罗宾斯教授(Stephen Robbins)在 1994 年提出的，他认为团队是一种为了实现某一目标而由相互协作的个体组成的正式群体。此后，"团队"概念在企业管理学界广泛流行起来，而且在现代组织管理工作中，人们也越来越重视团队建设。

所谓团队是指由员工和管理层组成的一个有机共同体，该共同体合理利用和发挥每一位成员的知识、技术或技能，协同合作，解决问题，达到共同的目标。不过，对此定义需要明确和理解以下几点：

首先，团队必须是正式组织，团队不是零星的积木，也不是简单的排列组合，更不是几个人搭档结伙，而是群体的凝聚和合作。

其次，团队成员必须拥有共同的目标，这是团队成员的导航标。如果没有这个共同目标，团队就没有存在的价值。

最后，团队成员通过沟通交流与合作保持目标、方法、手段的高度一致，不断通力协作，最终实现个人利益和团队整体利益的有效整合，达到 1+1 > 2 的效果。

可见，团队是把具有不同知识、技能和经验的人集合在一起，形成角色互补，进而使其有效组合。因此，在团队协作中，分工是基础，而有效的沟通和合理的规章制度是推动团队成员沿着团队目标前进的重要保障。

二、团队协作概念及原则

所谓团队协作是指一群有能力、有信念的人在特定的团队中，为了一个共同的奋斗目标，相互支持，合作奋斗的过程。它既可以调动团队所有成员的所有资源和才智，又可以自动祛除所有不和谐、不公正的现象，同时给予那些诚心诚意、大公无私的奉献者以适当的回报。当然，如果团队协作是出于自觉自愿时，它必将会产生一股强大且持久的力量，促进团队获得最大的效能。

在团队协作中，需要遵守以下一些原则：一是团队各方都有机会充分阐明各自所担心的问题与困难；二是积极参与并愿意共同解决问题；三是共同研究解决问题的方案；四是在团队运营中只对事不对人，不揭短，不指责；五是达成双赢的目的，大家都能受益。"人心齐，泰山移。"团队协作对于一个团队来说至关重要。

三、团队精神

1. 团队精神概念

所谓团队精神，就是大局意识、协作精神和服务精神的集中体现，是指团队成员为了共同的目标和利益而相互协作、尽心尽力的意愿和作风。它是把个体利益和整体利益相统一，从而实现团队高效率运作的动力。其核心是具有共同的理念、信念和目标。对组织而言，团队精神是企业组织文化的重要组成部分。

2. 培养大学生团队精神的意义

前复旦大学校长杨福家院士认为：21 世纪的高等教育，第一个要强调的就是教会学生怎样做人，如何在团队中与人相处。他说："今天的科学试验已经不像 20 世纪初那样，仅靠一两个人就可以获得科研成果了，就以发现第六个夸克存在的证据来说吧，发现者是两个实验组，每个实验组都有超过 300 人的工作人员，总共加起来超过 800 人。身为其中之一，要与其他人很好相处，讲起来容易，做起来并不容易。很多人从小是尖子，尖子与尖子碰到一起，肯定有人不再成为尖子，有些人在这个时候承受不了。我感觉这个课题值得我们每个教师深入思考，如何教育学生与人相处。"如今社会分工越来越细，如科研项目的开展推进，大型工程项目的实施，工作的计划、组织、管理、协调等都离不开部门与部门之间、个人与个人之间的协作与配合，这就要求每位成员都必须具有团队协作意识和团队精神。

大学生在校期间的学习，从某种意义上来说，纯属单纯的个人劳动，比较少涉及相互之间的协作，即使到大学毕业了，大学生的协作精神和团队意识也还是远远不够的，难以满足企业岗位的要求。可见，培养大学生的团队精神是一件刻不容缓的事情，也是顺应时代对人才发展的趋势要求。

当前企业在招聘过程中越来越强调应聘者团队精神，企业内部也越来越注重团队建设，与人协作不仅能让自己受益也能使他人受益，只有懂得协作的人，才能明白协作对自己、对别人以至整个团队的意义。

四、加强大学生团队协作的必要性

1. 团队协作是适应社会发展的必然要求

在世界经济全球化的大背景下，你中有我，我中有你，分工协作使人们之间的联系更加紧密，重要、重大任务和项目的完成都是多方参与沟通合作的结果，都是团队协作的体现。中国企业走出国门，融入世界，需要更广泛参与到世界分工中去。如果想在与全球优秀的跨国公司竞争中得以生存、发展与壮大，就必然需要大量的具备团队协作能力的复合型人才。而高等院校正是这一复合型人才的重要来源之一，因此，大学生要主动有意识地培养自身团队协作能力。

2. 团队协作是弘扬集体主义精神的现实需要

集体主义精神是当今时代的主旋律，只有在集体组织中，个人才能获得全面发展与提高，个人的才能价值才会得到实现与尊重。大学生是祖国的未来，是时代的精英，为了更好融入时代发展潮流，更应该自觉树立集体主义观念，要充分利用好大学期间集体主义精神塑造的有利时期，培养自己的集体主义观念，锻炼团队协作能力。在团队协作中要求大学生必须具备集体荣誉感和大局意识，必须把个人利益与团队利益有机紧密联系起来，团队利益发展壮大了，才会得到保障。

3. 团队协作是促进大学生成长成才的重要举措

(1) 团队协作有利于塑造大学生成熟的心理。"好风凭借力，助我上青天。"在团队协作中，每个人都是团队中重要的一员，都有自己的角色和位置，都是不可替代的，在此基础上进行协同合作，优势互补，形成共同的价值观。团队成员协作的过程中会产生强烈的认同感、归属感和责任感等，有利于塑造大学生成熟的心理。

(2) 团队协作有利于提高大学生就业质量。有针对性地强化大学生团队协作培养，是提高大学毕业生就业质量和人才培养质量的重要途径。现代企业管理非常注重团队协作，企业在招聘选拔人才时都会侧重考察应聘者团队协作精神。大学生应自觉树立团队合作精神，提升自我管理能力，在校期间就应该为今后步入社会的职业发展做准备，成为企业真正需要的人才。

(3) 团队协作有利于培养大学生创新能力。团队成员的知识结构和阅历是存在差异的，思想冲突碰撞是在所难免的，但是这种思想上的冲突与碰撞并不一定具有破坏性，也许可以碰撞出许多新观念、新方法。长期融洽的团队活动将营造出和谐的氛围，这正是创新需要的组织氛围，这也将极大促进大学生创造性地学习与工作，增强大学生创新能力。

第二节　融入团队的技巧和团队协作的注意事项

案例导入 ▶▶

　　小李于 2020 年 7 月从某职业学院旅游管理专业毕业后，成功应聘到深圳市一家物业管理有限公司。他聪明活泼、有激情、很诚恳、学习能力强、专业知识过硬，在校时赢得了老师和同学的赞赏，大家都很喜欢他。刚上班时，他信心满满，积极主动，尽心尽职，全身心投入工作。可时间一长，他对自己越来越没有信心了。首先，他常常感觉自己在工作中比不上别人；其次，他感觉工作做得很不顺心顺手，能力总是得不到很好发挥；最后，他认为周围的人越来越难相处，甚至还认为自己的上司总是有针对性地批评他，这样他对上司慢慢产生了畏惧心理。久而久之，小李感觉自己总是游离在同事和公司之外，在工作上无法与同事友好协作互助，同事们好像也不喜欢与他合作，这样他与同事们的交流就越来越少，他开始变得沉默寡言，也恐惧上司。长此以往，他对工作再也无法认真积极去完成，挨批评的机会不断增多，最后在单位末位淘汰制下被淘汰出局了。

　　解析　随着市场经济不断发展，社会分工不断细化，你中有我、我中有你的合作竞争时代已经到来，那么作为公司中的一员，自己将如何融入团队之中呢？案例中的小李正是存在难以有效融入团队组织的问题，最后惨遭淘汰出局，这种事例值得大学生深思。

一、融入团队的技巧

1. 初入团队阶段的磨合技巧

　　当成员与团队处于磨合阶段时，团队成员可能对一些事情持有不同意见，还会产生冲突，大家互不服气、不服从领导、不愿意接受团队任何约束的现象会不时发生。那么当冲突出现时，怎样去面对和化解，就成了每一位团队成员都应掌握的基本技能。在这个阶段，掌握一些化解冲突的技巧是很有必要的。

　　(1) 适应竞争的策略。当团队组织遇到突发性事件时，团队领导在综合考虑各种方法的可行性、经济性基础上，可实施必要的竞争策略。其核心就是可能会牺牲一部分成员的利益，以换取团队整体利益。团队成员个人要能正确对待这种策略，要理解团队领导在应对突发事件中采取的必要应对措施，服从并接受。也许在事件得到有效解决后，个人损失并没有预期那么大；也许个人利益损失能换回整个团队的和谐和凝聚力。

　　(2) 自愿迁就的策略。当团队遭遇严重困难和挑战的时候，团队需要的是团结，而不是分裂，需要的是和谐的氛围，而不是只追求利益。此时就需冲突的一方抚慰另一方，自愿把对方的利益优先摆在自己利益之上，宁愿牺牲自我，也要遵从他人观点，进而维持相互友好、和谐的局面。虽然迁就有时会在一定程度上缓和冲突，维持团队的和谐氛围，但绝不是一味迁就，否则也有可能默许一些不合规的观点或行为出现，并有可能在未来产生新的冲突。

　　(3) 暂时回避的策略。这是指冲突中的一方意识到冲突的存在，但表现出忽视或放弃的态度，不采取任何过激的措施或行动跟对方合作，或维护自身利益。在团队中，有时在一些事情上，对方可能过于冲动，或解决问题所需要的条件暂不成熟时，不妨采用暂时回避的办法，使对方冷静下来，以便出现或创造解决冲突的有利条件和时机。运用这一策略，最好是在事态并没有发展到更坏的程度时。这种策略仅仅维护了暂时的平衡与和谐，问题并没有得到妥善处理或根本解决。

(4) 共同合作的策略。此策略重在当事一方主动跟对方坦诚讨论问题，以寻找到互惠互利的解决方案，尽可能使双方的利益都达到最大化，无须任何人采取让步的解决办法。在组织中出现冲突情形时，为了保全冲突双方各自的重要利益，没办法采取折中做法，此时需要寻求一致的冲突解决方案，以得到双方相互支持和高度尊重，谁也不伤害谁。运用此策略虽然有时能达到"双赢"，但有一个弊端就是双方达成协议可能有一个漫长的谈判过程。

(5) 主动妥协的策略。这是指冲突双方主动放弃部分观点或利益，并且共同分享解决冲突后产生的收益或成果的解决方式。使用此策略虽然并不是最好的解决冲突办法，但常常可以在双方利益、时间、成本、关系等各方面实现较好的平衡，因此也是化解团队冲突的最常用方法之一。

2. 认同团队阶段的深度融合技巧

经过一段时间的相处与磨合，在团队步入正常运行轨道后，想必每位成员对自己在团队中担任的角色和共同解决问题的方法已经达成共识，整个团队实现了自然平衡、差异缩小、互相体谅的状态，这是团队努力前进的动力。

(1) 认同团队工作目标，并为之奋斗。每个团队都有自己的既定目标，作为团队的成员必须认同团队目标，并愿意通过合作去实现目标。

(2) 认同团队规则，并努力为之践行。每个团队组织都有自己特定的运行规则，当中包括工作纪律、团队合作、激励措施等内容，这也是团队得以发展壮大的纪律保障。作为团队成员，在适应团队氛围后，要深入了解和认同团队规则，并把它当作个人行动的准则，严格遵守，时刻确保自己的行动与团队一致。

(3) 增强竞争意识，树立危机感。在市场经济下，团队成员需要时刻具备并增强竞争意识、创新意识、遵纪守法意识和善于合作的意识等。团队成员自觉的竞争意识，不仅为自己也为团队树立起危机感，否则，缺乏竞争就会被淘汰出局。因此，团队成员要融入团队工作，就要树立竞争意识。

(4) 提升挫折耐受能力，增强斗志。在竞争社会中，遭受挫折是团队和成员都难以避免的。挫折也是对团队成员的一种严峻考验，团队成员唯有具备较强的耐挫折能力，才不会被挫折打败，才能继续与团队一道继续向前迈进。为此，团队成员要提升自身的耐挫折能力。

(5) 提高学习自主性，永不停滞。自主学习能力是团队组织对其成员的基本要求，也是团队成员的核心素质内容的重要体现。在如今的知识经济和信息化社会中，科技创新和时代变迁比较快，团队成员唯有与时俱进，加强学习，方能跟上时代步伐。

(6) 加强自我管理能力。市场经济条件下，企业间的竞争异常激烈，也很残酷。一个企业或组织要想在竞争中得以生存和发展，不仅要靠团队中管理者的卓越领导力，也要靠团队成员中每位人员的自我管理能力。正因如此，如今很多企事业单位和其他组织机构，都把自我管理能力纳入对高素质人才的基本素质要求中。说到底，自我管理能力既是企事业单位提高运营效率的机制基础，又是团队成员从业和职业发展的能力基础，也是团队成员融入团队的重要策略之一。

(7) 积极参与团队实践，增强适应能力。充分认识和了解团队是有效地融入团队的前提，要深入地了解团队，就要积极参与团队的实践活动，以获得更多的与团队融合的机会。毕竟，大学生作为团队新成员，认知能力有限，还没有像成年人那样去思考问题和处理问题的能力，所以需要在团队实践中去培养和磨炼。通过团队实践去了解团队，同时检验自身的能力状况，以便在实践中时刻纠正或修补错误和不足，增强团队适应能力。

二、团队协作的注意事项

大学生在团队协作中需要注意的事项如下。

(1) 快速了解团队组织的文化。每一个团队组织都会有自身的发展历程、文化以及规章制度，对此，作为团队组织新成员，要抓紧时间，通过多种途径，多查找和翻阅与团队组织相关的材料，多留心观察，加深对团队的认同。

(2) 调整心态，加强协作。团队协作注重的是成员之间相互合作的关系，只有成员间互惠互利才会使团队组织得以长久发展。和谐友好的团队成员协作关系才是团队发展最看重的关系。

(3) 不随意过问团队成员的个人隐私。团队组织中的每一位成员都有自己不希望被他人所知道或了解的隐私。为此，不要轻易去打听他人的生活状况，除非对方自己主动向你提起或聊起。

(4) 不要把个人感情带入团队组织中。作为刚加入团队的新人，当你对很多事物有看法或是观念中带有强烈的个人感情色彩时，请千万要记住，不要把这些个人感情色彩带入团队组织中。

(5) 积极合群。当个人成为团队组织一员后，团队成员也开始注意到你这位新人了。此时，个人需学会主动地与团队成员打招呼，个人的言行举止要表现出亲切、热情、有礼貌、讲信用等优秀的一面。在业余时间，可以与团队组织成员一起出去参加一些娱乐等聚会活动，这样不仅能帮助你获得更多的快乐，释放内心的压力，也更有助于培养和谐友好的人际关系。

(6) 说话表态不能口无遮拦。在团队组织中，要学会说话，讲究表达技巧，不能信口开河，想说什么就说什么，这样会给自己带来很多麻烦或造成团队关系不融洽。

(7) AA 制是最佳选择。对于团队成员之间经常开展一些聚会活动产生的费用，最好的处理方式就是采取 AA 制，这样团队成员在心里面没有负担，没有欠人情的压力，经济上也能承受得起。这样的处理方式，有利于增强团队成员间的信任，构建和谐的人际交往关系。

(8) 树立彼此尊重的意识。在与团队成员最初的磨合时期，团队成员间的相处要注意彼此尊重。对于团队组织中的成员来说，他们更乐于与那些懂礼貌、工作能力强、具有大局意识和团队精神的成员相处。

第三节　有效沟通与表达技巧

团队协作效果中涉及团队成员的一项重要能力，即沟通表达能力。其实该项能力关系到团队成员生活工作的方方面面，直接影响着团队成员的生活质量。良好的沟通交往能力，是辅助个人在人生道路上走向成功的最佳手段之一。大学生毕业后，将面临团队协作问题，因此，在大学期间就一定要注重自身沟通表达能力的锻炼和提高。

沟通表达能力是一个人在社会中生存与发展的必备能力，也是一个人在事业上取得成功的必要条件，在一定程度上或许比专业能力还重要。一个人如果没有良好的沟通表达能力，即使其专业能力再强，也会影响其发挥。

一、有效沟通

友好和谐的人际关系对大学生职业生涯的成功有着重要的作用。大学生如果具备较强的沟通能力，实际上就等于他拥有了很强的就业竞争力。

1. 沟通及沟通能力

所谓沟通，是人们为了一个设定的目标，把信息、思想和感情在个人或群体间传递，并达成共同协议的过程。简单点说，就是人与人之间、人与群体之间思想与感情的传递与反馈的过程。美国学者霍本认为："沟通即用语言交流思想。"《大英百科全书》中认为，沟通就是"用任何方法，彼此交换信息。"

所谓沟通能力是指一个人与他人有效地进行信息沟通的能力，包括外在技巧和内在动因。一般，人们判断沟通能力的基本尺度是恰如其分和沟通效益。恰如其分是指沟通双方的行为符合沟通的情境和彼此相互关系的标准或期望。而沟通效益是指沟通活动在功能上达到了预期目标，或满足了沟通者的需要。一个具备良好沟通能力的人，可以把自己的专业知识和专业能力充分发挥出来，并能把"我最棒""我能行"的深刻印象留给对方。

2. 沟通的构成要素

沟通通常由以下一些基本要素构成：发送者、接收者、信息、渠道、噪音、反馈和环境。在多数的沟通过程中，发送者和接收者是指人，即在同一时间既发送又接收；信息是由发送者与接收者需要分享的思想和情感所组成，而且只有表现为符号时才能进行沟通；渠道是信息经过的路线；反馈是发送者和接收者相互之间的反应；噪音是阻止或影响对信息进行准确理解和解释的障碍；环境是沟通发生的地方，对沟通会产生重大的影响。

3. 沟通的特点

沟通的特点如下：

(1) 沟通需要一定的辅助载体。人们在日常交流活动中，语言是最基本的工具，包括口头语言、书面语言甚至是肢体语言，如一个手势、一个点头、一个微笑动作等。即使同样内容的文字，只要语调不同，也会表达出截然不同的意义。心理学家曾给出过这样的公式：口头表达=7%的文字内容+38%的声音语调+55%的表情。可见，选择不同的表达方式，运用一定的载体，将直接影响沟通的效果。

(2) 沟通双方要保持使用一致的符号。沟通双方必须使用统一的符号(如语言、文字等)，或借助中介把不相同的符号转换为相同的符号，只有这样才能开展有效沟通。如两位分别只懂英语或汉语的人，如果不靠翻译就无法进行语言沟通。

(3) 沟通双方需要情境相融。生活中的每个人都是有爱与恨、喜欢与厌恶等感情的个体。因此，个体在进行交流之时，会不由自主地受到外界或内心心理因素的影响。可以说，沟通都是在某种特定的环境、场合和条件下进行的，情境会影响和制约人们的沟通方式。一般情况下，人们总是依据时间、空间和双方关系等不同情况来选择不同的话题，开展恰当的沟通。

(4) 沟通双方存在相互影响关系。人们相互间进行沟通时，不仅要接收信息，而且还要给予信息。沟通实际上是培养感情、交流情感的过程。人们进行沟通时的最大特点就是沟通双方在交往活动中是平等参与和相互影响的。只能通过相互影响，才能逐步靠近沟通目标，双方最终达成一致意见。

4. 沟通中的语言技巧

有效的语言沟通是通过语言行为的选择与组合达到理想状态才实现的，通常需要遵照以下一些基本准则：

(1) 目的性原则。人与人之间进行语言沟通交流总是有目的性的，各种目的都需要通过话语来表达，为此，在语言沟通中，话语是信息交流的手段，说话者通过话语要能够准确地表达出自己的意图和想法。

(2) 情景性原则。情景是人们在沟通过程中，由时间、空间的沟通方式等因素构成的沟通环境。情景和语言行为存在着以下两方面的关系。一方面，情景制约着语言行为运用，即语言行为必须根据沟通情景而选择话题和组合话语，使表达内容和表达形式与情景相适应；另一方面，情景对语言行为的表达有补充作用。

(3) 正确性原则。正确性原则主要是指语言表达必须与语言规则或规范相符合，即符合语法。任何语言行为只有遵守语言规范，才能使表达的信息准确无误，才能被听者或读者接受。如违背了语言规范，就会在一定程度上造成沟通障碍，影响沟通效果。

(4) 得体性原则。人际沟通的语言行为既在特定的人际关系中展开，同时又在建立或发展人际关系，对此，人们需要根据接收者和自身的关系状况，选择运用得体的语言，以更好地达到沟通的目的。

5. 沟通中需要注意的问题

沟通中需要注意的问题如下：

(1) 积极反馈。没有反馈或者得不到反馈的沟通都不是一个完整的沟通。积极的反馈能够有效地避免出现沟通障碍。

(2) 注意简化语言。在日常生活中，有相当一部分人存在着讲话不着边际情形，如果进一步仔细分析，有可能是思路存在混乱，也可能是想通过婉转曲折的手段去达到一些目的，更有可能只是一种不良的表达习惯。可见，为避免沟通中出现障碍，需要人们时刻注意简化语言，也就是讲话要抓住重点，清晰地把意思表达出来。

(3) 耐心主动倾听。沟通首先就是一种倾听艺术，良好的沟通、无障碍的沟通、顺畅的沟通，均需要耐心聆听，只有这样才能真正了解和把握对方内在的真实感受。

二、表达技巧

表达技巧是指在跟人对话过程中，善于抓住对方的主要观点，用心揣摩对方说话意图，有针对性地回答对方问题，并巧妙地表达出自己的意见和观点，从而赢得对方的信任、支持和鼓励。

如今很多大学生自信心不足，最主要体现为在大场合下不敢充分、清晰地表达自己的意见；在求职面试现场，面对招聘官羞怯脸红，词不达意，未能很好地展示出自己的风采。其实，在语言的交流沟通过程中，表达能力的运用涉及其他相关学科知识，如思维学、心理学、表演学、逻辑学、人际关系学以及公共关系学等。

表达能力就是我们通常说的口才，口才好也就是表达能力强。口才是人们在口语交际中的高层次表达。一个人如想要提高自身口语表达能力，需要认真了解口语表达的规律，掌握口语表达的最基本常识，并在实践中勤学苦练。

1. 表达能力的基本构成要素

在口语表达中，话语是口语表达的主要载体，语音、词汇和语法是构成话语的基本组成部分。说话的人是口语表达的主体，并决定着口语的表达质量。一方面，说话人需要具备一定的素质，具体由文化、心理、品德、智力、审美、情感和能力等因素构成；另一方面，听话人是口语表达的接受者，听话的效果既受到听话者的自身条件的影响，还受到说话者对听话者的适应与调控的影响。此外，口语表达还受所处的说话环境制约，如语言环境、时空环境、社会环境以及人际环境等。口语表达中，有时还需要语言技巧、态势技巧、调控技巧和幽默技巧等。此外，在口语表达时还需要掌握和运用其他学科知识，如思维学、心理学、传播学、美学、文学、写作学、人际关系学及公共关系学等。

2. 口语表达的技巧

案例 导入 ▶▶▶ ················ ●●●

从某职业学院幼儿管理与健康教育专业毕业的王佳，从去年开始就一直到处找工作，一直到毕业后仍然没有找到工作，最后只能靠帮亲戚做事来维持生计。王佳在总结自己求职屡战屡败的经历时，发现大多数是在面试环节时被淘汰。之前，他实习时所在的幼儿园的园长非常想录用他，表示只要他通过试讲就可以录用，但王佳却一上台就脑子一片空白，语无伦次，结果与工作失之交臂。王佳始终想不明白，自己的专业技能扎实，足以应对工作岗位中的教学问题，可没想到大专毕业竟然因为语言表达问题而找不到工作，对此他觉得既憋屈又无奈。

解析 案例中的王佳为什么会出现面试总是失败的情形呢？其实原因很简单，就是不善于表达。可见，不会表达就无法展现自身的能力，很难得到他人的认可。

1) 表达者的普通话能力

掌握和使用一定水平的普通话是国内各行业从业人员必备的基本素质，能讲一口标准流利的普通话，是具备良好表达能力的重要条件。

2) 态势语言的灵活运用

态势语言与口语、书面语共同构筑了神圣的语言殿堂。态势语言主要通过面部表情、态势动作、空间距离和服饰装束等信息载体进行表情达意。作为态势语言载体之一的面部表情，主要集中在眼神、笑容和面容三个方面。态势动作主要表现为头部动作、站立姿态、坐姿和手势动作等方面。在社会交往过程中，人们经常利用相对位置作为信号以传递一定的思想，利用界域来表达一定的情感，表现在态势语言中就是空间距离。空间距离分为亲密区域、个人区域、社交区域以及公共区域等。态势语言对空间距离的把握主要表现为要适时把握好个人区域和社交区域两个方面。常言道"三分人才，七分打扮""佛要金装，人要衣装"，在人际交往中，服饰装束也关系到一个人的整体形象，体现出一个人的社会地位、情趣、修养、个性、职业以及精神面貌等。因此，服装装束作为一种特殊的交际语言，对自己、他人也会产生影响。总之，态势语言在口语表达中具备强调、补充、替代、弱化及审美作用。

3) 常用的一些有效表达技巧

案例 导入 ▶▶▶ ●●●

　　著名英国作家狄更斯正在钓鱼的时候，一个陌生人走到他跟前问道："怎么，你在钓鱼？"狄更斯不假思索地回答："是，今天真倒霉，钓了半天，一条鱼都没钓着，可昨天也是这个地方，却钓了 15 条鱼。"陌生人说："是吗，你知道我是谁吗？我是专管这个地方钓鱼的，这段江上禁止钓鱼！"说着拿出发票要罚款。狄更斯看到这情景，连忙反问："那么你知道我是谁吗？"当陌生人被反问得摸不着头脑时，狄更斯对他说："我是作家狄更斯，你不能罚我款，因为虚构故事是我的职业。"

　　解析　人们在社会交往中，个人主观因素往往会影响交往效果，丰富的知识、良好的家庭教育修养、恰当的交际礼仪和有效的表达技巧都会有利于人际交往。

借助会话技巧，能极大提高表达效果，提高自身的表达能力。常见的表达技巧包括幽默、委婉等。

(1) 幽默。人们如果在表达中适时、巧妙地运用幽默，则会让人感受到一种美的享受。幽默不仅能博得听众的笑声，也使得个人的才智得到超常发挥。怎样学会幽默呢？这依赖于多方面素质的养成和培养，如心态、机智和能力的养成。另外，熟悉和掌握各种修辞手法、寓言故事、成语典故以及古代传说等都对语言的幽默运用有极大地帮助。

(2) 委婉。委婉是指一个人语气温和、声音柔美、语义曲折含蓄的语言表达技巧，属于一种极为重要的语言交际手段。通常在一些必须说而又不好直接说的情况下，运用委婉手段能避免冲突，缓和气氛，从而既能达到交流的目的，又能让人心领神会，避免不必要的尴尬。在口语表达中，委婉的一些常用手段有暗示、借续、双关、歇后以及谐音等。

3. 大学生职场沟通表达的技巧

大学生职场沟通表达的技巧包括以下几方面的内容。

(1) 恰当地称呼对方。在职场中，选择正确、恰当地称呼方式，有利于缩短双方的社交距离，给对方留下一个好印象。这也可以体现出对对方的尊重程度以及自身的素质。

(2) 热情主动与人打招呼。与人相遇、相逢时，要主动和对方打招呼，并礼貌地问候关心对方，给对方留下彬彬有礼的良好印象，也传递出"我心中有你"的信息，这是沟通的前提。日常打招呼是联络感情的手段，是沟通心灵的方式和增进了解的纽带。

(3) 善于倾听。倾听是有效沟通的必要组成部分，倾听要怀着虚心、耐心、诚心，并带着学习的态度，以便更好地了解他人内心状态，并与他人进行有效沟通。

（4）真诚夸赞别人。职场同事间的交往比在校学习期间的同学交往要复杂，而且同事间交往还带有许多不确定性因素。尽管职场交往存在复杂性，但个体也要本着坦诚对人的原则，真诚地夸赞他人，这样才能和同事比较顺畅地建立融洽的人际关系。

（5）时常面带微笑，发挥同理心。大学生要常面带笑容，微笑地面对生活、面对周围的人与事。微笑可展示出一个人的热情与友好态度，还能强增强自身的亲和力。要学习体谅他人内心感受，并通过个人神态、动作、语气等表现出对他人的关心，从而赢得对方对自己的认同。

对大学生来说，掌握以上沟通表达能力技巧对职业发展有着突出的作用。大学生要利用在校期间的机会，学习和掌握沟通表达技巧，以便能让自己在职场上游刃有余。

思考与实践

1. 当你与团队成员的关系出现裂痕时，你通常会采取什么措施来积极消除合作中的障碍？你觉得你采取的这些措施有效吗？通过学习，你现在有更好的解决方法吗？

2. 请客观评价自己是否具有良好的沟通能力，认真回答下列问题：

（1）你相信沟通在组织中的重要作用吗？

（2）在日常生活中，你总在寻求沟通的机会吗？

（3）当你站在演讲台时，能很清晰地表达自己的观点吗？

（4）在会议中，你善于发表自己的看法吗？

（5）你是否经常与朋友保持联系？

（6）你能自行构思并写出一份满意的报告吗？

（7）在休闲时间，你经常阅读书籍和报纸吗？

（8）对于一篇文章的优劣，你能很快区分出来吗？

（9）在与别人沟通的过程中，你都能清楚地传达想要表达的意思吗？

（10）你觉得你的每一次沟通都是成功的吗？

（11）你觉得自己的沟通能力对工作有很大的帮助吗？

（12）你喜欢与上司一起进餐吗？

以上每个问题 1 分，如回答"是"得 1 分，回答"否"不得分。得分在 8～12 分，说明协调沟通能力比较好；得分在 1～4 分时，说明协调沟通能力不太好，需要注意好好培养。

第十章　职业礼仪

　　1. 理解并掌握礼仪的概念、特点和相关内容，理解职业礼仪的原则及重要性等基本理论知识。

　　2. 熟悉并把学习的礼仪知识运用到实践生活中，懂得生活中礼仪是无处不在的。

　　3. 通过学习，熟悉和掌握职业礼仪中的各种礼仪技巧，在举手投足之间能展现出良好的基本的职业礼仪素养。

第一节　礼仪和职业礼仪

案例 导入 ▶▶

　　小唐是一名有五年工作经验的职场人士，现为东莞某知名企业的公关部经理。一次，母校的老师请他回去跟师弟师妹们交流他的个人成功经验。小唐谈的第一条经验就是大学生要学会和懂得职业礼仪，并且列举了他亲身经历的一些深刻事例。比如，他刚入职公司半年，跟随总经理到海南出席一个慈善捐助晚会，但由于他初涉职场不太懂得自助餐礼仪，使用葡萄酒杯喝白酒，结果两杯下去就醉了，闹出了不少笑话，从此事件后，他就开始重视礼仪这个问题。

　　小陶是某职业学院的一名 2021 级毕业生，目前正在找工作，她和宿舍里的姐妹们从去年年底开始就参加了好几场毕业生招聘会，简历投出去了 20 多份，也参加过好几次面试，但是总感觉自己对职场方面很多事情心里没底，如对遇到的陌生人该怎么打招呼或称呼他人，与人交谈怎样才不会冷场，在面试场所怎样做才不会让自己浑身不自在。还有关于面试及今后上班到底要不要化妆等问题，舍友们争论不休，为此弄得她焦头烂额。

　　解析 案例中小陶遇到的职场问题，对她今后在职场发展有影响吗？等意识到了礼仪这个问题的重要性才去学习来得及吗？职业礼仪是每一位将迈入社会、步入职场的大学生必修的一门课程，而且是实践性非常强的一门课程，学习并掌握职业礼仪的规则和懂得礼仪的重要性会让每个人在职场中如鱼得水，应付自如。

一、礼仪的含义

　　"礼仪"的英语单词为"etiquetee"，其本意是指法庭上使用的一种通行证，人们用它

来记载进入法庭时应遵守的一些注意事项，后来其他公共

场合也流行这种做法，这样就成为人们都愿意共同遵守的礼仪。

在我国，自古代起，礼和仪就有各自不同的概念。"礼"的含义包括：一是对敬意的通称，如敬礼、礼貌；二是为表达敬意或隆重所举行的仪式，如婚礼、典礼等；三是泛指社会生活交往中需遵守的某种社会规范和道德规范，如"齐之以礼"（《论语·为政》）朱熹注曰："礼，谓制度品节也。"而"仪"的含义包括：一是指法度、准则，如"置此以为法，立此以为仪……"（《墨子·天志》）；二是指典范、表率，如"上者，下之仪也"（《荀子》）；三是指容貌、风度，如仪表、仪态；四是指礼物，如贺仪、谢仪。

综上来看，所谓礼仪，是指在社会交往中，人们因受历史文化、民族传统、风俗习惯、宗教信仰、时代潮流等因素的影响所形成的，被人们认同、认可且遵守的，旨在建立和谐关系的各种符合"礼"的精神及要求的行为准则或规范的总和。

礼仪是规范人们在社会、道德、习俗和宗教等方面的行为，是人们文明程度和道德修养的一种外在表现形式。可以从以下不同的角度加深对礼仪的认识和理解：从修养角度来看，礼仪是一个人内在修养和素质的外在表现；从道德角度来看，礼仪是一个人为人处世的行为规范、准则和标准做法；从交际角度来看，礼仪是人们在人际交往中的一种交际方式或方法；从民俗角度来看，礼仪是人们在人际交往中约定俗成的对人尊重、友好的习惯做法的统称；从审美角度来看，礼仪是一种人们内在素质的形式美，是心灵美的必然外化。

二、礼仪的特点

在人类漫长的社会进步中逐步形成、演变和发展起来的礼仪，具有如下一些特点：

(1) 普遍认同性。普遍认同性是指礼仪是得到全社会共同认可、普遍遵守的准则。虽然礼仪具有国家、民族、地区的差别，是其文化习俗特征的呈现，但是有不少礼仪在全世界是通用的，如问候、打招呼、礼貌用语、各种庆典仪式、签字仪式等。

(2) 规范性。规范性是指礼仪对人们具体的交际行为具有规范和制约作用。无论是具体言行还是具体姿态，礼仪都是人们内在品质和外在行为标准的反映。

(3) 广泛性。广泛性是指礼仪伴随着整个人类社会的发展进程，得到人们广泛认同。

(4) 沿习性。沿习性是指礼仪的形成是一个动态发展的过程，伴随着社会风俗和传统的不断变化逐渐形成，是对风俗和传统的继承与发展。今天的礼仪形式是从昨天的历史中延续下来的，那些优秀的礼仪将会被继续传承下去，而那些不合时宜的礼仪形式则会被淘汰。可见，礼仪的沿袭和继承也是在社会进步中不断被扬弃的过程。

(5) 可操作性。可操作性是指礼仪是切实可行、实用有效、规则简明、易于操作的。正因为具有可操作性，礼仪才能被人们广泛地运用到交际实践中，并得到认可。

(6) 变化性。变化性是指礼仪不是僵化不变的，而是随着时间推移和社会发展也随之发生变化。变化性还表现在礼仪的灵活运用中，如在非正式场合中，有些礼仪可不必拘于约定俗成的规范，根据情况可随意增减，而在一些正式场合中，讲究和遵守礼仪规范又很有必要。当然，如果双方已经非常熟悉，即使场合也很正式，有时也不一定要过于讲究礼仪规范。

三、礼仪的内容

伴随着时代的变迁、社会的进步和人类文明发展，礼仪也随之发展变化，内容更趋于完善合理，呈现形式更加丰富多彩。具体而言，礼仪内容包括礼节、礼貌、仪表、仪式和礼俗等方面。

(1) 礼节。礼节是指人们在社会交往过程中逐渐形成的约定俗成的和惯用的各种行为规范的总和。礼节是社会外在文明的构成部分，具有严格性，反映一定的道德原则，体现为人们对人对己的尊重，是人们心灵美的外化。在阶级社会中，因阶级不同，人们在利益上存有根本冲突，礼节多流于形式。在现代文明社会中，因人人地位平等，礼节从形式到内容都体现出人们相互间的平等、尊重和关心。

(2) 礼貌。礼貌是人们在社会交往过程中表现出来的良好言谈和行为，主要包括口头语言礼貌、书面语言礼貌、态度和行为举止方面的礼貌。礼貌是人们道德品质修养的最直接的体现，也是人类社会行为文明的最基本的要求。

(3) 仪表。仪表是指个人的外表，包含仪容、服饰、体态等。仪表是美的外在体现，反映出人的精神状态。仪表美是一个人心灵美与外在美的和谐统一。端庄的仪表既是一个人对别人的尊重，也是其自尊、自重、自信与自爱的表现。

(4) 仪式。仪式是指行礼的具体过程或程序，是礼仪的一种具体表现形式，一般比较正规和隆重。人们在社会交往过程中或是在组织里开展各种专题活动中，出于需要会经常举办各种仪式，以体现出对某人(事)的重视或是为了纪念等。仪式具有程序化，有些程序是人为的，有些是约定俗成的。在现代礼仪实践中，仪式中的有些程序是必要的，而有些则可以简化。但是，有些仪式的程序是不可省略的，否则可能会产生误会，引起麻烦。

(5) 礼俗。礼俗就是民俗礼仪，是指人们的各种风俗习惯，属于一种特殊形式的礼仪。礼俗是在历史发展过程中逐渐形成的，广泛存在于社会和群体中，并根植于人们的心中，在一定的环境中经常重复出现的行为方式。因国家、民族和地域不同，人们在长期的社会实践中形成了各具特点的风俗习惯。常言道"千里不同风，百里不同俗"，不仅是每一个民族、地区甚至连一个小小的村落都有可能形成独具特点的风俗习惯。

四、职业礼仪的含义

所谓职业礼仪，是指人们在职业场所中应当遵循的一系列礼仪规范，是人们相互表示尊重、问候、祝愿的礼节礼貌，是礼仪在职业场所中的具体运用。礼仪是一个人职业形象的外在表现形式，是内在职业素质的外化。一位优秀的职业人应当具有良好的礼仪素质。职业礼仪的内容范围很广泛，如人在职场，应持什么样的工作态度？怎样给他人留下自己最好的第一印象？职场如何着装？怎样做好迎来送往？如何进行有效沟通？与领导、同事交往该怎样把握分寸？如何参加各种会议？与客户打交道时需要注意什么？这些都是职业礼仪的必修课。了解并掌握好职业礼仪，有助于你获得一份稳定的工作；恰当地运用职业礼仪，会助你在工作中事半功倍，让你的事业蒸蒸日上。当然，职场上恰当到位的礼节、礼貌能极大增进人们间的友谊，降低人际冲突，让人们在职场中的人际交往变得更加轻松自如，更好地满足被尊重的需求。

职业礼仪修养不仅体现出个人自身素质的高低，而且还反映出个人所在公司的整体水平和可信程度。对此，永远要谨记：在职场中，员工个人的职业礼仪不仅仅只代表个人，往往还关系到公司形象、文化。作为职场人，只有做好应有的礼仪才能让公司在形象塑造、文化表现方面得到社会的充分认可。

五、职业礼仪的原则

职业礼仪的原则如下：

(1) 尊重他人原则。这一原则主要指人们在职场交往活动中运用礼仪时，要本着体谅和尊重别人的基本原则。生活中常有一些小事，看似不起眼，稍不注意就成了不尊重别人的行为，而且有时很容易伤害别人，如没提前预约突然拜访别人，探听他人隐私等。

(2) 自律原则。这一原则可以说是职业礼仪的基础和出发点。学习和运用礼仪的目的就是实现自我要求、自我约束、自我对照、自我反省以及自我检查等过程。职场生活不同于日常家庭生活，对礼仪的要求更加细致，如果职业人士不懂得自律、不强化自我管理就会出现不利的局面。

(3) 遵守原则。在职场交际活动中，每一位参与者都应当自愿自觉地遵守礼仪，用礼仪要求规范自身的言行举止。职业礼仪是一种约定俗成的规则，当人们自觉遵守和运用时，才能构建和谐融洽的工作关系。

(4) 适度原则。遵守职业礼仪要把握适度原则，有时对一些细节问题过分讲究会使别人感到不安。如有人有洁癖，讲究所有东西都一尘不染，但在办公场所，就不可能要求别人都做到这个卫生标准，如那样就会给别人造成困扰及不适。

(5) 真诚原则。这一原则主要指人们在职场交往中要发自内心尊重他人，并与自身的实际行为相一致，诚心诚意地对待他人。在运用礼仪时，要做到诚信无欺、言行一致、表里如一。

(6) 从俗原则。不同国情、民族、文化背景、风俗习惯等会造成礼仪上的差异性，因此，在运用礼仪时必须入乡随俗，尽量保持与绝大多数人的习惯做法相一致，不要给别人留下目中无人、自以为是的印象。

(7) 平等原则。讲究平等是职业礼仪的核心，即要尊重交往对象，以礼待人，一视同仁地对待所有交往对象，给予其同等的礼节待遇。

(8) 宽容原则。宽容是人的一种高尚情操，也是礼仪的基本原则之一。在职场中，人们受不同的立场、观点、思想方法和其他方面影响会出现不同的看法和行为，对此要宽容对待。要宽容对待他人出现的过失和错误，并善意进行安慰。

六、职业礼仪的作用

职业礼仪的作用如下：

(1) 约束作用。职业礼仪是职业人士自觉自愿地遵照、执行的职场规范，对其行为具有很强的约束力。在职场打拼的每位人士，都应加强职业礼仪的学习，接受职业礼仪的约束，遵照职业礼仪行事。

(2) 调节作用。职业礼仪还能调节职场人际关系。一方面，职业礼仪作为一种规范、程序和文化传统，能及时调整职业人员间的关系模式；另一方面，某些职业礼仪形式和礼仪活动能化解双方矛盾，消除误会，增进友好关系，建立新的关系模式。

(3) 提升作用。职场人士自觉用职业礼仪规范自身言行举止，无形中促使自身不断去努力，克服不良习惯，用规范的言行表现出对他人的尊重，达到推动个人修身养性的目的。

第二节　职业形象的塑造

案例 导入

任职于一家大型企业的人力资源部曾经理，在招聘面试时，一般只给应聘者 10 分钟，和应聘者聊一些无关紧要的话题，然后根据应聘者在这 10 分钟里的表现来决定其去留。很多人会质疑他的招聘方式，而他却自信地微笑着回答质疑者：在这 10 分钟里，有 70% 的应聘者紧张得忘记问好；50% 的应聘者的穿着不符合场合要求；30% 的应聘者神态拘束不安；20% 的应聘者目光游离。每个人只有 10 分钟，可多数应聘者在第一分钟就输了。可见，一个人的仪表和举止对自己求职择业、事业发展、社会交往都起着很重要的作用。

解析 为什么这位人力资源部经理对自己的面试方式很自信呢？他给出的解释理由有道理吗？我们大学生认同他的这种面试方式吗？其实根据美国心理学家奥伯特·麦拉比安的研究发现，在社会交往中，人的印象的形成大概是这样分配的：55% 取决于你的外表，包括服装、个人气质、形体、发型等；38% 是个人的自我表现，包括音质、语气、语速、语调、姿态、动作等；只有 7% 才是个人所讲述的真正内容。从中可见，职业礼仪在求职面试中具有很大的影响。

当今社会竞争日益激烈，个人形象就是个人的资本，形象魅力已变得非常重要了，且日益成为个人竞争的核心要素。有效合理运用形象魅力将是个人赢得职业竞争，获得职业成功的核心推动力。

一、形象和职业形象的含义

形象和职业形象的含义如下：

(1) 形象。所谓形象，是指一个人的精神面貌、性格特征等综合的具体表现，并以此引起他人的思想或感情活动的具体形态或姿态。形象像介质般地存在于人的主观和客观的环境之间，每个人通过自身形象的展示使他人认识自己，而周围的人也会借助此形象对个体进行认可或不认可的判断。现在社会越来越多的人意识到了个人形象的重要性，深知一个人的形象好坏是影响其成功的重要因素。

(2) 职业形象。所谓职业形象，是指在一定时期和一定环境下，社会公众对从业人员(不论是团队还是个人)的外在表现和内在素质的印象、看法和认识的综合体现，即在公众面前树立起职业人的印象，包括外在形象、品德修养、专业能力和知识结构等方面，具体而言，就是一个人通过衣着打扮和言行举止反映出的素质修养、专业态度、技能技术等。所有从业人员的形象可称之为职业形象。换言之，只要有职业，就有职业形象，职业形象与职业相伴而生，随着职业的发展变化而变化。

二、大学生职业形象塑造的必要性

形象塑造是指一个人通过对自己原有的不完善形象进行改造或重新构建，来达到利于自己的目的。

(1) 职业形象有助于大学生就业面试。在当今就业形势严峻、人才竞争激烈的情况下，刚走出校门的大学毕业生要想在就业竞争中立于不败之地，就需要具备基本的大学生职业形象。知识经济时代是人才竞争的时代，用人单位对应聘者的要求越来越高，加上近年来高校毕业生人数不断创新高，同时社会再就业人员也同台竞技，可见竞争形势不容乐观。大学生刚毕业，仅有一纸文凭，缺乏实践工作经验，在激烈的人才竞争中想要战胜对手而获得一份理想职业实属不易。当然，在竞争激烈的面试中，第一印象显得非常重要，可以说在一定程度上决定着面试的成败。因此，对初涉职场的大学生来说，有必要强化留给面试官的第一印象，除了要在面试中展示自己的实力外，还要特别注意"学生气"与"职业化"两者之间的平衡，尽可能展现出稳定、干练的职业形象。因此，大学生在求职前有必要把自己精心包装一下，以提高面试的成功率。

(2) 职业形象促使大学生不断提升自我。心理学研究表明，与人初次见面，45 秒内就可以产生第一印象，第一印象还被叫作"首因效应"，即与人见面时，最先获得的印象会对人们的社会知觉产生很大影响。不管人们是否愿意，在决策时，第一印象成为制约着人的情感的主要因素。在当下快节奏生活环境中，很少有人会愿意花时间去了解和证实一个留给他不好第一印象的人将来会怎样。可见，凭借留给别人良好的第一印象，你才会有机会开始第二步。

(3) 职业形象促进个人与团队有机融合。随着社会进步与经济发展，各行各业、各类组织开始重视自身的形象和品牌信誉。一个组织的形象不仅可通过其产品、标志和广告等去体现，而且也可通过其员工的个人形象去体现。如今人们已经习惯于先认同组织员工的职业形象，然后以此作为识别和接纳组织整体形象的前提。在职场中，职业形象不仅能体现出员工个人的职业风采，而且也能提升行业或组织的整体形象。塑造良好的职业形象，不仅是从业者个人的行为，而且也是一个组织的集体行为。

在快速发展的高科技时代，各种资讯传播速度都很快，人们借助新媒体等方式很容易快速了解世界，"形象竞争"已经变得比以往任何时候都更加重要了。如何使自己的形象特征分明，举止恰如其分，如何让自己从容自信地应对各种新环境，从而在激烈的职业竞争中站稳脚跟，这无疑已经成为自己是否有职业素养和发展潜质的衡量标准与构成要素。作为大学生，如果具备了这些能力，就表明已经具备了一定的竞争优势。总之，职业形象在某种程度上决定一个人的职业生涯发展，影响其人生命运。

三、大学生职业形象的塑造

1. 大学生职业形象塑造的方法

想要塑造好自己的职业形象，大学生可从以下几方面着手：

(1) 注意自身语言修养。语言是人们在职场中进行沟通交流的基本工具。借助语言，人们相互交流思想、传递信息、表达感情。文明友好的语言有助于人们树立文明友好的形象，雄辩的语言能帮助人们树立雄辩的形象，幽默的语言能促进人们树立幽默的形象，虚伪的语言则会使人们留下虚伪的形象。可见，个人职业形象的树立，离不开语言表达的技巧，而技巧的掌握，需要在实践中勤学苦练。

(2) 培养自身风度雅量。风度实际上包括一个人的精神状态、仪表礼节、行为态度和言辞谈吐等方面，是职业形象的重要内在素质，反映出一个人的道德、品格、性格、气质、学识修养和处世态度等素质。常言道："高雅的风度是通向朋友心灵的畅通无阻的护照。"

(3) 讲究个人仪表。仪表是一个人职业形象的重要方面，具备仪表美的人能为自己赢得走向职业的最初机会。现代社会人们已倾向于用美的标准去观赏人、评价人、选择人。日常生活中不合时令的穿着打扮、奇异发型，甚至是不为人所接纳的随手携带物，都会令接触你的人尤其是面试官加强主观排斥的印象，或许你刚踏进面试办公室的第一步，就被人认为是难以胜任的人，由此失去任职机会。

(4) 重视具体行为。参加招聘面试时，大学生职业形象怎样，看起来好像是面试官的主观印象判断，而实际上是客观的，是大学生行为体现的结果。从生理学角度来看，所谓行为就是包括脸部在内的身体各部位做出的反应动作，这些动作可能是有意识的，也可能是无意识的。但不管怎样，面试时的举手投足、一颦一笑，都会给面试官留下印象，并产生意想不到的效果。

2. 大学生职业形象塑造的标准

大学生进行职业形象塑造时，在实践中可参考如下标准：与个人气质相契合，与个人的文化教育背景相契合，与个人将从事的职业相契合，与个人将从事岗位的特点相契合，与个人年龄相契合，与行业要求相契合等。大学生在参考这些标准的基础上加强修炼个人的行为举止等综合素质后，要根据不同场合的实际情况采用适宜的表现方式。

3. 大学生职业形象塑造的注意事项

大学生职业形象塑造的注意事项如下：

(1) 职业形象塑造需严格遵循一些原则性的规则。首先，最关键的原则就是要尊重区域文化的要求，不同文化背景的公司对员工个人职业形象的要求是不一样的，千万不要我行我素，违背文化的制约，否则受损的永远是自己。其次，在不同的行业、不同的公司，由于存在集体性倾向现象，只有员工个人的职业形象符合并融入集体性倾向的主流趋势时，才能促进和提升个人的职业价值。最后，职业形象是个人职业气质的体现，如有些人偏爱深色调，体现其沉稳的个性；有些人经常穿色彩艳丽或对比强烈的服装，展现其激情四溢的作风；有些人则钟爱深浅搭配的素色服装，显示出其善于调节自己节奏的能力；还有些人一丝不苟地对待着装，显示出其严谨的态度。可以说，层层装饰的外表无不向外界体现着个人的心态。因此，大学生要想树立完美的职业形象，仅注重穿着是远远不够的，还要注重其他方面的修养，如不合适的言谈举止，同样会损害个人的职业形象。

(2) 职业形象塑造需渊博的知识和娴熟的技能。职业形象是一个人知识结构和专业能力的重要体现，因此，大学生在校期间要加强专业知识学习，强化专业技能，把自己锻炼成专业功底深厚、兼具广博知识的复合型技能人才。当然，一个人拥有渊博的知识和娴熟的技能固然很重要，但还不够，有时一点不良形象或一个不合适时宜的小举动，都有可能把自己辛苦树立起来的良好形象或刚起步的事业毁于一旦。

(3) 职业形象塑造需注重形象的设计。职业形象不仅要烘托出个人的良好气质，还要把个人形象与就职公司的文化相协调。在职场上，个人的能力固然重要，但形象先行于能力。出众得体的良好形象有助于个人开展择业、就业以及人际交往等活动。大学生不要在职场刚起步时就因不得体的形象而失去跟他人同台竞技的先机，要让周围公众看到自己充满信心，要使公众相信自己有能力做好本职工作。

总之，职业形象犹如一个人职业生涯上会跳跃的音符，合着主旋律就会给人带来创意、惊奇和愉悦的美好感觉，而脱离主旋律则会打乱和谐节奏，给职业发展造成影响。

作为当代大学生，如果带着一脸茫然踏入竞争激烈的社会和职场，那么怎能满足进入职场的条件，使自己有立足之地呢？因此，大学生必须带着明确的目标训练自己，塑造好个人职业形象，努力提高职场竞争力，尽快完成从校园角色向职业角色的过渡。

第三节 职业礼仪实务与技巧

身在职场，个人应持什么样的工作态度？怎样才能为自己留下最好的第一印象？职场上该怎样着装？怎样做好工作事务中的迎来送往？怎样与他人进行友好有效的沟通？与领导、同事打交道时怎样把握好分寸？怎样参加一些职场会议？在一些场合上如何致辞？与客户打交道要注意什么？这些都是职场人士必修的职业礼仪内容。

一、基本礼仪

1. 交谈礼仪

案例导入 ▶▶

张欢于 2020 年 7 月毕业于某职业学院，在一家企业行政部门上班，负责后勤工作。她本身是一位热心肠的人，不管是熟人还是陌生人，她都能很快跟对方搭上话，聊起来。一天，单位来了一位三十岁出头的女同事，中午在食堂吃饭时，张欢正好坐在了这名女同事的对面。借着吃饭的工夫，张欢就和她聊了起来："你今年多大岁数呢？"，女同事答非所问地说："你猜猜看！"张欢笑着又问道："看你这个岁数，一定结婚了吧？爱人在哪个单位？"令张欢不解的是，对方并没有回答她，而是把还没有吃完饭菜的盘端起来，说："你慢慢吃。"然后她就一言不发地离开了食堂。张欢呆呆地看着她的背影，心里嘀咕着："说得好好的，她怎么就走了呢？连饭都没吃完！"

解析 这位女同事之所以饭没吃完就走了，是因为张欢在和她交谈的时候没有注意交谈的内容，问到了对方的隐私，从而导致了女同事的反感。可见，在职场交往中，人们如果不注意交谈方式，会很容易引起他人的反感，不利于建立友好的同事关系。

　　所谓交谈，是指两个或两个以上的人，为实现交流思想、沟通情感、增进了解、互通信息、协调行为、开展工作、建立友谊等目的而进行的口头交流活动。交谈也是人们之间分享欢乐、分担忧愁的一种方式。人们在相互沟通时，交谈是首选方式，在职场交往中有着重要的位置，是其他任何方式都代替不了的。

　　交谈时要注意以下要点：

　　(1) 要保持微笑。保持微笑，是职场交流中最好的武器。在职场上，交谈时要注意细节，保持微笑能最直接赢得对方的好感。不过，微笑也要注意场合和时机，不该笑的时候千万不能微笑，以免引起对方不满或使对方生气。

　　(2) 交谈中要适当称呼他人。无论是新朋友还是老朋友，见面时都需要称呼对方。每个人都希望获得别人的尊重，并且都比较看重自己已取得的成就和获得的社会地位。因此，对不同的人要用不同的称呼，以表示对别人的尊敬和认可。对有头衔的人称呼其头衔，如"张科长"，这是对其莫大的尊重；对关系密切的人可直呼其名，如果你与对方关系非同寻常，直呼其名更显亲切，但在公众或社交场合，注意称呼其头衔会更得体。对于知识界人士，可用职称直接称呼，但博士除外的其他学位名称就不能用作称呼，如张三是一名高校教师，其职称是副教授，其学位是硕士，这时可称其为"张教授"，通常情况下要把"副"字去掉，以示对其职称的尊重，但不会称其为"张硕士"。

　　(3) 交谈时保持适当的距离。一般交谈是为了与他人沟通思想，要达到这一目的，首先要把握交谈内容，其次是注意交谈时声音的轻重，让对方听清楚。在交谈时要注意与对方保持一个恰当的距离，同时注意礼仪的问题，过近或过远都会影响效果。从礼仪角度来看，一般双方宜保持一到两个人的距离，这样既能让对方感到亲切，又能保持一定的"社交距离"。

　　(4) 保持平等交流的地位。交谈是一种相互间的交流，不是一方发表演说。交谈双方不分地位高低、年龄大小，在人格上都是平等的，千万不可盛气凌人。为此，交谈时要把对方视为平等的交流对象，在心理、语调、用词上体现出对对方的尊重。

　　(5) 要懂得善于倾听。交谈中，需要顾及对方的情感和留意交谈中对方的反应变化，有修养、善于把握分寸的人是不会想怎么说就怎么说的。因此，在交谈时应该谦虚礼让，多听少讲，先听后讲，想好了再讲，尽量减少交谈中的失误。

　　(6) 应有幽默感。交谈本来是一个双方交流观点、情感并寻求一致的过程，当中有时会出现争论或分歧，这时就需要交谈者随机应变，凭借机智消除障碍，而幽默就是一种化解尴尬局面并增强语言感染力的方式。幽默是智慧、爱心和灵感的结晶，是一个人良好修养的表现，因此，大学生要注意培养自己的幽默感。

　　(7) 交谈中偶尔变换话题和说话方式。当一个话题谈论太久的时候，对方可能会出现厌倦感，此时就要注意适时变换话题或调整说话方式，以激发对方兴趣，达到良好的交谈效果。

　　大学生刚入职场，想在工作上有所表现、追求进步，首先要得体地应对人和事，尤其是要注意交谈技巧，特别是面对客户时，如果不能熟练应对、妥善处理好相关事务，客户就有可能把你列入不够资格与之交流的人，这样就造成了工作被动的局面。因此，交谈时要在言语上多费些心思，不过要注意避免油嘴滑舌，以免让客户觉得你在自我吹嘘，从而在心理上抗拒你，不愿意与你交谈。

2. 握手礼仪

　　小周是某集团公司的年轻员工，为人热情、大方，与同事们相处得都不错。有一天，小周在公司里搭电梯时，遇到了公司的张总经理，小周很快向张总经理伸出手，想和他握手，张总经理迟疑了一下还是和小周握了手。事后，小周似乎感觉到自己的做法不妥，他想找人问问自己到底做得对不对，见到领导应不应该自己先伸出手和领导握手。

　　解析　小周对此事有疑惑是对的，张总为什么要迟疑呢，是因为小周先伸手让张总感到不合乎礼节，因为职业礼仪有一定的规则。

　　众所周知，握手通常是在欢迎、欢送、慰问、见面、相会、告辞、祝贺、感谢、和好、合作等场合时使用的礼节。如今，握手已经成为世界上最为普遍的一种礼节，其应用范围大大超越了鞠躬、拥抱、亲吻等礼节。握手看似简单，实际上还是有很多讲究的，必须掌握好这些规则，才不至于失礼。

　　(1) 握手的顺序规则。握手时双方伸手的先后次序一般遵守"尊者先伸手"的原则。在职场中，握手通常是年长(尊)者、女性、职位高者、上级、老师先伸手，然后年轻者、男性、职位低者、下级、学生及时伸手与之呼应。总之，就是应由尊者先伸出手，位低者只能在此后予以接应，而绝不可贸然抢先伸手，不然就违反了礼仪的基本要求。

　　(2) 握手方式。握手的标准方式是行礼时在距离握手对象约 1 米处，双腿立正，上身略向前倾，伸出右手，四指并拢，拇指张开与对方相握，通常上下晃动三四次，随后松开手来，恢复原状。

　　握手一定要伸右手，不宜伸左手，伸左手是不礼貌的行为。通常伸出的手掌应当垂直于地面，如果掌心向下，会略显傲视之嫌，而掌心向上，又有谦卑之态。

　　握手时，如果手上戴有手套，应当先将手套摘下。在寒冷的冬天，在户外相遇或者时间仓促来不及脱手套时，可先行举手礼，再行握手礼。

　　(3) 握手时间。握手前要审时度势，听其言观其行，留意握手信号，选择和把握适当时机。尽量避免出手过早，造成对方慌乱，也要避免几次伸手想握，均不成功的尴尬局面。可根据双方的亲密程度灵活掌握握手时间。初次见面，握一两秒钟即可，切勿握住他人之手久久不愿松开。握住同性的手也不宜时间过长，以免令对方心生误会或不快。关系亲近的可适当延长握手时间。

　　(4) 握手力度。握手力度要适中，既要有一定的力度，又不能捏疼对方的手。不可用力过猛，也不可完全不用力或柔软无力地跟人握手，否则会给人一种缺乏热忱或敷衍之感。握手力度，对男子可以稍重些，对女子则应轻柔些。

　　(5) 握手技巧。在职业场合中，握手能反映出一个人的职业素质，对此，可以运用一些技巧。一是主动与每一位客人握手。如在职场中，谈判开始之前，双方都要互相介绍认识，这时你可以主动与对方中的每一位人员握手，这样表明你很尊重对方。只有在你尊重别人时，才会受到别人的尊重。二是握手时的寒暄话很重要，在与对方握手时，可以对对方表示一下关心，可以问候或赞扬，以示热情。

(6) 握手禁忌。如今在职场活动中，握手早已司空见惯，也平常化了，但由于它可被用来传递多种信息，因此在行握手礼时应努力做到合乎规范，坚决不触犯禁忌。

二、名片礼仪

案例导入 ▶▷▷

某集团下属的国际大酒店需要添置一系列的客房家具，需要数百万元，酒店总经理准备向大华公司购买这批设备，双方协商好见面详谈购买事宜。这一天，大华公司的销售负责人打来电话，说将于九点钟来拜访酒店总经理。谁知早上八点半刚上班他们就来了，双方一见面，大华公司销售人员就很自来熟地对酒店总经理说："廖总，给我一张你的名片吧，否则我都不好联系你啊！"廖总很有礼貌地将名片给了他，但随即就见他连看都没有看就将自己的名片塞进了裤子后面的口袋里。廖总微微皱了一下眉，结果可想而知，这一单业务没谈成。

解析 常言道，细节决定成败，生意场上一个小小的举动可能会起着关键作用。这一单业务没谈成，可能跟那张小小的名片有着较大关系。

名片是人们在职场交际活动中必不可少的工具，两人初次见面，先互通姓名，再奉上名片，单位、姓名、职务、电话等一一在上，既给出了一些对方心中想问而又不方便贸然问的问题的答案，又使相互间的距离一下子就拉近了许多。因此，在职场中，熟悉和掌握名片的有关礼仪是很有必要的。

为了发挥名片在人际交往中的作用，在使用名片时要遵守规范、合乎礼仪。

(1) 名片使用时机。在职场交往活动中，一般在下列情形中需要与对方交换名片：一是希望认识对方时，二是被介绍给对方时，三是对方提议交换名片时，四是对方向自己索要名片时，五是初次登门拜访时，六是通知对方自己的信息有变更时，七是打算获得对方的名片时。

(2) 递交名片。递交名片时，动作要洒脱、大方，态度要从容、自然，更要亲切、谦恭。建议事先把名片放在身上易于掏出的位置，取出名片后便郑重地握在手里，然后再视适当的时候递给对方。名片递交顺序一般为：身份地位低者、年轻人、客人、男性主动向身份地位高者、年长者、主人、女性递交名片，然后再由后者予以回赠。递名片时，要起身站立，走上前去，将名片放置于双手手掌中，用拇指与食指夹住名片，其余手指托住名片背面，把名片正面朝向对方，然后交予对方。将名片递给他人时，口头应有所表示，可以说"请多指教""多多关照""今后保持联系""我们认识一下吧"，或是先做一下自我介绍，若对方是少数民族或外宾，则最好将名片上印有对方认得的文字的那一面朝向对方。与多人交换名片时，应注意先后次序或由近而远，或由尊而卑，一定要依次进行，切勿挑三拣四，不宜采用"跳跃式"的递名片方法。递交名片的时间，应视当时的具体情况而定。

(3) 接受名片。当他人准备要递名片给自己或交换名片时，应立即停止手中所做的事情，起身站立，面含微笑，目视对方。接受他人名片时，应恭恭敬敬，双手捧接，并说感谢。接过名片后，首先要看一看，这一点至关重要。具体来说，就是接到他人名片后，当场要用半分钟左右的时间，认真看看名片上的内容，要从头到尾将其默读一遍，必要时可把名片上的姓名、职务读出来，如"您就是董总啊！"，以示对赠送名片者的尊重，同时加深对名片的印象。若有疑问，可当场向对方请教，如名片上有不认识的或读不准的字就虚心请教，请教他人姓名丝毫不会降低个人身份，反而会让人觉得你是一位做事很认真的人，增加对你的信任，此举也是重视对方的一种表现。

(4) 索取名片。一般没必要的话，不要强索他人名片。若需要索取他人的名片，则不要直言相告，而应委婉地表达意思。通常可向对方提议交换名片或主动递上自己的名片；也可委婉地询问对方："今后怎样向您请教？"(向尊长者索要名片时)，"以后怎么与您联系？"(向平辈或晚辈要名片时)。当他人向自己索取名片，而自己不想给对方时，也不要直截了当，可委婉地拒绝，可以说"对不起，我忘记带名片了"或"很抱歉，我的名片用完了"，不过不要忘了加上一句"改日一定补上"，并且一定要言出必行，付诸行动，否则会被对方理解为你没有诚意或成心不想给名片。

三、迎送礼仪

案例 导入 ▶▶

小郭是某职业学院商务英语专业的 2020 届毕业生，在一家外贸公司已工作一年多了，现在专门负责接待工作，但是他总感觉专业不对口，好几次找领导想调换岗位，领导都对他说："小郭，你先把这个工作干好了再说，年轻人不要急。"为此，小郭感到很郁闷。这天，领导通知他到机场接人，说是土耳其的生意伙伴要来，有关事宜已经传真过来了。小郭认为接客是小事一桩，很愉快地接受了任务。等他到了机场才感觉有点忐忑不安，发现因为走得匆忙，传真内容没有看仔细，这个土耳其人的名字很特别，牌子上写的自己也看不懂，他害怕到时候接错人了，不过他转念一想，猜测土耳其人大概都有大胡子。他正想着来人的长相，一个长得黑黑的，有点像又不很像外国人的老人来到他面前，指指他手中举的牌子又指指自己，小郭看看他，又看看牌子，半信半疑地自言自语道："这个老人可长得不像啊，他没有胡子。"那个老人又指指牌子，面露不悦之色，用较流利的汉语说："怎么，我不像吗？"，小郭一听，脸一下子红了起来……

解析 案例中的小郭之所以会出那样的洋相，是因为他在迎接客人之前没有做好充分的准备。其实，迎送礼仪是职场交往活动的重要组成部分，有许多必须了解和掌握的知识与技巧。

迎来送往是职场中常见的社交礼节。在职场上，迎送的对象按其性质分，有专程前来也有顺道路过；按其级别分，职务各有高低；按人数分，有一人、数人乃至大型代表团。对来访的客人，要根据其身份、关系、来访性质等因素，安排相应的迎送仪式。

1. 迎宾礼仪

接到客人后，应首先致以问候和欢迎，之后立即向客人做自我介绍，并告诉客人怎样称呼自己，随后主动帮客人提行李，但如客人执意自己提东西，就不必强求，应尊重客人意愿。

接客车辆到达后，要热情相助，车辆停稳后，接待人员要先下车，之后应一手替客人拉开车门，一手遮挡车门框上沿，以免客人头部碰撞到车顶。来客的行李物品要轻拿轻放，以免损坏客人行李中的贵重物品和易碎物品。

接待团队客人时，应连续向来宾点头致意，如遇来客先致意，要及时还礼。向每一位来客问候时，要目视来客，注意力集中，以示真诚。下雨、下雪天要撑伞迎接，以防来客被淋湿。

2. 送宾礼仪

常言道："迎人迎三步，送人送七步。"客人来访时，以礼相迎，客人告辞时，也须以礼相送，使整个接待过程善始善终。送客失礼会极大降低接待工作的效果。因为当客人离开后，会很自然地回味和品评整个待客情况，冷漠送客会让客人出现长时间的不愉快，即使之前一直做得彬彬有礼，最后也是差评。因此，送客时，除了讲些告别的话外，还要讲究送客艺术，可以说送客比迎客更重要，这是为了给对方留下美好的回忆，以期待客人能再次光临。

一般来说，送客要做好以下几方面工作：对外地来的客人，应提前为之预定返程的机票、车票或船票；客人离开前，主人应专程前往下榻处话别，接待人员在问清宾客行李物品件数后，小心地提携并负责运送到车上；安置好行李后，不要立即转身离去，而应向宾客做一下交代，并施礼感谢光临和致告别语；客人上车后，应轻轻地替客人关上车门，注意不要让客人的衣或裙被车门夹住了，关车门时要恰到好处，不能太轻而没关上或太重而惊吓到客人；车辆启动时，不要立即结束送别，应面带微笑，向客人挥手告别，目送其离去。

四、接待礼仪

案例 导入

小田是位刚毕业新入职的公关接待人员，专门负责在公司大厅接待来访的客人。这几天，小田多了一份整理资料的手头工作，主管告诉她需要尽快整理好资料，所以她坐在接待桌前，只要没什么客人来，就埋头忙于整理资料。某天，正当小田忙得不可开交时，有位客人走进公司。小田腾不出身来，只好一边继续做事，一边向客人打招呼。可是，这位来客见到她的上司后，还是把她坐着向自己打招呼一事告诉了上司，并表现出不满的情绪。

解析 此案例中小田感到很委屈，虽然自己也有苦衷，但在这种情况下，不论手上的工作多么繁重，对于访客的到来都应站起来行礼，这是最基本的礼节。

对在职场中负责接待的人员而言，在接待工作中，仅仅说上一两句"欢迎，欢迎光临"或"欢迎来指导工作"是不够的。接待人员对客人的尊重、友善、关心等，统统都需要落实到接待工作各个具体的环节上。一般而言，初次来访的客人，对到访单位的第一印象是从其首先看到的人或物上形成的，经常来往的客人则是在一次次的业务活动中建立起对该单位的印象。因此，职场接待礼仪很重要。

五、拜访礼仪

　　某广告公司的设计师小温因广告设计方面的事务，请目前在南方大学读本科的老同学帮忙联系上了其学校广告专业的汪教授，并准备去请教一些问题。事先小温与汪教授进行了电话联系，约好第二天早上九点钟准时到达汪教授的办公室。谁料第二天小温在去广州的路上因车抛锚，整整耽误了一个多小时。原本想和汪教授通报一下意外情况，可偏偏手机又没电了。小温迟到了近两个小时，当来到汪教授的办公室时，等待他的只有焦急的老同学，小温和老同学做了解释，但是老同学还是满脸无奈地告诉他：“汪教授工作很繁忙，平时最不喜欢不守时的访客，再想拜访他恐怕会比较难。”

　　解析　小温这次没有拜访到汪教授或许算是不走运，车子抛锚、手机没电都赶在一起了，但在职场中，往往就会因这些意外事情而耽误了正事。

　　在职场上，职业人员因工作需要，经常需要到不同的地方拜访他人，以实现沟通情感，加强联络，拓展渠道，实现业务来往的目的。如想要拜访工作达到预期效果，就需要遵守一定的礼仪规范和惯例。

　　职场上的拜访，根据前往的场所不同可分为前往对方办公室进行拜访、前往对方下榻的宾馆进行拜访和前往对方家中进行拜访；按拜访事由的不同可分为一般拜访、请教拜访和探视拜访；根据拜访的形式又可分为突然造访和遣人拜访。不同类型的拜访应遵循不同的礼仪规则。下面介绍办公室拜访、宾馆拜访和家庭拜访的礼仪。

1. 办公室拜访礼仪

　　办公室是单位处理往来业务的主要地方，在礼仪方面一般有以下几方面的要求。

　　(1) 提前约定好拜访时间。前去他人办公室拜访要事先和对方约定好，以免扑空或打乱他人的计划，不可贸然前往，成为不速之客。一旦约定就要准时到达，如有事不能准时到达，应及时沟通，说明理由并表歉意，然后另选时间再拜访。拜访约定要在前一周进行，约定时间和地点应以对方确定为准，约好时间后不能失约，要按时到达，既不迟到，也不用过早到达。

　　(2) 注意个人仪表仪容。到对方办公室拜访时，要视拜访的重要程度注意自己的仪表仪容，如是一般性的拜访则没必要过度装饰自己的仪容仪表，如属于比较重要的拜访就需要注意个人的仪容仪表，要仪容端正、服饰整洁，以示对对方的尊重。仪容不好，衣冠不整是极为不礼貌的。

　　(3) 讲究入室礼貌。约定时间到达被拜访者办公室门口后，要注意稍微整理下自己的头发和服装，鞋子应在门垫上蹭刮干净，中指关节轻叩门两三下，经允许后方可入室。如门是虚掩或开着的，也应先敲一两声，并询问道：“我可以进来吗？”，等被拜访者应答后方能进入，进室后要根据其安排指引后坐下，如果有比自己晚预约的客人到达，则先到的客人应该站起来，等待被拜访者介绍。

　　(4) 尽快切入拜访主题。到办公室进行拜访，一般都是工作性质之类的拜访，因为办公室业务接待工作繁忙，时间很紧凑，因此双方见面后应尽量减少客套话，尽早步入正题，以减少给对方的工作所带来的影响。

(5) 适时予以告辞。办公室拜访时间的把握一般根据拜访的目的和被拜访者的意愿来定。通常而言，时间宜短不宜长，长话尽量短说。当拜访的目的达到后，应适时礼貌告辞。如对拜访取得的效果表示满意，要感谢对方的热情接待与信任，并期待下一步接触和再深入详谈。

【注意事项】

前往被拜访者办公室进行拜访时要注意礼仪细节，讲究礼貌。告辞过程中不仅要与被拜访者告别，而且还要与相关工作人员一一话别，应说"再见""谢谢""打扰"等话语，被拜访者如相送时，应礼貌地说"请回""请留步"等。

2. 宾馆拜访礼仪

到宾馆拜访是指与本单位或个人有业务联系的外地客户来到本地参观、学习、考察或进行其他相关活动时所进行的拜访。一般情况下，在得知消息后，要到客户下榻的宾馆进行礼节性的拜访，其礼仪一般包括以下几方面。

(1) 预约时间。到宾馆拜访客户时，为了不影响客户的休息和活动安排，让客户有所准备，拜访前应先与客户约定好时间，拜访时间通常由客户决定，在约时间的时候，顺便要问清楚对方下榻宾馆的位置、房间及联系方式等信息。

(2) 服装得体。宾馆是进行社交活动比较正规的场所，进出宾馆时服装须得体。如果穿着不当，有可能被拒之门外，即使不被阻挡，也会引起周围人的异样目光，这样会给客人留下来访者不懂礼貌的印象，影响拜访目的。

(3) 敲门进入。到宾馆拜访客户时，在进入房间前，要先核对清楚房间号，以免弄错出现尴尬。证实无误后，可按房铃，客户开门后，拜访人员要及时进行自我介绍，征得客人同意后，方可入内。

(4) 遵守规定。到宾馆拜访客户时，要自觉遵守宾馆的各项管理规定，这样既能展示拜访人员自身的道德水平、礼仪修养，又能给客人留下良好印象。

(5) 及时告辞。到宾馆拜访客户属于礼节性的拜访。拜访者作为东道主，要热情欢迎客户的到来，同时要关心客户在生活、工作上是否适应或有困难，需要提供什么帮助等。到宾馆拜访客户的时间不宜过长，一般情况下不超过 30 分钟。

【注意事项】

到宾馆拜访客户时，尤其是拜访异性客户时，要把握好停留时间，以免给对方造成不便，引起客户反感。

3. 家庭拜访礼仪

身在职场，出于工作需要，有时会被他人邀请到家进行家庭拜访，因此，掌握一些家庭拜访时的礼仪规范也是很有必要的。

(1) 访前准备。到他人家中进行家庭拜访时，一要提前约定好时间，以防因你的突然拜访打乱了他人的计划安排。一般情况下，不要选择对方较忙、午睡等时间，晚上不宜太晚，最好是由他人确定拜访时间。二要注意个人的装扮，服饰要整洁大方，仪容要容光焕发，既表现出个人的修养与风度，又显示出对他人的尊重。

(2) 入屋前礼节。前往他人家中拜访，如约到达后，应先按门铃或敲门，然后在稍离门的地方等候，不能长时间按门铃响个不停，敲门要注意敲两三下就行。进屋后主动按要求换鞋，如主人不要求换鞋，则应在门垫上把鞋底蹭干净一点。

(3) 做客礼节。待主人邀请进屋后，应随主人指引进入屋内，并与屋内的所有人一一打招呼或致意，等主人招呼就座后坐下，主人没有邀请时不要在室内随意走动。在他人家中，要举止大方，说话诚恳、自然得体。进屋坐下之后，要主动跟主人说明来意，谈话过程中善于倾听及提问，并随时做出积极反应。一般情况下，家中拜访时，前客要让后客，如应邀前去拜访的人较多，则要对晚到的人起身相迎，如果有人要离开了，也要起身相送。

(4) 把握时间。前往家中拜访要把握好交谈时间，突出中心话题，把握交谈进度，适时结束拜访。通常情况下，家庭拜访以半小时到一个小时为宜，不能已经表示要走了，却又迟迟未起身告辞。

【注意事项】

前往他人家中拜访时最好能带些适宜的礼物，通常以应季性水果为好，告别时应向他人家人表示感谢，尤其要跟长辈告辞，要向主人说"请回""请留步""再见"等，礼谢送别。最后，千万不能一出他人家门就扬长而去。

六、电话礼仪

1. 接电话的礼仪

接电话的礼仪如下：

(1) 接电话的礼仪要求是快速接听。一般情况下，电话铃响起，应马上停下手中的工作去接听，最好在电话铃响三遍之前接通电话，这是避免给打电话的人产生不良印象的礼貌做法。如电话铃响过三遍才接通，会使对方焦虑不安或不愉快。当然，如真是在铃声响起时没空接，过了许久才接电话，应及时说声"不好意思，让您久等了"，表示一下歉意，这也是最起码的礼节。

(2) 自报家门。接电话时，一般拿起话筒接通后第一件事就是自报单位、姓名，然后确认对方，如"喂，您好，这是某某公司，请问您找谁？"或"请问有什么能帮您的？"，如对方没及时回应并进入主题，可主动请教或询问"请问您找哪位？"或"请问您需要什么帮忙？"

(3) 积极反馈。在通话过程中，要仔细聆听对方说话，并不时用"嗯、对"等方式回应，给予对方积极反馈。如果通话效果不好导致没听清或没听明白，要马上告诉对方，请对方再重复一下问题。

(4) 热情代转。如对方需要代转电话，应及时弄清楚来电者是谁、要找什么部门什么人员，以便跟要找的人联系，同时请对方稍等片刻，并迅速帮忙找到人。如不用放下听筒进行远距离喊人时，可用手轻轻捂住话筒或按保留键，然后再呼喊接电话的人，如没有找到人，需要把电话转移到别的部门，应客气告知对方，再把电话转移到处理此事的部门或相应工作人员，如"真对不起，这件事应由财务部门处理，如果您愿意的话，我帮您把电话转过去，好吗？"。

(5) 做好记录。如果需接电话的人当时不在，那么不能把电话一挂了之，而是要耐心询问对方姓名、电话号码，是否需要转告。如对方需要转告则做好详细记录，记录完毕后，跟对方复述一遍记录内容，以免遗漏或记录出错。记录的重点为对方公司名称、大概内容、来电话的日期和时间、是否要回电、回电的联系人员及联系方式等。一般来说，最好把留言及时当面转交他人，如不能当面转交，可以放在办公桌上，且留下帮忙记录人员的姓名和联系方式，以便他人核实，同时要注意放好记录，以免丢失。

2. 打电话的礼仪

在职场交往中，给他人打电话时应遵循的礼仪要求有：

(1) 时间要恰当。对工作性事务，除了紧急要事外，通常不宜在下列时间段打电话：三餐时间，早上七点前，中午午休时间，晚上 10 点半之后。注意掌握通话时间。电话交谈所持续的时间一般不宜过长，以 3~5 分钟为宜，事情说清楚就可以结束通话。如在办公室打电话，要考虑还有其他电话打进或打出，时间太长就会被占线，尤其注意不能把办公室电话或公用电话当聊天工具。如估计要打的电话可能需要较长时间，应在接通时先征询对方："请问您现在方便与我通话吗？"如对方不方便或没空，就另约一个时间。

(2) 事前做好准备。打电话给他人时，须在通话之前核对对方公司名称、电话号码和联系人姓名。如担心通话中会遗忘相关事项，可把通话或询问要点写下来，准备好必要的资料和文件，并备好笔和纸，以便记录交谈中的相关要点。通话时事先估计下对方的情况，决定通话时间。通话时要集中精神，避免分心，要清楚交谈中会涉及的事情或数据，必要时把参考资料和文件、计算器等放在触手能及的地方，方便拿取。

(3) 注意礼节。接通对方电话后，应及时自报家门和核实对方身份。告诉对方你是谁，除非通话对方与你非常熟悉，否则要同时报出你的公司，然后再核实下对方名称，如："您好！我是创新学院招就办某某，请问您是某某单位/部门的某某吗？"打电话时要坚持用"您好"作为开头，"请"字在中间，"谢谢"收尾。通话中面带微笑，态度温文尔雅。如你找的人不在，可以请接电话的人帮忙转告，如"对不起，能麻烦您帮忙转告某某先生吗？……"，然后把要转告的事项告诉对方。最后记得道谢，并可征询对方姓名。切记，不能直接就挂断电话，这是很不礼貌的，即使不需要对方帮忙转告，也需说一声："谢谢，打扰了。"通话结束时，要记得表达谢意和再见，这是打电话结束的信号，也是对他人的尊重。

七、乘车、乘电梯礼仪

案例 导入 ▶▶ ●●●

　　小何是某集团销售部专职接待员，平时对技术业务比较精通，对来访客户的讲解头头是道，深受领导赏识。但是，小何有个致命的缺点，就是不太注重接待细节，为此，主管领导多次提醒过他。这天，他负责陪同两个香港的客商去考察工厂，在酒店门口上车时，他打开了车门，让第一位客人进去了，随即就礼貌地请客人往里坐坐，以便让后面的客人坐进去……他的这一举动让客户满脸疑惑，感觉很不可思议。

　　解析 小何的举动也许是由自身日常的生活习惯所致，但在职场中，有许多礼仪规范需要学习、掌握和遵循的，就像乘车、乘电梯，看起来是小事一桩，但做不好就会给集体和个人造成影响。

乘车、乘电梯是人们日常生活中频繁做的事情，也是很简单的一些动作，如做不到位，也会造成麻烦或误会。作为职场人士，须遵循这些礼仪规范，养成良好的职业习惯。

1. 乘车礼仪

在日常生活中以车代步是现代人们讲究效率的情形，是现代社会的一个显著特点。因人们日常所乘坐车辆的类型不一样，其应遵循的礼仪也存在不同。

在职场活动中，乘坐轿车已经成为现代人们日常生活的一个重要部分。在乘坐轿车时，应注意座次排列顺序。轿车上的座次是有主次尊卑之分的，从礼仪的角度来看，轿车上的座次一般遵循右座高于左座，后排高于前排的原则。当前在职场接待中使用的轿车最为常见的是双排四人座轿车，在有专职司机驾驶时，座次的尊卑自高而低依次为后排右座、后排左座、前排副驾驶座。在职场活动中，特别是在公务接待中，副驾驶座常被称为"随员座"。按惯例，此座由陪同、秘书、译员、警卫(保镖)或助手就座，不能请客人在此位就座。而在主人亲自驾驶时，前排副驾驶座则变成了最尊贵座次，其余依次为后排左、后排右座，此时客人坐在此座位上与主人"平起平坐"，才是合乎礼仪的。

2. 乘坐电梯礼仪

在现代社会生活中，电梯已成为人们缩短距离与提高效率的工具。职场人士在工作中经常要搭乘电梯上下，如了解及遵守乘坐电梯的一些礼仪，则能较好地体现出个人的职业素养。

日常生活中，在等候电梯时，见到他人应面带微笑，主动颔首问好并打招呼；进电梯时不要抢；要避免靠近或背对他人。在电梯内的做法为：先进电梯要靠厢边而站，可站成"∩"形，见到双手抱着物品的人，可帮忙代为按按钮；与长辈、上司、女士同行时，应请他们先进，帮他们按下欲往楼层的按钮。另外注意一点，如与女士同行时，他人会礼让女士，并不代表也会礼让你，要避免大大咧咧地率先而行，目中无他人。

在职场中，通常接待人员陪同客人坐电梯时，对有专人看守的电梯，应让客人先进先出，对无人看守的电梯，接待人员要先进后出并按住按钮，以防电梯门夹到客人。如果客人不止一个人，则接待人员应先进电梯，一手按"开"按钮，一手按住电梯侧门，并对客人礼貌地说："请进。"待客人进入电梯后，接待人员要按下要去的楼层，侧身面对客人；如果没其他人，可进行一些寒暄；如果有其他人员也在电梯里，应主动帮忙询问去几楼，并帮其按下按钮。

电梯到达楼层后，接待人员应一手按"开"按钮，一手做出请的动作，并说"到了，您先请"。客人步出电梯后，接待人员应立即走出电梯，再到客人的前面引导或指引方向。

八、办公室礼仪

案例 导入 ▶▶

　　小蒋是辽宁省葫芦岛市人，四年前考入广东的一所高校，目前就职于一家台资企业。她有着北方人的豪爽与朴实，在办公室里也深受同事欢迎，大家也都很乐意跟她搭档一起工作，领导也很喜欢这个北方来的小姑娘。一天，单位来了一些客户，领导综合考虑后，让小蒋负责接待，并告诉小蒋这些客人十分重要，一定要接待好。小蒋遵从领导的叮嘱，也格外重视这次接待，特地穿上了职业装并化了淡妆，接待工作也是落实得妥妥帖帖的。但第二天却发生了令人意想不到的事情，这些客户却去了其他企业签约。领导很生气，小蒋觉得非常委屈……这究竟是怎么回事呢？小蒋到底做错了什么？后来领导经过了解，原来小蒋自小生活在北方，不习惯南方的饮食习惯，每天都是自己带饭来吃，而她每天的饭里少不了大葱，吃完之后不仅自己满嘴异味，办公室也满是大葱的味道。可能平时同事都比较包容，她就没在意此事，而客户却因实在受不了这种气味而放弃合作了。

　　解析　小蒋因为没能很好了解和掌握办公室礼仪，犯了错误，吓走了客户，如此看来，职场办公室礼仪很重要。办公室礼仪，其实就是指办公室所涉及的礼仪规范，包括多个方面，如个人礼仪、相处礼仪、环境礼仪等，是人们在职业环境中与他人相处的一种基本礼仪。

1. 个人礼仪

职场上的个人礼仪是指职业人士在工作中的言行举止均需要符合礼仪规范，其中包括以下几方面：

(1) 见到同事或他人时要面带微笑，问候、打招呼或点头示意。

(2) 当班时间，穿公司统一的工作服，如没有统一服装应尽量穿职业装，避免出现奇装异服。

(3) 严格遵守单位的规章制度，不迟到不早退，有事需要提前请假并安排好自己的工作。

(4) 与人沟通交流时，要尽量控制多说话，不要在办公区大声讲话或叫喊，以免影响其他同事的工作。

(5) 办公时间少接听私人电话，如事情很重要，应快速处理完毕，更不能把公司电话当成自家免费电话，长时间占用。

(6) 不要养成说话带脏字的习惯，不要乱扔烟头杂物、随时随地吐痰，不在禁烟区域内吸烟。

(7) 有客户来访时，应热情地招呼客人，请客人落座，奉上热茶。

(8) 办公场所最好把手机调至振动状态，突然过大的铃声会影响其他同事工作，尽量到室外接听手机。

(9) 勤用敬语、谦语、雅语，体现个人修养。

2. 相处礼仪

俗话说"独木难成林""一个好汉三个帮""三个臭皮匠顶个诸葛亮"，其中暗含的道理就是一个人能力再强，掌握的技术再先进，如脱离了团队的协作，就难以有最大的成效，集体团队的力量才是巨大的。因此，职场中与人相处的礼仪也很重要。可以说，成功的人际交往能使人事半功倍！

1) 与领导相处的礼仪

一个人在工作中首要的也是最为重要的事情就是处理好与领导之间的关系。在心理上，一个人要承认和接受上下级的差距，保持一种平衡感；在工作上，一个人要懂得尊重领导，踏实工作。

2) 与同事相处的礼仪

和谐融洽的职场氛围有利于提高职场人士的工作效率。与同事交往时，需真诚相待，相互尊重，依礼而行，减少摩擦，避免误会。其总原则是：既要达到既定的工作任务目标，也要兼顾同事间友谊的发展；既要提高办事效率，也要兼顾他人的难处。

　　3) 与下属相处的礼仪

　　下属即部下，在职场中领导需要充分调动下属的积极性和主动性，激发他们的工作热情，这对于下属做好本职工作、取得良好工作效果是很重要的。领导带领好下属是一门艺术，其关键在尊重、信任、公平、负责、关心等方面，这些可以展示出一位领导者的修养和水平。

九、服饰礼仪

案例 导入 ▶▶ · · ·

　　某公司招聘文秘人员，由于待遇优厚，去应聘的人很多，文秘专业毕业的小徐同学也前往面试。她有较强的文字功底，在大学期间，已经在各类刊物发表了几万字的作品，还曾经为五家公司策划过周年庆典，英语也过了六级，口语表达也极为流利。小徐身材瘦高，皮肤白皙，面容秀丽。面试阶段，小徐上身穿着吊带露脐装，配一条迷你裙，脚上穿着高跟拖鞋，指甲上有镶着彩钻的指甲花，脸上画着时下最流行的烟熏妆，轻盈地走到考官面前，坐了下来，几位招聘者交换了一下眼色，只听主考官说："徐小姐，请回去等通知吧！"她喜形于色："好！"便拎起小包飞跑出门。她心想，这次肯定能够被聘上，可是一个月过去了，却没有消息，她忍不住打电话去询问，对方回答说名额已经满了，请她另寻单位。小徐心里很纳闷，自己这么好的条件，怎么会没应聘上呢？

　　解析　在职场上，不同性质的工作，对任职人员的着装要求是不一样的。作为文秘人员，着装应该端庄、稳重，身穿套装或套裙，配上正装鞋，而小徐穿着吊带露脐装、迷你裙和拖鞋，还化着浓妆，给人以花哨轻浮的印象，明显与文秘人员的形象出入太大。这是小徐应聘失败的主要原因，即没注重个人的服饰礼仪。

　　服饰是一个人仪表中最直接的表现形式，包括上衣、裤、裙、帽、手套及各类佩饰，服饰发挥着遮体御寒、美化人体的作用，直接影响着别人对自己的印象，关系着别人对自己个人形象的评价，同时，也会间接影响到自己所在公司的形象。

　　在职场中，职业着装能提升职场人员的个人职业形象以及职业声誉，这也表明职场人员已经具有以工作为重的职业品质。在现实生活中，大多数人穿上职业服装后，行为举止的表现就不一样了，一般会站得更直或表现得更严肃认真。

　　总之，在职场中，得体的穿着服装是职场礼仪对从业人员的基本要求，是职场社交的礼貌规则，是个人一种有教养高素质的体现，这也是职场人士获得职业成功的重要因素。当然，得体大方的仪表也是对社会和其他人表示尊重的体现。

　　由于行业岗位不一样，有些单位对入职人员的着装有更高的标准要求，如穿制服上班，为此，需要注意以下方面：忌脏、忌破、忌皱；工作制服是为体现人员身份或方便工作而量身定做的，因此工作制服只适合工作岗位上穿着，下班之后应换上便装；不宜穿着制服逛街，参加宴请或娱乐，这会有损单位和个人形象。

思考与实践

1. 课堂训练：以小组为单位，讨论生活中的礼仪与职业礼仪的区别，并推荐代表发言，阐述各小组的观点。

2. 按职业礼仪规范要求，分组模拟进行介绍、握手、递接名片、问候以及接待练习。

3. 创设职业情景，模拟练习引导来宾进入公司办公大楼、上电梯、进入接待室、上茶、交谈、送客的全过程。

4. 自我测试：你懂得职业礼仪吗？

情绪控制与压力管理

★ 学习重点

1. 了解情绪、情绪管理的含义，理解情绪管理的作用。

2. 了解大学生情绪的特点，熟悉大学生常见的情绪不良表现，理解并掌握个人情绪管理能力的途径。

3. 学习和了解压力、压力管理的基本概念，学习和理解压力产生的原因和大学生常见的压力来源，理解并掌握大学生压力管理策略。

第一节　情绪管理概述

案例导入 ▶▶▶ ●●●

　　所谓踢猫现象，就是对自己身边无辜的对象发泄自己的不满情绪所产生的一系列连锁反应。这个现象起源于这样一个故事：其公司经理遇到一件烦心的事，正在气头上，恰好办公室主任来请示工作，他满脸怒容地将办公室主任斥责了一番；办公室主任莫名其妙地被斥责了，正在气头上，这时秘书来向主任请示工作，主任也将秘书无缘无故地训了一顿；秘书心中愤愤不平，下班后，走到公司门口，发现她男朋友来接她，就劈头盖脸地将他骂了；男朋友高兴而来，扫兴而去，走到街上，怒火难耐，遇到一只猫，就一脚踢了过去。

　　解析　或许大家会产生疑惑，案例中这些人员是何苦呢？为什么经理生气了，要把气转移到主任身上，主任又把气转移给秘书，而秘书又把气转移给她男朋友，她男朋友就只好去踢猫，把气撒在猫身上。

　　上面的这种现象正常吗？其实属于正常现象，因为现实中很多时候人们就有这样的情绪行为现象。当情绪受到影响时，难免会传染给别人。控制好自己的情绪是一件比较难的事情。当一个人能成功地控制好自身的情绪时，成功的希望就不远了。

　　情绪存在于人们的日常工作和生活之中，影响着人们的活动效能，尤其是年轻人的情绪更是变化无常。大学生的心理还未完全成熟，对自我、他人和周围环境的认知态度和相应的行为方式存在着明显的不确定性，有时令人难以捉摸。他们的情绪不稳定、复杂多变，有时会出现莫名其妙的烦恼。实际上，情绪会明显地影响到大学生的学习、生活和身心健康，进而影响大学生对自己、对他人、对人生以及对社会的看法和态度。情绪的不稳定有时会造成令人痛心的严重后果。因此,大学生正确地认识和把握好情绪,有利于自身更好、更快乐地学习和工作。

一、情绪的含义

在现实生活中,由于情绪伴随着人的一生,人们已经很熟悉"情绪"这个词了,对情绪的认识和理解在浅层面上不会存在较大的分歧。但是,真要给情绪下一个严格的科学定义,却不容易。由于情绪本身具有多样性和复杂性,造成人们在定义情绪时众说纷纭,存在着较多分歧和争议。

史料记载显示,我国古代汉语最初只用"情"字,到了南北朝以后,才出现"情绪"两个字连用("绪"本义是丝绸的意思),这样"情"和"绪"连用便意味着感情复杂之多如丝如绪。李煜的名句"剪不断,理还乱",就形象、生动地展示了情绪的复杂性和难以控制的特点。

现代心理学家一般认为,情绪是对客观事物和对象的态度的体验。换句话说,情绪是人们对外界刺激引起的生理和心理变化的一种主观体验。比如电视电影中的悲伤画面会让人悲伤流泪,喜悦的镜头会使人异常兴奋等。因此,情绪的反应过程可由刺激、认知、主观体验、情绪行为反应等几个方面组成。

二、情绪管理的含义

所谓情绪管理,是指人具有一种善于掌握自我,善于调节情绪,对生活中矛盾和事件中引起的反应能进行适可而止的排解,能以乐观的态度、幽默的情趣及时缓解紧张压力的心理状态。情绪管理并不是要求人们去除或压制情绪,而是在觉察情绪出现变化后,善于调整情绪的表达方式。有心理学家指出,情绪调节是人管理和改变自己或他人情绪的过程,当中通过运用一定的策略和机制,使情绪在生理活动、主观体验、表情行为等方面发生一定的变化。

三、情绪管理的作用

情绪管理的作用如下:

(1) 激发个人心理活动和行为状态。生活中每个人都有情绪变化和表现,情绪通过一种动机形式去引导和激发人们的行为。消极情绪很容易产生,如果不及时进行适时疏导,轻的状态则是破坏情致,使人心情低落,重的状态则会使人走向崩溃,如恐惧和自卑会大大降低和打击一个人的积极性;而积极的情绪状态会激发人的热情活力和潜质,如高兴快乐状态可以提高人的活动积极性。

(2) 调节个人的身心健康状态。古代诗句"白发三千丈,缘愁似个长""牢骚太盛防肠断,风物长宜放眼量",均道出了情绪对人是有影响的。中医学也认为,怒伤肝,喜伤心,思伤脾,忧伤肺,恐伤肾,大体是说人的心理上出现问题,如过度焦虑,情绪不安或不开心、不快乐,会导致生理上出现疾病。此外,情绪和心血管、肌肉、呼吸、泌尿、新陈代谢、内分泌也都有着密切关系。据相关研究表明,当一个人长期处于负面或消极情绪状态下，如愤怒、紧张时，就会极大影响人体的内分泌系统，从而出现生理疾病。可见，一个人常微笑，保持愉悦心情，乐观积极面对人生，是有益于生理健康的。"笑一笑，十年少"，正是这个道理。

(3) 影响个人的人际关系和谐。一个人的情绪状况会极大地影响人际关系的和谐程度。一个人在同学或朋友面前任由负面情绪泛滥，不加控制，伤害他人，常乱发脾气，久而久之，别人会把他当作难以相处之人，甚至将他列为拒绝交往的对象，长此以往，个人的人际关系将受到极大影响，进而波及个人情绪，形成恶性循环。反之，一个人如果心情愉快，常带微笑，经常赞美他人，以亲切友好的态度与别人友好相处，人际关系自然而然会逐渐改善，新的人际关系不断得以拓展。

第二节　大学生如何培养和提高自身情绪管理能力

案例 导入 ▶

小莫是某职业学院 2020 级工商企业管理专业学生，担任学生会副主席，工作认真负责，有条不紊，组织能力、执行能力都很强。但是最近一段时间，他的情绪波动很大，原来积极主动的人，变得满脸倦意，愁眉不展，对工作也没有之前那么有耐心了，常常发脾气，工作效率明显下降。学生处团委余书记看到这种情况，主动与小莫沟通，经过了解，得知原来小莫交往的女友弃他而去，小莫无法割舍，沉浸在失恋中无法自拔。正是这种情绪，导致了他的诸多问题。

解析 案例中的小莫经历的痛苦事件，你是怎么看待的呢？那么小莫要如何调整情绪，重新投入工作中呢？大学生面对大学生活新环境，会出现诸多不适应，需要独立解决许多新问题，如果处理不当，无法让自己走出情绪低谷，会导致产生诸多问题，严重影响自己的学习和生活。

一、大学生情绪的特点

大学生情绪的特点如下：

1. 情绪的丰富性和复杂性并存

大学生正处于青春期的中后期，这一时期人的生理上基本成熟，但心理上尚未完全成熟，处于心理断乳期，很容易受到外界的干扰，同时这一时期也是人生面临多种选择的阶段，学习、交友、恋爱等人生大事基本上在这一阶段打基础甚至完成。这一时期，大学生对人、对事、对社会等各种现象特别感兴趣也容易痴迷，对友谊与爱情执着追求，对新鲜事物十分好奇并敢于尝试，对学业和未来生活充满信心，精力充沛，拥有许多积极情绪(正能量情绪)。但是大学并不是伊甸园，也存在着竞争与压力，如考试不及格、比赛失利、朋友误解、恋爱失败、同学嘲笑，甚至天气变化、生活琐碎小事都可以导致消极情绪(负能量情绪)的产生，一不小心情绪就被点燃。所以说，大学生情绪是极其丰富又极其复杂的。

2. 情绪的激情性和冲动性并存

由于知识水平、认知能力及自我管理能力的提高，大学生能对自己的情绪有所控制，广泛拓展兴趣，对外界比较敏感，加上年轻气盛和从众心理，在许多情形下，个人情绪很容易被激发，犹如暴风骤雨般不计后果，带有很大的激情性和冲动性。如果这种被激发出来的结果是积极的、正能量的，则有利于自身成长，如见义勇为、参加比赛或是听英雄报告会等，都会奏响正义和积极的凯歌；相反被激发出来的情绪是消极的、负能量的，甚至是反面的，如为了江湖哥们义气或小团队利益而不惜违反校纪校规甚至犯罪，就是极其愚蠢的行为了。

3. 情绪的波动性和两极性并存

社会、家庭、学校以及实习生活经历，都会对大学生的情绪产生影响。社会的发展变迁、体制的变革调整、社会面临的新旧更替、正义与邪恶的较量等衍生出了许多新事物。在社会转型时期，大学生面对复杂的社会现象和新事物，容易产生困惑和迷茫，价值的判断、认识的取舍、前途的选择，在其心理上会产生许多矛盾与纠结，如遇家庭的变故，家庭成员关系的亲疏以及学习、交友、参与社会实践等都会在一定程度上影响大学生情绪，使其情绪摇摆不定，跌宕起伏，有时热情激动、信心倍增，有时悲观消沉、沉迷堕落，表现出极大的波动性，而这种情绪有两极性，容易走向极端。

4. 情绪的外显性和内隐性并存

大学生的情绪在很多时候喜怒形于色，是一眼就能看出来的，如考试取得第一名或赢得一场比赛，马上喜形于色，聚会庆祝，这是情绪的外显性表现。但大学生在成长过程中情绪也有深藏不露的一面，如在面对学习、交友、恋爱和择业等具体问题时，对于切入体肤之痛的影响却往往有很大的内隐性。在一些特殊场合和特定问题上，有些大学生常常掩饰、隐藏或抑制自己内心的真实情感，如对待异性的态度，有时明明乐意去接近，却表现出无所谓的态度，装着无所谓的样子，这就是内隐性。

5. 情绪的独立性与依赖性并存

远离家庭，离开父母进入大学后，大学生自我意识增强，其成人感随之迅速增强，同时其自主感和自由感、自信心和自尊心也得到极大提高。因此，一方面大学生有着强烈的独立意识，渴望独立生活，不愿受人束缚，希望得到社会承认；另一方面，由于社会经验不足，认识习惯局限，一时还无法完全凭一己之力来处理学习和生活中的一系列复杂问题，对家庭、学校和社会还有明显的情绪依赖性。这种依赖性与独立性并存的特点，往往使大学生产生强烈的情绪冲突，也可能引起一些不良后果。

6. 情绪的理想性与现实性并存

大学阶段是大学生身心发展并趋于成熟的时期，此时精力旺盛、朝气蓬勃、思想活跃、想象力丰富，生活视野得到不断扩展。应当说，作为青年群体中知识文化有较高层次的大学生，想象力更为丰富，创造力更为强烈。严格的学业技能训练和独特的校园生活的陶冶与熏陶，使大学生自我意识非常强烈，对社会、生活及未来事业发展充满着信心和理想，但是，现实与理想总是有差距的，很难趋于一致，特别是当理想在现实中受挫时，相当多的大学生就会表现出强烈的情绪波动，很不适应。

二、大学生常见的不良情绪表现

大学生常见的不良情绪表现如下:

1. 抑郁情绪

抑郁是指一个人的低落、消沉情绪持续时间较长的一种表现,常伴随着苦闷、不满、烦恼、忧患等情绪,是最常见的情绪障碍之一。抑郁症状常表现为情绪低落、兴趣减少、睡眠障碍、注意力下降等。在当今大学生群体中,出现抑郁情绪的人不断增多,究其原因,在于现代大学生成长环境一直比较顺利,经历的挫折少,进入大学后,会受到各种不顺心、不顺利以及一些负面生活事件的影响,如学习成绩落后、失恋、人际关系紧张、对大学的期望与现实存在较大落差等。抑郁容易引起行为变化,常表现为与他人交往时退缩,不像以往那样积极参加一些愉快的活动,整日沉溺在自己的世界里,不愿意接触周围的事物等。当抑郁情绪比较严重时,则对其学习、工作和生活产生明显影响,学习兴趣下降,与老师和同学关系紧张,人际关系很不顺心。

2. 焦虑情绪

焦虑是指一个人在生活和工作中感到一些可怕的、可能造成危险或者需要付出努力和代价的事情将要来临,而又感到对此无法采取有效措施加以预防和解决,由此出现心情紧张,表现出忧虑、不安、担心和恐慌。这也是当今大学生所面临的最烦恼的情绪之一。如 2020 年新型冠状肺炎肆虐影响就业形势时,有一部分毕业生就出现了就业焦虑情绪。当一个人对一件事情情况不明,感到没有把握、无能为力时,就会产生担心和紧张情绪,从而形成焦虑。在大学生群体中,焦虑经常表现为闷闷不乐、性情大变、脾气古怪、注意力不集中等现象。产生焦虑的主要原因就是担心考试、学习、适应、升学和就业等问题。

3. 自卑情绪

自卑是一个人生活中难以回避的问题,人有自卑感,又总想超越自卑。简单地说,自卑就是不自信,和自卑的人相处,很容易感受到其悲观、孤僻的情绪。从心理学角度来看,自卑就是一个人存在自我否定的一种情绪体验,是对自我的轻视或不满,心里总觉得自己不如别人。自卑的心理状态表现为过低评价自己的能力或品质,怀疑自己,看不起自己,担心失去他人尊重。一般来说,轻微的自卑则可能跟屡遭失败有关。失败经过自我泛化,即把具体的失败体验无根据地泛化到生活中所有事情上去,从而导致长时间的消沉不振。自卑主要表现为害怕失败、遇事退缩、封闭自己等。当然,有些学生的表现方式是不一样的,如并不承认自己的不足并竭力掩饰,以令他人觉察不到自己的自卑,由此,个人行为时常有些夸张,有时还表现出很强的虚荣心,对自身的不足和对别人的评价很敏感、很在意,这一切其实都是在掩饰自卑。

4. 自负情绪

一般来说,自负与自卑是相反的一种情绪表现,实际上自负是一种过度的自我接受和自我评估,常表现为自以为是,轻视他人。当一个人如果眼中仅有自己的优点而没有缺点时,往往会产生自负的情绪,经常凭自己一点小小的成绩就认为自己很了不起,全归功于自己的主观努力,如遇失败时就把原因完全归咎于客观不利因素,表现出过分的自恋和以自我为中心。现在大学生当中，自负情绪也很常见，如爱挑别人的毛病，对他人总是持否定性评价，对于他人的言行或成绩表现为不屑一顾等。自负情绪主要与自我认知和对他人的评价有关。通常家庭条件优越、知识面宽、个人成长顺利、某些方面能力较强的大学生容易产生自负情绪。不过也有人因自我评价过高、对他人评价过低而陷入自负情绪。总之，不管出于何种原因，自负情绪都会助长个人的自私心理，给人际交往带来不利影响。

5. 愤怒情绪

愤怒情绪就是当客观事物与个人的主观愿望出现背离时产生的强烈情绪反应。引发愤怒的原因是因人而异的，如有的人可能因排队而愤怒，但能镇静地倾听班主任对其行为表现不好的批评，有的人可以安心地、耐心地排队，但对同学批评自己的缺点却会强烈地反击，以示不满。此外，引发愤怒的事件情形还跟个人的经历、信念以及个人的生活规划有关。对大学生而言，偶尔的愤怒是很正常的，但如果总是过于频繁地发怒，就可能有问题了，毕竟发怒有害于个人的身心健康，因为当人处于发怒状态时，心跳加速、心律失常，严重时则导致心脏骤停，甚至猝死。最后，发怒还会降低个人的理智水平，阻塞思维，导致伤人损物，严重时甚至会违法犯罪。

6. 冷漠情绪

冷漠是一个人对外界因素反应强度不足的一种情绪表现，表现为对人对事漠不关心，事不关己，高高挂起。大学生的冷漠情绪，在行为上常表现为：对待生活缺乏热情和兴趣；对待学习，漠然视之，无精打采；对待周围的同学，冷淡无情甚至对他人的关心无动于衷；对待集体组织生活不关心不参与，麻木不仁。

大学时光是一个人一生中最多姿多彩、富于朝气和热情的时期。然而，有些大学生表现出一种对人对事漠不关心的态度和情绪。从表现来看，冷漠之人看似对什么都不感兴趣，对周围的人和事总是无动于衷，而实际上，冷漠是个人对挫折情境的一种自我逃避式的退缩性心理反应，具有一定的自我保护或自我防御性质，会导致当事人萎靡不振、退缩逃避和自我封闭，长此以往，必将严重影响身心健康。

7. 嫉妒情绪

诸葛亮三气周瑜，最终周瑜仰天长叹"既生喻，何生亮"而气绝当场，嫉妒让年少英俊、文武双全、有勇有谋的周瑜输给了手无缚鸡之力的诸葛亮。可见，嫉妒情绪的杀伤力极大。所谓嫉妒，是指一个人对别人在某些方面胜过或超越自己而引起内心不愉快甚至痛苦的情绪体验，主要表现为把别人的优势或强项视为对自身的威胁，由此，心理上出现不平衡，甚至恐惧和愤怒，于是借用贬低、诽谤以至报复的手段以求心理补偿或摆脱恐惧和愤怒的困扰。如在求职择业上，有些同学看到别的同学求职能力强或找到比较理想工作时产生羡慕，进而陷入痛苦而自己却又不甘心的心态，甚至为了阻扰他人超越自己，采取背后拆台等不良手段。因此，大学生要放开胸怀，不要自找麻烦，无端让自己陷入嫉妒心理。而把握好嫉妒情绪，对进行正确的人生定位显得尤其重要。

三、大学生提高个人情绪管理能力的途径

大学生提高个人情绪管理能力的途径如下：

1. 适度宣泄法

生活常识告诉人们，如果水库泄洪通道被堵塞了而不及时进行疏导，可能就有溃堤的那一天。同理，情绪也是这样，如果人们不及时释放出自己的不良情绪，郁结在心，将会越积越大，最终造成情绪崩溃。情绪宣泄途径有躯体和生理两方面。躯体方面的宣泄如哭、大吼、击打非破坏性物件(如枕头、布制玩具、沙袋、出气娃娃等)、参加体育活动和文艺活动等。心理方面的宣泄是借助外来力量对个人的认知状况进行调整，改变自身一些不合理的信念，如一个人向可依赖的人倾诉苦闷、写信或与朋友聊天等。一个人有意识地长期压抑自身情绪，即使生理功能未出现紊乱，也会容易引起障碍性情绪的泛化。因此，为了自身的身心健康，要及时宣泄不良情绪，同时也需要恰当释放出愉快的情绪。

2. 自我暗示法

自我暗示是指人们运用内部语言或书面语言以隐含的方式进行自我调适情绪的方法。自我暗示能影响人们的认识和判断，有积极自我暗示和消极自我暗示两种类型。积极的自我暗示有助于人们充满自信、乐观向上，而消极的自我暗示则使人陷入消沉、悲观以及难过。积极的心理暗示既可以用来帮助人们松弛已经很紧张的情绪，也可以用来自我激励。如第一次参加求职面试时，在进入面试前，做十几个深呼吸，心里默默告诉自己"放松点儿""我一定能行"，这样调节下紧张心情。因此，要学会运用积极性的暗示，消除不良的自我臆想。特别是有自卑情绪的学生，可以采用在心里默默念"我能行""我会发挥得很好""我一定能成功"等警示语句，或者将这些文字写在纸上，或者找个旷野地方大声呼喊等做法，这对走出自卑、消除怯懦是有积极作用的。

3. 注意力转移法

转移是指一个人在主观上有意识地把注意力从消极、不良情绪状态转移到其他事物上的一种心理调节方法。当不良情绪出现时，可运用此方法，寻找到一个新的刺激，以此激活新的兴奋中心以抵消或冲淡原来的兴奋核心，使不良情绪逐步消失。如个人感到不高兴、紧张或烦闷时，就去看一场电影或踢一场足球，回来后心情就会舒畅许多。

4. 放松训练法

放松训练是指使人的有机体从紧张状态松弛下来的一种练习过程。放松有两层含义，一是松弛层次，二是消除紧张层次。放松训练的直接目的是放松肌肉，最终目标是使整个机体活动水平降低，从而达到心理上的松弛，使机体内环境的平衡与稳定得以维持。放松训练方法有深呼吸法、肌肉放松冥想法等。放松练习可以帮助人们减轻和消除各种不良身心理反应，如焦虑、恐惧、紧张、失眠等。

5. 音乐调节法

如今在国外，音乐调节方法已运用到外科手术和治疗精神病、抑郁症、焦虑症等病症上。如当人忧郁烦恼时，可以借助听《渔舟唱晚》《蓝色多瑙河》等意境广阔、充满活力、轻松愉快的音乐来调节；当失眠时就听一听优雅宁静的《摇篮曲》《仲夏夜之梦》等经典乐曲；当情绪浮躁时，可以听听《小夜曲》等宁静清爽的乐曲等。现实生活中，每个人都可以根据自己的情绪状况，选择适合的音乐来调节自己的情绪和情感状态。

第三节　大学生压力管理

案例 导入 ▶▶▶ ● ● ●

　　小田是某职业学院 2020 级大一新生，入学后，由于成绩优秀，活泼有冲劲，乐于帮助他人，热爱班级活动，因此从班级中脱颖而出，担任班长。但班级其他同学大部分是大城市里的，来自农村的小田与他们相比，越比越觉得自己差，越比压力越大，越比越不自信，感觉自己班长的地位越来越不稳了。要强的他对自己非常苛刻，要求完美，不允许自己出半点差错，时间一长，他发现自己的学习热情越来越低，学习的效率也差了，越来越学不进去了，而且还出现了睡眠障碍，觉得自己快要崩溃了……

　　解析 案例中的小田出了什么状况？小田的压力来自哪里？他需要如何释放调整呢？小田在大学之初遇到的情形是每一位大学生都能感受到的一种心理现象，那就是压力问题。作为大学新生，如何处理自身的压力问题，将关系到自己今后在大学期间的学习生活状况。

一、压力的概述

　　人活于世，压力本来就无处不在，在现代社会生活中，压力更大。一个人在少年时期，背负着升学和成长的压力；青年时期则背负着就业和婚恋的压力；到中年时期就背负着升职和家庭的压力；步入老年时期背负着养老的压力。但是一个人如果生活上失去了压力，也就会失去前进的动力，生活意义则无从谈起。当然，面对压力，有些人选择积极面对，扛起责任；有些人却选择逃避，认为逃避就可以把压力去掉。殊不知，逃避只会加重压力，毕竟生活中的那些压力是一个人必须要承担的责任，正如山就挡在前进的路上，必须要爬过去才行，逃避是没有用的。我们无法改变压力的客观存在，但我们能改变面对压力的态度，把压力转化为动力激励自己前进，这是勇于担当的当代青年的正确选择。

1. 压力的含义

　　压力指人在社会适应过程中，对外界刺激作出的生理和行为反应，是一种紧张的心理体验和感受过程。

2. 压力产生的原因

　　造成压力的原因是多种多样的。通常人们把那些具有威胁性或伤害性并由此给人们带来压力感受的事件或环境称为压力源。在日常生活中，压力源有可能存在于人们自身，也可能存在于环境中，不过，人类最主要的压力源是人本身，而人际关系是造成压力的最主要来源。因此，根据心理学家对造成压力的各种生活事件进行分析研究的结果来看，压力源有以下四种类型：

　　(1) 躯体性压力源。躯体性压力源是指直接对人的躯体产生刺激作用而引起身心紧张状态的刺激物，如物理的、生物的、化学的刺激物等。这一类刺激物是引起人的生理压力主要原因。

　　(2) 心理性压力源。心理性压力源是指存在于人的头脑中的那些紧张性信息，如心理冲突与挫折感、不切实际的期望、不祥预感以及与工作责任相关的压力和紧张等。心理性压力源直接来自人的头脑中，反映出心理方面的困扰，这是与其他类型压力源的主要区别。

(3) 社会性压力源。社会性压力源是指人们的个人生活方式发生变化，并要求个人对其作出调整和适应的情境或事件。个人生活方式的变化，即个人生活中的重要事件、个人生活环境的改变等，都会给个人带来压力。

(4) 文化性压力源。文化性压力源最常见的是文化性的迁移，即人们从一种语言环境或文化背景中转入另一种语言环境或文化背景中，从而使个人面临适应全新的生活环境、陌生的风俗习惯、不同的生活方式以及陌生群体等，由此产生压力。如果个人不改变原有的习惯，适应新的环境变化，则会经常出现不良的心理反应。

二、大学生常见的压力

在大学时期的不同阶段，大学生的压力是始终存在的。大一阶段，新生主要面临着适应新的校园生活的压力，如在面对全新的学习方式、陌生的人际关系以及相对宽松自由的校园文化环境时，很多大学新生无所适从。大二、大三阶段，大学生面临着情感、交往、学习、社会实践等新问题，很多大学生对此难以应对。毕业阶段，大学生则面临着就业、考研、考公务员、当兵入伍等人生的课题任务等。

1. 面临适应新的学习方法的压力

大学与中学的学习方式不同，由此造成大学生在学习方面存在不适应的情形。大学生学习性质、学习任务不再是对知识的单纯理解和记忆，而是通过学习知识，培养自己的能力和素质，重视知识在实践中的运用，鼓励对未知领域的探索和创新。但是相关研究显示，在影响大学生的心理健康的各种因素中，死记硬背的学习方法是造成大学生学习压力和考试焦虑的最主要的因素。可见，学会学习是很多大学生在大学期间面临的重大挑战之一。

2. 面临适应人际交往的压力

大学生人际交往的压力主要在于怎样处理好日常生活中与老师、同学的关系。一些大学生没有认识到人际交往是从认识自我和认识他人开始的，不注意尊重他人和理解他人，凡事都希望符合自己的心愿，完全不顾及他人的想法和感受；一些大学生过于谨慎，随时担心与其他同学产生分歧或矛盾，遇事忍让，宁愿自己不舒服、不高兴也不愿意在同学面前表现出自己的真实感受，而一旦与同学发生了不愉快事情后，就束手无策，不懂如何处理；还有一些大学生则采取封闭自己的方式，虽然心里很想与他人交往，但不懂如何交往，不知道说什么和做什么，心里很憋屈；更有一些大学生从来没有过与他人交往的意识，整日生活在个人世界里，独来独往。

目前，网络成了很多大学生排遣孤独和寂寞的主渠道，甚至整日沉溺于网络游戏和虚拟世界中无法自拔，严重地影响了其学习和生活。

3. 面临适应情感生活的压力

大学校园里大学生谈恋爱的情况非常普遍，但是由于大学生心理成熟度还不够，缺乏处理情感方面的经验，容易走极端。

4. 面临适应经济的压力

如今社会出现一部分当代大学生经济困难的情形。为了解决一部分学习、生活费用，减轻家庭负担，经济困难的学生往往是一边节衣缩食、节省开支，另一边勤工俭学，兼职打工赚取学费、生活费，他们面临着学业和经济的双重压力。

5. 面临择业、就业的压力

国内外社会环境的变化与激烈的竞争，导致大学生的就业形势日趋严峻，就业市场竞争也日趋加剧，大学生找工作已经变得越来越困难了，无形之中给众多大学毕业生尤其是大专毕业生造成了很大的精神和心理压力。可以说，进入毕业季，很多毕业生都在为找工作而奔波，其中的艰辛、困苦与无奈是他们人生中从未遇到过的。因此，大学生的一些心理问题也随之而来了。

三、大学生的减压方式

大学生的减压方式如下：

1. 敢于直面压力，不退缩不回避

遇到压力时大学生应该直接勇敢地面对问题，而不是逃避、转嫁或迁怒于无关的人或事情。个人要客观理性地选择解决问题的方案，要对遇到的压力问题进行真实的评估，而不是自我欺骗或自暴自弃。

2. 认真管理自己的情绪与行为

一个人要学会认识和抑制有潜在危害性的各种负面情绪，也就是要学会情绪管理，要学会有效控制自己具有危害性的习惯性行为。

3. 进行适当的体育锻炼

当你感到有压力的时候，应该走出室内，让身体活动起来。体育活动被认为是目前非常有效的减压方式，可以迅速改善人体的某些状况，让个体充满生命活力，斗志昂然，找回自信，从而有效减轻心理负荷。例如，慢跑就可让人的神经和身体放松下来。坚持体育锻炼还有一个好处就是可以培养自己的毅力，而毅力是我们面对压力和挫折的最好武器之一。

4. 参加一些与艺术有关的活动

你可以看电影、听音乐、观看球赛、欣赏书画作品，总之，任何让自己真正能够感受到美的东西，都可以大胆去尝试、去实践。当我们在欣赏和感受美的过程时，会让自己的身心得以放松，找回世界的美好和生活的希望。

5. 适当改变一下生活环境

压力来袭时，我们需要暂时离开压力的环境，到一个新环境中去，放下那些烦恼和不愉快的事情，把自己交给大自然，让自己在大自然的怀抱里转移注意力，调节心情，放松身心。如今，户外活动和拓展训练已经成为人们经常采用的有效减压方式。

6. 阅读书籍，吸取榜样力量

当人们面对压力不知所措的时候，可以尝试看一些人物传记等书籍，从榜样身上找回力量的源泉。总之，历史上那些杰出人物以及当代一些成功人士，都是经历过无数的挫折与压力的，他们的经验和成长的成功事例会有效激励和启发我们勇往直前。

7. 虚心向专业人士寻求帮助

假如上述方式都无济于事时，这个时候我们可以寻找学校的心理老师、就业指导老师或社会上专业的咨询人士，虚心请专业人士帮助我们排除压力，走出困境，重拾信心。

思考与实践

1. 在大学生活中，当发生一些事情让你情绪很差时，你通常采取哪些有效的方法调节自己的情绪呢？

2. 既然压力是不可避免的，那么作为大学生可以从哪些方面着手应对压力呢？

1. 认识和了解执行力的基本概念、重要作用、构成要素以及执行力强的人的主要特征。
2. 理解并掌握有效提升执行力的技巧和方法。

第一节　执行力的基本概念

案例导入 ▶

　　小赵于 2021 年 6 月份毕业于某职业学院市场营销专业，现在在一家公司做销售员已经好几个月了，每当部门经理给他布置下个月的销售任务时，他都信誓旦旦答应得很好，如 "一定完成" "您放心，保证完成任务"。

　　在开始的一段时间里，小赵会认真把任务都谨记在心，并积极努力地工作，不是给客户打电话，就是上门拜访客户。可是，每当快接近任务目标时，他就会对当前取得的不错业绩而沾沾自喜，懈怠下来，总是认为自己在余下时间内能完成任务。

　　可是，结果却并不是如他想象的那样。几个月下来，小赵不但没有一个月能完成销售任务，兑现他的承诺，而且领到的工资少不说，最后还被部门经理给予 "黄牌" 警告，给自己造成了巨大的工作压力。

　　解析　面对工作任务，小赵为什么会频频出现 "滑铁卢" 现象？本来自己对工作任务充满信心，而且每月眼看成功就在眼前了，却总在他松懈不坚持的状态下失败了，着实让人感到可惜。作为职场新人，刚开始就遭遇职场不顺，势必会影响个人职业发展信心和规划。

　　职场上流传着 "人在职场，赢在执行，执行优劣，重在到位" 的说法，即不管是谁，只要在职场中进行打拼，要想取得一番成就，就需要有执行力。

　　常言道："行百里者半九十。" 其实，个人执行能力的高低，往往就体现在对所承接的任务能否坚持到底上。一位执行者在执行某一任务时，哪怕 99% 的任务他已经完成了，只余下 1% 的没有完成，那他也是属于没有完成所交代任务的情况，就是执行不到位。而执行到位是要求执行者把要求始终如一贯彻下去，直到最后完成目标。

一、执行力的含义

　　执行力，通常指贯彻战略意图，完成预定目标的能力。其关键是把组织的战略和规划转化为效益和成果。就个体而言，执行力就是一个人把自己想做的事情做成功的能力。"如果说执行是一个过程，执行力就是一个结果"，执行力的强弱决定了执行的最终结果，执行力较弱的人，哪怕是一个小小的简单问题最终也做不好，而对执行力较强的人来说，就算看似不可能完成的任务也能完美完成。

二、执行力的重要作用

现实生活中，为什么有些人虽有远大的理想和抱负，却不能把它变成现实呢？为什么有些人才华横溢，却不能较为顺利地实现自己的职业理想呢？为什么面对一项紧急的任务，有的人行动起来慢慢吞吞的，缺少激情，而有些人却雷厉风行，充满干劲，很快就出色地完成了任务呢？究其原因，这一切的背后都隐藏着一个不争的事实，就是是否具有很多的执行力。一个组织或个人的成功是需要高效的执行力来保证，无论宏图有多么伟大，理想有多么美好，如果没有高效的执行力，一切都是空谈。

1. 执行力是实现组织和个人目标的关键

在竞争激烈的市场经济环境中，执行力其实就是效率和效益，执行力是达成力，执行力高于一切，没有执行力，再好的决策和规划也会终成空谈，收获不到任何实际成效。对此，不管是个人还是组织，如果不以执行为导向，一切工作和任务的成效都会被大打折扣。只有每个环节得到重视并执行到底，只有每个环节都有效达到或超出预期目标，才算是真正实现执行，组织和个人的目标才会得以实现，否则目标只能成为空想。

2. 执行力是人们战胜对手的法宝

现实生活中，不少组织为了应对竞争，可能会模仿对手的战略和战术，以防落后于他人，但被模仿过来的这些东西，很难保证不会被竞争对手再模仿回去，今天自己的战略和战术也许就变成了对手明天的战略战术，如此一来毫无竞争优势可言。但是组织中有一样东西是无法模仿的，那就是执行力，所以，要想超越竞争对手，只能靠执行力。执行力对组织经营管理至关重要，它既能保证战略实施，又能战胜对手，可以说，没有执行力就没有竞争力。

3. 执行力是完成工作任务的能力

众所周知，执行是人们为贯彻战略意图或规划、完成预定目标而开展的有序活动，是人们把战略目标变成行动，把行动变成结果，进行计划、组织、协调和完成任务的能力。执行力就是完成目标任务的能力，人们在充分理解和分析工作任务后，果断而不急躁行事，克服拖延行为，按照计划或者习惯积极行动，从而顺利完成工作任务。

4. 执行力影响着工作任务的效果

执行力就是态度，一个人的态度直接决定了个人行为，决定了其是尽心尽力还是敷衍了事对待工作，是积极进取还是安于现状。执行力的问题首先是解决态度的问题，有什么样的态度就会有什么样的执行力。因此，不管是一项具体的小任务还是一项关系重大的事业，人们应保持不折不扣的认真态度。持积极态度的人会对工作全身心投入，即使再平凡再普通的工作也能把它做出"光彩"，自然也能从工作中收获丰厚回报。相反，持轻视态度的人对工作付出少，执行力不到位，自然收获不到应有的成果，也不会得到相应的回报。

5. 执行不力给工作带来低效和浪费

在实际工作中，低效率和无效率会给工作带来非常大的隐性浪费。比如，一项工作任务原本只需一个人承担就可以了，由于执行力不强，没把工作做到位，就可能需要两个以上的人去共同完成；原本应该正确完成的简单工作任务，因执行不到位而出现差错，最终导致重做或返工，这些都是因为执行不力所造成的损失。执行不力还会增加组织内耗、降低组织的创新能力、损害组织的形象甚至影响组织成员之间的合作关系等。

三、执行力的构成要素

人们经常困惑：为什么有的组织或个人执行力强，而有的组织或个人执行力弱？究竟是什么原因影响和制约着组织与个人的执行力？经过对比分析发现，主要有以下几方面要素在影响和制约着执行力。

1. 执行目标要素

或许有人不认为目标与执行力有太大关联，因为执行往往被认为是在目标制订之后产生的行为。而事实上此种观点在理解上有错误，因为制订目标本身就属于执行开始的范畴了。科学合理、明确实际、切实可行的目标既可以带动执行，也可以推动执行。如果目标定得太高，执行起来难度太大、困难重重，容易使人丧失信心；而如果目标定得太低，执行起来过于容易，又会失去动力。可见，目标设定得是否合理直接关系到执行力的强弱，目标影响执行力的水平和强弱，是执行力的关键构成要素。

2. 组织结构要素

组织结构的合理与否制约和影响着组织成员工作水平的发挥。同一组织内部，同一个人被安排在不同岗位上，其工作的成效和业绩存在很大差别。组织结构合理与否直接影响和制约着执行力的发挥，这也是执行力的关键构成要素。

3. 执行流程要素

组织的运作流程就是组织工作的先后次序、轻重缓急、环节关联、相互配合与制约。如果运作流程畅通无阻，执行则会一路顺畅，而流程完善简化，执行的速度同样就会加快；如果流程复杂烦琐，执行则会受阻。原本三道工序就可以完成的产品，如果在中间人为有意增加一两道工序，虽然同样可以完成产品，但工作效率却会大为降低。因此，流程的繁简也会影响执行力。

4. 管理制度要素

管理制度就是员工的纪律，通过纪律使组织成员在统一的游戏规则下行动和做事。无规矩不成方圆，管理制度的制定与存在，是为了给组织的行为加上评价标准和刚性约束。管理制度是否健全与完善，直接影响和制约着组织执行力的水平与发挥。

5. 执行角色要素

所谓执行角色就是执行中的人。管理组织犹如导演一出戏，在戏中需要不同的角色来配合完成剧情。那么，挑选什么样的人来负责什么样的事、把什么人放在什么岗位上，这会影响执行的成败。如果人选得好，位置放得恰当，产生的效果就会好；而如果人选得不好或位置放得不妥，效果就无法令人满意。同样的一件事情让不同的人来做，取得的效果会完全不一样；不同的事情让同一个人去做，做出来的水平也不一样。可见，对组织中执行角色的安排也是提升执行力的关键。

6. 执行的技能和方法要素

执行过程中技能及方法的借助和使用是非常重要的。虽然完成同样的任务和达到同样的目标可以通过采用不同的方法来实现，但工作的效率有时却大不一样。比如作家写作，现在直接在电脑上写作和修改，一次成文的方法就比先用笔墨稿纸写好并修正，然后再录入电脑的做法的工作效率要高。可见，执行中采用不同的方法和技巧，对执行的速度和效率影响极大。

7. 执行者的非智力因素

执行者的非智力因素一般包括心态、信心、信念、毅力、激情、情商、习惯等精神与行为因素。在人的成长发展过程中，非智力因素有着不可估量的影响，有些人虽然智力因素不太好，但有着较好的非智力因素，在非智力因素的支配和作用下反而成就了一番事业；有些人虽然有较好的智力因素，但是非智力因素较差，结果人生仍是碌碌无为。在组织和个人执行力中，非智力因素也是影响执行力好坏的重要构成要素。

8. 执行力的文化要素

通常组织文化能够通过直观的表象影响组织成员的思想状态，进而影响和制约组织成员的行为和执行力。良好和谐的组织文化是提高执行力的内在动力源。如果组织成员缺乏共同的价值观、无集体的荣誉感、缺失个人的成就感和归属感，他们怎么会用心工作、尽职尽责呢？只有在良好组织文化熏陶下的组织成员才会用心做事、注意质量、关注细节、遵守纪律，进而把工作做得更好。所以说，组织文化对个体的执行力有着潜移默化的教化作用。

四、执行力强的人的主要特征

执行力强的人的主要特征如下：

1. 爱岗敬业的优良品质

当一个人爱岗敬业了，说明其已从内心里高度认可组织，也认同为实现其价值观所设定的目标、流程、组织架构和管理制度，愿意全身心地去执行任务，并发挥出自己的最大价值。当然，爱岗敬业是一个长期的修炼过程，需要个人在实践中持之以恒地坚持。世间有很多失败者，原因并不是他们没有才干，而在于他们并没有全身心热爱那份事业，不肯集中精力去执行任务。其实，如果能消除私心杂念和欲望，真正爱岗敬业，集中所有的力量和智慧去培植一束"花朵"，相信在不久的将来一定会收获美丽而丰硕的果实。

2. 自动自发的自觉

一个人仅满足于会工作是远远不够的，除了会工作还要自觉，就是一个人充分发挥主观能动性与责任心，在执行任务的过程中会想尽一切办法把工作做好。这种人无需领导监督，相反领导不在时会更加卖力工作，因为其严格的行动标准是自设的，不是别人要求的。如果一个人只在别人注意时才有好的表现，那将永远无法抵达成功的巅峰。如果一个人对自己的期望高于组织对他的期望，那么他根本不用担心会不会失去工作，而且升迁晋级也是指日可待的。

3. 勇于担当责任

职场中每个人都应坚守职责，因为责任是对人生义务的勇敢担当，也是对生活的积极接受，更是对自己所负使命的忠诚。一个有责任感和勇于承担责任的人，会因为这份担当而令生命价值更有份量。社会在发展，组织在成长，个人责任重担会更重。职场人士不要总是以"这不是我分内的工作"为由逃避责任，而是应该把能够执行委派任务视为个人价值提升的良机。

4. 善于随机应变

现代社会，一个人随机应变能力的重要性是不言而喻的。为应对客观环境和市场形势可能出现的变化，提前制订出一些应急预案(不管成文还是不成文的)是很有必要的。现实生活中，虽然有人会未雨绸缪，为事业发展准备多种"可能"方案，但有时受制于个人所处环境的影响，"不可能"的因素被忽略而得以快速积累，继而演变成突发事件，此时就需要理性分析、果断决策、快速应对，从而解决问题，可以说，善于随机应变的能力是在竞争日益激烈、变化日益迅速的时代中提升执行力的必要条件。

5. 不断追求创新

创新是知识经济的核心，是管理现代化的灵魂。组织要发展壮大，就必须不断创新。因循守旧、顽固不化会削弱执行力，最终使组织走向消亡。面对纷繁复杂、风云变幻、竞争激烈的环境，组织要想持续发展和保持基业长青，必须不断大力创新。处于飞速发展的时代，组织的经营和管理不能一成不变，要与时俱进，不断求新求变。

6. 富有团队精神

一个组织是否具备团队精神，将直接关系到执行力的强弱。一位善于合作的人，会借助他人或组织整体力量，把自己不能解决的棘手问题处理好。团结就是力量，合作才能共赢，这就是团队执行力的精髓。是否善于团结共事和精诚合作，是衡量员工执行力水平的关键方面。一个人的力量是有限的，也是很渺小的，通过团队才能有机会实现自己的梦想，体现出强大的执行力。

7. 坚持终身学习

在知识经济时代，应对未来的挑战和竞争，个人需要具备的能力应比对手学习得更快，对此，个人就需要坚持终身学习。而终身学习是 21 世纪最重要的概念之一，无论用什么语言来形容都难以表达人们对这个概念的重视和推崇。为此，终身学习将成为人们生存和发展的第一需要，只有不断学习，才能保持旺盛的生命力。社会飞速发展，对个人的要求越来越苛刻。紧跟社会发展，我们需要加快学习专业领域的新知识和新技能，不断提高执行力。

第二节　提升执行力的技巧和方法

案例 导入 ▶▶

1994 年，初进知名外企的唐骏没去成他想去的市场部门，而成了该企业开发组的程序员。那时，该企业拥有像唐骏这样的工程师不下万人。如何在这些小工程师中脱颖而出呢？

他找准了方向：业绩。不论遇到什么难题，他总能拿出合理的解决方案，因此他很快被提升为部门经理。

1998 年，该企业展开强势发展。唐骏凭借自己的技术优势、管理优势等获得了大力赏识，被任命为分公司的领导并被派到上海创办大中华区技术支持中心。他在没有一兵一卒的情况下，亲自面试，首批招收了 27 名员工，迅速构建了分公司最初的班底；三个月后，管理系统初步建成，技术中心开始运转；六个月后，唐骏领导的技术中心各项运营指标已位居全球五大技术支持中心高位。唐骏因为出色的业绩获得了总公司的最高荣誉。

凭借突出的业绩，唐骏由一个小小的程序员一步一步走到了分公司总裁的位置。他的经历完美地验证了业绩的重要性。

解析　案例中的唐骏在公司的职业发展之路给我们的启示是什么呢？为什么他能在企业众多人才中脱颖而出呢？

不管是个人还是组织，想要在职场上大展身手，就必须先提升自己的执行力。执行力是靠行动体现出来的，不是想出来的和说出来的，应该说，想和说都应该围绕着行动，都应为行动服务，靠行动落实。为了打造出组织或个人的执行力，可从下面这些方面去努力。

1. 端正工作态度，保持健康心态

通常，一个人执行力的强弱主要取决于执行者的个人能力和工作态度两个因素，其中态度是关键。一个人的工作态度，很大程度上决定了其在工作中的行动力以及能发挥出多大的能力、创造出多大的业绩。那些职场发展慢的人，多数情况下并不是自身能力问题，而是工作态度不够好造成的。

有人会问：失败和放弃有区别吗？没有去努力就不做了那是放弃；而失败则是自己已竭尽全力了但结果仍不理想，此时还能心甘情愿地接受结局。现实中，执行之路并不平坦，会遇到阻力，好的执行者在强烈的责任心和坚强意志力的支撑下，总是会迎难而上，克服困难，执行到底。

因此，一个人想要获得好的发展就需要端正其对待工作的根本态度，保持健康的心态，也只有深刻意识到工作态度、健康的心态与执行力之间的内在联系，才能有效提高工作执行力，才能发展得更好。

2. 增强工作技能，提高解决问题的能力

一个人不管从事什么工作，只有掌握了一些必要的工作技能，才能获得长久的发展。而且组织的发展壮大，也必然会遇到很多问题，如此一来，组织就非常需要能解决问题的员工。有较强工作技能的员工在组织遇到问题时会利用自己的聪明才智以及技能去解决好问题，以体现出其执行力。因此，在日常工作或生活中，一定要注重多学习技能，可通过和同事之间的交流与沟通，或是通过组织举办的培训等方法途径，加强对技能的学习和掌握，提升执行力。

3. 把知识转化为执行能力

一个人在职场上要生存和发展，须具备执行力，而执行靠能力，能力主要来自知识的转化。英国著名的哲学家培根曾说过"知识就是力量"，其实并不是指知识本身有力量，而是指知识转化为执行力时，才具备强大的力量。职场中，不管一个人拥有多么渊博的知

识，如果不能够学以致用，一时间无法领悟其中的奥妙，无法将这些知识转化为能力，那么这个人只会纸上谈兵，执行力不强，最终难以取得大的成就。只有当知识转化为执行能力时，才会增强一个人解决实际问题的本领。

21 世纪是一个以知识、智力和创新能力为基础的知识经济时代，无论是管理者还是基层员工，在掌握和拥有知识的前提下，把知识转化为具体执行能力，才能为组织和个人目标的实现贡献力量。

4. 理解上级意图，做到执行不走样

一个人要做到在执行上级任务时不走样，就需要在接到任务后，认真思考上级开展这项任务的意图。如果不思考，执行起来很容易出现偏差，甚至会出现相反的结果，最后导致完不成任务。或许有人会疑惑，为何非得按照上级交代的方法去执行呢？只要能完成任务就可以了，用不着太死板。持有这种想法，在某种程度上并没有错，而且很多时候，执行的确实需要灵活性，但是不要忘记一个前提，那就是灵活性必须建立在充分理解上级意图的基础上。毕竟，上级的安排肯定有其用意，遇到不明白的地方，要多问，特别是在改变上级决定的时候，一定要懂得及时请示上级。一名好的执行者，不仅要充分理解上级明确安排的任务，而且要不折不扣地执行，有时就算上级没有把任务明确说出来，也要站在上级的角度多想一想该如何做才能执行得更好。体会上级的意图越清晰，执行起来才越不走样。

一个人要想顺利完成任务，不出现偏差，还有一点非常重要，那就是学会复述。其做法主要有：一是记下任务要点，记录的内容包括执行什么，谁来执行，什么时间完成，怎么执行，目标是什么等；二是归纳要点，条理清晰地进行复述；三是向上级确认任务时，若存在疏漏或理解错误的地方，可请上级予以补充，以减少执行出错的机会。

5. 提高创新能力

创新能力是执行力的灵魂，所谓创新能力就是一个人在工作中发现问题、提出解决问题的新方法及实现工作突破的能力。创新能帮助个人有效提升执行力，员工要想提高自己的执行力，就需要牢牢把握这个灵魂。

6. 立即行动

行动是执行的关键。职场人士都明白，任何成功都是"千里之行，始于足下"，在懂得坚持不懈的道理后，要切实付诸实践和行动。也只有行动了，才会有收获。

在生活和工作中，我们不仅需要梦想，也需要目标和战略，但仅有这些还不够，还需要最为直接的力量——执行力。执行力代表了一种生命力、一种对梦想坚持的毅力和绝不言弃的执着精神，彰显了一种服从命令、坚决执行和不畏艰难的决心，代表了一种不折不扣、稳扎稳打的坚持和努力，更代表了一种言必行、行必果的行动风格。常言道：三分靠战略，七分靠执行。很多组织缺少的是好的执行者，并不缺少优秀的战略制订者。

思考与实践

实践练习：根据下面的案例回答问题。

　　某公司的售后部门已成了一个问题比较多的部门，该部门除了部门经理之外有三名员工：小孙、小赵、老钱。老钱是老员工，技术过硬，可是工作没有积极性，只要出门搞维修，这一天就见不到人影了。用老钱的话说："反正干多干少一个样。"售后部以前还有几名老员工，也说工作没意思，现在都跳槽到其他公司去了。小孙和小赵是新招聘来的员工，有工作热情，可是技术水平不高，没法独当一面。

　　(1) 你认为老钱的执行力如何？表现在哪些方面？

　　(2) 你认为小孙和小赵的执行力如何？表现在哪些方面？

　　(3) 你认为该部门的执行力如何？如果执行力不强，则试着帮忙分析一下执行障碍的成因有哪些。

第三篇　职业定向训练

第十三章　就业市场调查

★ 学习重点

1. 了解就业市场的概念、形式等，并掌握其特点。
2. 能够掌握就业信息的整理与运用，选择适合自己的就业单位。

第一节　就业市场的组织形式和特点

案例导入 ▶▶▶

小赵是某高职院校计算机应用技术专业的毕业生，然而临近毕业他还未找到工作。随着毕业离校时间一天天接近，身边同学陆续落实工作，小赵越发焦虑。于是小赵开始关注招聘信息，希望找到心仪的单位。他希望工作地点在珠三角，月薪不低于 5000 元，他应该如何着手准备？

解析　小赵的情况在高校毕业生中较为常见：他期望在经济发达地区就业，注重地区经济发展前景，对工作类型、起薪待遇等有初步考虑。然而，小赵对就业市场了解甚少，以他的学历与专业，就珠三角近年的就业情况而言，对起薪要求是偏高的，这也是他临近毕业仍未找到工作的原因之一。

"就业市场"又称"人才市场"，是高校毕业生与招聘企业之间双方相互沟通的渠道与平台。目前我国大学生就业市场形成了以市场为导向、政府宏观调控、学生与用人单位双向选择的就业机制。随着互联网的兴起，就业市场不再仅仅局限于每年高校校内组织的校园招聘活动，还包括由各级政府单位牵头组织的线上招聘活动，为高校的应届毕业生提供了更多的选择空间，确保能让更多毕业生有机会找到自己心仪的就业岗位。

大学生实现充分就业对我国人力资源的合理配置及优化人才结构起到积极作用，而通过人才市场实现就业已经成为大学生就业的主要途径。

一、就业市场的组织形式

在现代社会主义经济制度下，就业市场是以高校应届毕业生为主体的就业市场，是毕业生求职择业和用人单位招贤纳士、选拔人才的桥梁，是高校毕业生就业制度的一个重要组成部分。目前，我国大学生就业市场主要分为有形市场和无形市场两大类。

1. 有形市场

有形市场是指由学校举办的，具有固定的场所、地点、举办时间和特定面向对象的求职市场。有形市场将用人单位与毕业生组织集中在某一场所，为双方进行交流和选择提供平台。目前大学生有形市场大体有以下几种：

(1) 以学校为主体单独举办的毕业生就业市场。该类型就业市场一般以企业专场招聘会、双选会、供需会等形式出现，也是目前大学生就业市场中主要流行的求职市场。由学校单独出面举办的就业市场，其优点在于邀请的用人单位有很强的针对性，且邀请对象多数是校企合作单位，这样招聘岗位的要求往往能与学校专业衔接，对高校来说很容易形成固定的用人单位群体。

(2) 学校联办的毕业生就业市场。这主要是指由两所或若干所高校联合举办的就业市场。这种就业市场最大的特点是，集中各个高校的用人单位的资源，强强联合，优势互补，市场规模较大，参会的单位比较多，涉及的招聘专业也比较齐全，具有一定的代表性。

(3) 地区性、区域性的就业市场。这主要是指由各地方教育主管部门或各人事局举办的为本地毕业生就业服务或为本地用人单位招聘服务的就业市场。这种形式的就业市场最大的优点在于能够比较准确地反映出这个地区或区域性的人才需求趋势。

(4) 企业的专场招聘会、宣讲会。这是由用人单位单独来高校以招聘本企业所需人才为目的而举办的小型招聘会。这种就业市场时效性强，招聘效果也十分明显，尤其为大型知名企业、跨国公司所推崇。

2. 无形市场

与有形市场相反，无形市场没有固定的场所和地点，由用人单位和毕业生自行自主地选择通过某种媒介和交互平台进行交流与沟通。随着信息技术的高速发展，高校的无形市场发展非常迅速，在大学生就业市场中占据越来越重要的位置，作用也越来越大。目前的无形市场是借助信息技术建立起各类求职网站，为大学生就业市场提供了更多的选择。无形市场凭借信息快速、便捷、高效和方便灵活的特点，突破了在用人单位和毕业生之间形成的时间、区域、场所的限制，提高了供需双方选择效率，减少了招聘成本，深受广大高校毕业生和用人单位的欢迎及推崇。

现在利用就业网络进行毕业生就业管理，建立毕业生就业信息网络系统已经是各高校普遍应用的工作手段。上海交通大学已经利用网络技术全面开展毕业生就业工作，建立了一套行之有效的运作机制。毕业生可以利用就业网建立自己的个人信息资料，与用人单位进行信息的传递和沟通；用人单位可以通过就业网查询毕业生的基本情况，也可在就业网上发布用人信息。

二、就业市场的特点

毕业生在就业过程中表现出就业时间相对集中、就业压力大等特点，由此也体现了大学生就业市场发展其自身的特点，即专门性、时效性、集中性等。

(1) 专门性。大学生就业市场一般面向对象为高校应届毕业生。在学校组织的校园招聘或学校联办的毕业生就业市场中，参与者主要为本校或当地几所高校的应届毕业生，对于高校毕业生而言，这是他们的专门招聘场所，对于高校而言，则很容易形成该校固定的用人单位群体。

(2) 时效性。无论是以学校为主体单独举办的毕业生就业市场还是若干所高校联合举办的就业市场，基本上都会按照招聘季节分为春招和秋招。

一般而言，秋招是规模最大、参与企业最多、招聘人才最多的校园招聘，每年高校均会举行，专门针对校内大四上学期(本科院校)、大三上学期(专科院校)或者研二上学期的在读学生，时间一般为 8 月至 12 月，部分企业会在 6 月开始提前预订秋招会。而春招时间主要集中在 3 月到 5 月，主要对象的参加研究生考试、参加公务员和企事业单位招考招录的落榜生以及大三或研一的实习生和应届毕业生，也包括在秋招中没找到心仪工作的毕业生。

(3) 集中性。大学生就业市场的集中性一方面体现在招聘的面向对象比较集中，一般为高校应届毕业生；另一方面体现在时间与地点的集中，学校组织的校园招聘活动一般集中在春秋两季，线下招聘会一般集中在学校内部举行。

第二节　就业信息的整理

案例导入 ▶

　　某职业学院 2021 届会计专业毕业生小钱准备找工作，他不在意专业是否对口，希望工作地点在深圳，起薪不低于 6000 元。于是他在学校就业网站中查看用人单位的招聘信息，并向工作地点在深圳、起薪符合期望的公司投递了简历，目前已经收到了两家公司的面试邀请。

　　解析 在求职过程中，小钱选择在学校就业网站搜集就业信息。同时，他求职目标明确，根据自己确立的标准筛选合适的单位与岗位，有的放矢，而非消耗大量时间和精力海投简历。

就业信息的搜集和整理是大学生求职择业的第一步，毕业生在搜集岗位信息时，需要掌握搜集就业信息的原则并运用科学的方法，这样就能为顺利实现就业打下良好的基础。

一、就业信息的搜集

目前，大学毕业生获取就业信息的主要渠道有以下几种。

1. 学校毕业生就业工作部门

学校毕业生就业工作部门是学校的一个职能部门，其主要职责是为毕业生提供就业政策咨询与就业指导服务；收集、整理、发布用工单位的就业信息以及毕业生的基本情况；向用人单位推荐毕业生；编制、上报就业方案；落实毕业生派遣工作等。学校毕业生就业工作部门在与用人单位的多年交往中，与用人单位建立起了良好的、相对稳定的关系。经过筛选和分类的用人单位，其可信度高、招聘信息量大。因此，学校毕业生就业工作部门是毕业生获取就业信息的主要渠道。

2. 学校任课老师

毕业生所在学校的任课老师比一般人更了解本专业毕业生适合就业的方向和范围，以及近几年来毕业生的就业情况。在与校外的研究所、企业、公司合作开发科研项目或兼职教学、培训活动中，任课老师会比较熟悉这些用人单位的经营状况、工作环境和人才需求情况，他们提供的信息更能满足学生对专业发展的需求。因此，毕业生可以通过自己的任课老师获得有关用人单位的相关信息，从而不断充实自己的信息库，也可以直接让老师作为岗位推荐人或引荐人，以此增加自己求职成功的概率。

3. 校友

校友是指那些已经毕业并参加工作的"师兄""师姐"们。他们大多在对口的单位工作，对所在单位、行业的情况比较了解。通过他们，毕业生可以寻求去他们单位实习的机会，以获得许多具体、准确的就业信息。校友提供的就业信息，其最大特点是比较接近本专业毕业生的需求，对本行业中的实际工作、发展状况更了解。尤其是近几年毕业的校友更有职业信息的获取、比较、选择、处理的经验和竞争择业的亲身体会，他们提供的信息比一般的就业信息更有参考、利用价值。

4. 家长、亲朋好友

毕业生的家长和亲朋好友在不同的岗位上工作，他们十分了解自己工作的单位，并与各部门有着较广泛的接触，知道本单位哪个部门要进人、待遇如何，甚至相关单位的用人需求信息。因此，通过家长、亲朋好友获取就业信息是毕业生获取就业信息的一个非常重要的渠道。

5. 政府教育主管部门

全国性的毕业生就业主管部门是教育部，且县级以上的教育和人事部门都成立了毕业生就业的管理机构或指导机构。这些部门会定期收集所在地用人单位的人才需求信息，经过整理、分类、汇编成册，然后通过多种渠道发布出去。这些信息几乎涵盖了当地各行业的需求信息，因此地域性较强。对于有明确的就业地点要求的毕业生来说，这种渠道的就业信息显得尤为重要。

6. 供需见面会及人才市场

高校单独或联合举办的毕业生供需见面会或洽谈会、各地市举办的主要面向本地区的用人单位和毕业生的供需见面会及定期举办的人才市场招聘会，能在较短的时间内汇集众多用人单位和大量的需求情况，对于毕业生来说非常有帮助。目前，各地的人才市场越来越重视高校毕业生这一极具潜力的市场资源，也纷纷举办毕业生专场招聘会。部分省市已经建立了毕业生就业固定市场，毕业生可以常去那里查询信息、寻求就业帮助。

二、就业信息的分类整理

1. 就业信息整理的原则

毕业生在进行就业信息的分类整理时，把搜集来的信息按地区性质进行分类，再按照自己的择业标准进行等级分类，把那些自己感兴趣的单位列为第一等级，作为求职择业的重要选择方向。在整理这些信息时，应把握以下原则：

(1) 审时度势，明确宏观就业环境；

(2) 进行数据整理时，掌握重点，善于对比；

(3) 分门别类，看信息是否符合自己的需求；

(4) 分清主次，避免盲从；

(5) 发现机遇，把握机遇。

2. 就业信息整理的技巧

就业信息整理的技巧如下：

(1) 按照企业招聘信息整理，即根据招聘单位所出示招聘公告，按照企业性质及对毕业生的专业要求、学历程度及其他要求等进行分类(具体见表 13-1)。

表 13-1　企业就业信息管理表

收集时间	单位名称	单位性质	招聘部门	招聘专业	招聘人数	学历要求	所在地	联系电话	E-mail	备注

(2) 按就业信息的时效信息整理。在当今信息经济时代，面对大量的就业信息，特别是从报刊、互联网上收集来的信息往往令人眼花缭乱，如仔细加以辨别，就会发现当中有许多是已经过时的信息。因此，首先要对信息的时效性进行分析，剔除那些已经过时的信息，然后按时间的远近顺序排列整理(具体见表 13-2)。

表 13-2　供需见面会信息管理表

举办时间	见面会名称	主办单位	举办地点	招聘行业	招聘岗位	联系人	联系电话	备注

(3) 按照用人单位基础信息整理。市场上就业信息良莠不齐，需要高校毕业生在获取信息后，再通过相关途径或在网上进行企业相关信息收集，仔细分辨整理(具体见表 13-3)。

表 13-3　用人单位基本信息表

公司名称	隶属关系	规模大小	经营范围	法人信息	经营状况	福利待遇	发展前景

第三节　就业信息的运用

案例导入 ▶▶ ·······················•••••

某职业学院 2020 届毕业生小田通过家里亲戚得知深圳一家金融公司正在招聘相关从

业人员，而且待遇很好。而小田正好是财富管理专业的应届毕业生，于是很快就向对方投递了简历，并且当天小田就收到了对方的回复，邀请他去深圳进行面试并表示公司会派员工到火车站接待他，非常周到热情。

解析 假如你是小田，你会如何对这份就业信息进行分析，如何对待这份邀请？假如你是小田的同学，你又会给他怎样的建议？

一、对所获取信息进行分析

对所获取信息进行分析的内容如下：

(1) 就业信息的真伪辨识。毕业生离开学校到外地进行面试，要考虑安全性，同时要尽可能多地掌握招聘单位的相关信息并进行核实，比如公司具体地址、固定联系电话、面试的具体时间及其他相关要求；毕业生还要从提供招聘信息的相关渠道和工作人员那里搜集信息，加深对公司的了解，甚至通过应聘该公司的其他人员了解相关信息。

(2) 就业信息的积累与联系。毕业生所搜集到的每一份就业信息都是独立的，但当我们收集到了一定数量的信息之后，往往需要通过自己的思考，把这些信息进行分析加工，使这些信息能够客观地反映当前就业的动向和趋势，使自己能对当前的就业状况有一个全面的了解，从而使这些信息成为自己择业的依据。毕业生在搜集信息时不要太过盲目，避免因收集范围过大而浪费时间和精力。

(3) 就业信息的比较和筛选。将所有自己感兴趣的真实信息由重要至次要做一个排序，从中选取出对于自己来说是最重要的信息并认真加以分析，而一般的信息则仅供自己参考，这样利于毕业生明晰求职的重点目标和具体方向。根据自己的实际情况、专业和特长等设置一套标准，对信息进行进一步筛选，记住适合自己的才是最好的。

在筛选信息时，首先要对自己进行分析，可以对自己提出以下问题：我的核心竞争力是什么？我具备哪些专业理论知识和技术能力？我的兴趣爱好是什么？我的性格特征适合从事哪些职业？这份职业是否可以挖掘和提升我的能力？什么是别人做不到而我能做得到的？

(4) 就业信息的价值利用分析。大学生在求职之前，即使对自己感兴趣的招聘信息，也应该冷静地思考该信息传递出来的内在含义，比如这个信息所包含的内容到底是什么、用人单位到底要招聘什么样的人等。同时，结合自身条件来考虑自己与该用人单位、该职位是否匹配，比如自己有什么优势、该职位是否符合自己的个性、自己用什么方式去打动用人单位而获得职位等。只有充分考虑了这些因素，确认了该信息对自己的利用价值，大学生在求职时才能争取主动。

二、处理和应用就业信息时应注意的问题

处理和应用就业信息时应注意的问题如下：

(1) 从众行为：人云亦云，即缺乏主见。

(2) 轻信行为：认为熟悉亲友提供的岗位信息就一定是可靠的，报刊上的信息就是百分之百的准确，因而不做筛选就选择使用。

(3) 模棱两可：陷入海量信息的旋涡中无法自拔，在眼花缭乱的信息面前拿不定主意，

其结果只能是错失良机。

（4）急于求成：有的毕业生缺乏社会经验，真正到了人才市场，就心慌意乱；有的感觉自己择业条件不如人，一旦抓住信息，不经深思熟虑，就匆忙做决定；有的不慎重，在没有广泛搜集信息时便匆忙做决定。

三、就业信息的陷阱

目前，有些就业市场、劳务市场等存在种种陷阱、虚假信息和非法招聘活动，毕业生在求职就业时一定要提高警惕，加以辨别。

1. 常见的虚假信息、求职陷阱

常见的虚假信息、求职陷阱有以下几种形式：

（1）剽窃智力成果，坐收渔翁之利。有的单位为了降低用人成本，在业务特别繁忙的时候大量招聘低成本的应届毕业生，等试用期一过，就以各种理由解聘。因此，大学生在求职时一定要仔细了解招聘单位的评价等。

（2）虚假广告。在一些社会招聘会或招聘软件中，一些用人单位以名企、高薪招工为幌子，令那些求职心切的毕业生见到"包你进 500 强企业""月薪过万"的宣传噱头就信以为真，最后不仅心愿落空，为之付出的种种费用也统统要不回来了，甚至存在着陷入传销或人口拐卖的风险。因此，对于高校毕业生而言，求职时一定要谨慎。

（3）不交培训费，工资为零。以正式录取作为诱饵，骗取培训费的案例已屡见不鲜，但每年仍有毕业生因此掉入此类陷阱。一般正规公司会向求职者说明试用期的工资情况，即使在试用期没有通过考核，求职者也会得到相应报酬。另外，按照有关规定，招聘单位不得以招聘为由向求职者收取任何费用，如报名费、培训费等。对于一些打着招聘旗号的收费需要警惕，切勿盲目交钱。

（4）模糊职位信息。一些单位在发布招聘信息时，经常对招聘职位的工作内容模糊化，以高层或管理职位为名义进行招聘，录用后把求职者放到跑业务的岗位上。在求职时，毕业生一定要了解清楚职位的具体内容，询问工作细节。

2. 对虚假信息的反制

毕业生在求职应聘的过程中，注意从以下几个方面来进行求职择业活动，从而避免上当，规避损失。

（1）尽量选择由高校举办的校园招聘会或由政府、教育部等部门组织举办的正规招聘活动。

（2）查看招聘单位的营业执照：一看该单位有无法人执照；二看是否办理合法的招聘手续；三看招聘工资是否与该岗位的社会基本工资相符；四看招聘岗位是否与单位经营范围一致等。

（3）仔细询问应聘人员，不轻信于人。

（4）运用法律的武器维护自身的利益，如发生就业权益受到侵犯时，可向学校就业部门或省级就业指导部门反映，寻求帮助；同时也要收集资料，向用人单位所在地的劳动保障部门投诉，积极用法律武器维护自身合法就业权益。

四、科学选择用人单位

案例　导入 ▶

　　秀秀和丽丽是同一届的大学毕业生，两人也是很要好的同班同学，在毕业后单位的选择上却有很大的差异。秀秀性格内向，却一直盼望着能进入规模大且气派的公司做行政工作，觉得向亲朋好友说起自己工作单位的时候比较有面子。通过各种关系，秀秀如愿进入了一家大规模的国有企业，虽然只是前台的咨询服务，但是当看到父母在向别人提及自己的自豪感时，也就心满意足了。丽丽性格较外向，大局观也好。她并没有一味追求有名公司，而是根据自身的特点和专业，选择了规模不大但在朝阳行业内有着很好前景的民营企业。两年后，当昔日的好姐妹再次相聚的时候，秀秀因为整日机械式地工作，没有任何发展空间而在三个月前就提交了辞职报告，现在正在身心疲惫地为接下来的工作着落问题而奔波；而丽丽现在是公司的中层管理干部，虽然出身于秘书专业，但是由于自身的勤学好问，加上公司业务的不断扩展，她也逐步兼顾财务、管理方面的工作，随着经验的丰富，对企业的文化有了更深的认识。公司业务蒸蒸日上，也使得成绩显著的秀秀被提升为副总经理。现在丽丽正带领团队在和加拿大的公司进行贸易合作的洽谈，有望在年底签下一笔金额上百万元的订单。

　　解析　上面这种情况在现实生活中司空见惯。从这个案例中我们可以看到：好的东西并不一定适合自己。如果只是为了朋友家人的劝说，为了眼前的虚荣利益而选择并不适合自身发展的企业，即使得到别人羡慕的眼神，但快乐与否只有自己才可以体会得到。况且，在大规模的企业里工作，尤其是对于刚刚走出校门的大学生，很少能和公司的高层领导交流，在人才济济的公司里自己很少得到重视，发展的步伐也会因此受到一定的阻碍。而在看起来只是规模相对小些的企业里工作，员工们有着更为和谐的工作环境，并且更容易得到老板的关注；遇到问题可以随时交流，一般工作的覆盖面相对广些，负责的工作事务也广泛，这样可以扩大知识面，对自身素质和能力的提高有很大帮助。

　　一个人的成功除了机会的垂青外，更需要周密的准备。选择适合自己的企业对所有毕业生未来职业的发展非常关键，所以每一位即将踏入职场的毕业生都应未雨绸缪。下面结合前面的案例为求职者提供一种求职思路。

1. 你是哪种人

　　进企业的人有两种：一是靠工薪维持生活；二是将来自己创业。在选择企业前，你首先要知道自己的长远规划是什么：做技术专家、高级管理人员，还是选择进入自主创业？以上案例中的秀秀和丽丽就是选择先做普通的工薪一族，短期内不会进行创业。

2. 你的兴趣是什么

　　每一个求职者都应该明确自己的兴趣是什么，如研发、技术、测试、(硬件、软件)市场、销售、投资、人事、财务等，这个因素将决定求职者最初的岗位。以上案例中的丽丽就在求职前很好地分析了自身的特点，才不至于像秀秀一样做一位前台的咨询服务员，"因为整日机械式地工作，在三个月前就提交了辞职报告"。兴趣是职业发展的持续推动力。

从事任何工作，如果你对它失去了激情，那么，要么是你在被迫受到煎熬，要么是你在虐待自己，但最终的结果都导致员工和企业双方利益受损。

这里所说的兴趣涉及两个方面的内容：一是由于自身性格特点所形成的兴趣；二是在学习过程中形成的关于专业知识方面的兴趣。根据调查，职业的发展要受这两方面的综合影响，相对而言，前者的影响可能更大一些。

3. 行业发展前景及行业回报率

良好的行业发展前景是公司光明前途的基础，较高的行业回报率是企业利润的保障。丽丽的个人职业发展就是很好的证明。判断行业发展前景及行业回报率，可以在网上查阅相关资料，然后请教相关领域的专家或熟人。

4. 企业的地域、性质、规模及前景

求职者去比较适合自己的区域工作，就能够得到好的配套，如比较好的平台、比较好的培训、更宽广的视野，如选择在大城市里，则机会更多，而且激烈的竞争更能够激发个人潜能，更容易达到更高的职业高度等。如果则缺了某个环节，比如得不到培训、事业狭窄等，你就很难得到大的发展。单纯地说要去大地方发展或应该固守一隅都是不对的，因为更换地域而获得发展或发展受阻的例子都很常见，这里只说明这是个值得考虑的因素。在职业发展的初期要尽可能在比较发达的地方工作，等你已经在职业发展上达到相当的程度时再考虑生活上更能接受的城市。

关于企业的性质，粗略来说，目前国内的企业大致可以分为外企、国企和民企，政府部门可以归到国企中去。总体而言，外企更看重能力，国企需要处理公共关系方面的能力较强一点，民营企业需二者兼备。当然，这不是绝对的。具体选择什么性质的企业要根据自身的特点来决定。由于应届毕业生社会经验非常少，很难处理好很多的关系，对社会和职业等方面很容易形成一些错误乃至极端的看法。这个时候最好是到规模较大、制度规范的企业。这样在一个规范的体制里面学到的东西应该更加符合实际、更加实用，而且接触先进管理理念的机会较多。

如果你想在一个企业中长期工作下去，那么对你影响最大的因素莫过于企业的发展前景。一个朝阳产业中会有很多性质相似的企业，它们之间也会有优胜劣汰，产生企业并购重组。一个企业持续发展的动力源泉是企业文化。优秀的企业文化是企业良好发展前景的前提保证，那么选择企业时，就应选择已经践行着优秀企业文化的企业。

思考与实践

1. 毕业生的就业信息收集整理。高校毕业生为更好地搜集就业信息，除了要积极参加各种招聘会外，还需要对所收集的信息进行分门别类的整理。同学们在搜集相关信息后一周内将本章第二节的三个表格完成。

2. 为了科学选择用人单位，高校毕业生除了要积极参加各种招聘会、更好地搜集就业信息会外，还需要做什么，同学们在学习本章节后一周内完成以下问题：①你是哪种人？为什么？②你的兴趣是什么？将来想从事什么行业？③你期望的行业的发展前景及其行业回报率如何？④你未来想在哪座城市工作？为什么？⑤你想选择什么样的用人单位？

就业形势与职业要求

1. 能够正确地认识当今就业趋势，自觉塑造提升自己，抓住就业机遇。
2. 能够通过多种途径收集所需资料，正确选择与综合运用身边的各种就业资源。

第一节 就业供求情况分析

案例导入

张雷来自湖北的一个小县城，从小生活在县城的他一直非常向往到大城市工作，想过上如影视剧中的都市精英一般的生活。经过自己的努力后，张雷终于考取了武汉的一所高校。但是在毕业后，他没有听从家长的意愿留在武汉，而是选择了前往广州追求他的高薪职业梦想。但是，当他开始求职时，他发现广州的就业竞争异常激烈，有许多高学历人才都在与他竞争同一个工作岗位。此外，高昂的物价和房价也让他有些心灰意冷。最终，他找到了一份工资仅仅够维持他在广州日常开销的工作。

解析 高校毕业生们在选择就业地区时，不要过分追求大城市的光鲜亮丽。虽然大城市的快节奏、高压的工作氛围也是需要考虑的求职因素，但我国也推出了面向大学生的"西部计划"，为前往西部建设的毕业生提供高额补贴，这也是一个不错的就业去向。

近几年来，高校毕业生就业形势严峻，已成为一个值得关注的社会问题。高校毕业生能否顺利就业，不仅关系到每个学生和其家庭的切身利益，也关系到每所学校的生存与发展。因此，大学生要认清当前就业市场的变化趋势，抓住就业时机，转变就业观念。

一、地区供求情况分析

高校毕业生们非常重视就业地区的选择。东部发达地区经济发展比较好，就业机会比较多，可为毕业生提供良好的生存环境以及较好的发展前景，因此，大学生们更愿意选择该地区，但由于人才竞争激烈，导致很多学生都不能有效地就业。在西部地区经济发展较差，回报、收益较低，并且生存条件比较艰苦。虽然西部地区就业岗位比较多，但是大学生很多都因为条件困难不愿意在西部地区就业。

因此，大学生就业多数集中到发达地区，毕业后愿意到欠发达地区工作的毕业生数量较少。其中北京、上海、广州、深圳成为应届高校毕业生们的首选，而越来越多的人才涌入，导致这些城市已趋于一个人才饱和的状态。

案例 导入 ▶▶▶ ·······●●●

张萌是某职业学院经济学专业的一位学生，在填报高考志愿时，她发现身边的人都说女生应该选择文科类的专业，比如经济、会计、金融等类的专业，他们认为这些专业就业前景好，工作环境不错，薪资待遇也不错，无论是国企央企、大型公司还是事业单位，都需要这方面的人才，是最适合女生的选择。于是她听从了大众的意见，选择了经济学这个专业。在学校学习的过程中，张萌发现，经济学、会计这些热门专业招生人数都比一般工科专业的招生人数多得多。

当她毕业后踏入求职市场时发现市场上的确有许多公司在招聘经济类的毕业生，虽然市场的公开招聘人数也不少，但是经济管理类的应届毕业生数量极多，在一些好的企业公开招聘时，几乎是上百人竞选一个岗位，竞争极其激烈。即使是选择继续考研深造学习，经济类专业的国家线也远远高于其他专业。

解析 不同的专业的供求状况不同，这也与时代发展背景相关。以经济学为例，随着我国经济情况逐渐向好，职场上对具备硕士以上学历的高端经济学专业人才需求更为迫切，但对本科毕业生的需求相对饱和。而近几年来，随着大数据、云计算的提出，计算机、软件工程也成为人们眼中的"金饭碗"专业。于是许多热门专业由于报考人数多，导致就业空间不足。

▨ 二、专业供求情况分析

不同行业的就业热度不同，如今，越来越多的学生认为只要自己进入了一个热门专业学习，就可以获得一份薪资不错的工作。但是，一个重要的问题出现了，那就是热门专业的就业压力随之增大了。在猎聘发布的 2020 高校专业就业热度指数 30 强中，计算机科学与技术专业排名第一，为 1.97；经济学、机械设计制造及其自动化、电子信息工程专业就业热度位居第二至第四，就业热度指数均超过 1.5。

虽然国家在积极地开设各种专业，增加大学生的就业机会，给学生提供更多的就业岗位，但是目前还是面临着就业空间不足的问题。许多热门专业由于报考人数多，导致就业空间小。

第二节　典型职业岗位对学生的要求

每位毕业生，在未来无论从事何种职业，都必须具备一定的思想道德素质、科学文化素质、专业素质、身体和心理素质等，才能顺应社会的发展。

▨ 一、基本职业岗位对学生的要求

基本职业岗位对学生的要求如下：

(1) 思想道德素质。思想道德素质主要指从业者在思想政治上的信仰或信念以及道德上的修养等。思想道德素质是职业素质的灵魂，它从思想上影响着一个人。

(2) 科学文化素质。科学文化素质是指从业者对自然、社会、思维、科学知识等人类文化成果的认识和掌握的程度，是职业素质的基础，是职业素质的保证。

(3) 专业素质。专业素质是指从业者在职业活动中，在专业技能和专业知识方面表现出来的状况和水平。它是职业素质的基础，要做好任何工作必须有过硬的专业技能，这样才能有进一步的发展。

(4) 身体和心理素质。身体和心理素质是指从业者身体各器官的机能和个性心理品质的状态与水平，具体表现为健康的体魄和健全的心理。只有具备良好的身心条件才能从事相应工作，才能在这个社会上生存下去。

二、技术类岗位对学生的要求

岗位要求：想从事技术类岗位的学生应当具备较强的理论知识、计算能力、学习能力和实践能力。没有理论知识的指导，在实践中做任何尝试和创新都将很艰难。学生应当在校期间储备大量的知识和加强计算方面能力的培养，提高自己的实践创新能力。

三、教育类岗位对学生的要求

岗位要求：教师应该应具备本专业扎实的学科功底，能熟练掌握和运用本专业相关学科知识去满足专业教学的需要，并要求其在工作中具有一定的教育思想。教育思想是从事教育工作的前提，是教师综合素质培养的主导，它既把握着方向，又提供着动力。作为一名教育工作者，教师应对学生的思想、文化、技能、身体、心理等方面的素质进行充分的培养与塑造。教育类岗位要求工作者要有较高的政治素养和师德修养，要做到以下几点。

(1) 能忠诚于教育事业，爱事业、爱岗位、爱学生，积极工作，无私奉献。

(2) 能自觉地贯彻党的教育方针，遵循教育规律，面向全体学生，教书育人。

(3) 能努力学习，不断更新观念。

(4) 热爱学生，了解学生，尊重学生，建立民主平等的新型师生关系。

(5) 热爱学校，关心集体，正确处理人际关系，团结合作，能与家长、社会密切合作，共同育人。

因此，想从事教育类岗位的学生在校期间应该储备相应的学科知识，还应时刻激发自己对教育事业的热情。

四、研发类岗位对学生的要求

岗位要求：思维能力、成就导向、团队合作、学习能力、坚韧性和主动性等是研发人员应具有的素质。因此，学生在校期间应培养自己团队协作的能力，与团队中的其他人一起协作完成任务；在学习过程中积极获取想从事的行业研发岗的相关信息和知识，从而不断扩充自己的知识储备，提高工作技能。研发岗对于大部分人而言是枯燥的，因此，学生除了在克服外部困难的同时，也要在面对挫折时克制消极情绪。

五、销售类岗位对学生的要求

岗位要求：销售类岗位作为岗位分类的一大类别，其下包含许多分支结构，因此，当学生想从事销售岗位时，首先，应当确定自己想从事具体哪个行业的销售，如金融业销售、房地产类销售或其他销售，明确对各自的职业生涯规划。不同行业的销售岗位，也具有不同的要求，但总的来说，一个好的销售人员，应该具备好的口才。因此，学习和掌握一些说话技巧，锻炼自己的口才是很有必要的。其次，销售人员还需要具备扎实的基础知识，知识面要广，面对顾客时有话可说才能把控局面。最后，若想成为一名合格的销售人员，内心素质也很重要，销售过程中难免会碰壁，甚至遭受冷眼，因此需要具备一定的承压能力。学生在校期间可以通过大声朗读、辩论等方式锻炼自己的口才，扩充自己的知识储备。

第三节　大学生针对就业形势的准备

随着我国高等教育的发展，高校连年扩招，大学生的数量急剧增加，面临着就业竞争激烈以及就业难的局面。针对当前的就业形势，学生在进行求职准备时应注意以下五方面问题。

一、了解社会环境：提升就业能力的要点

社会的发展需要很多人才，但只有社会、市场需要的才是毕业生应该选择的就业方向。首先，一个职业的前途是与社会需求息息相关的，只有准确把握社会需求，紧跟时代发展步伐，选择的职业才有发展潜力，个人在职业方面的努力和投入才会增值，个人才能获得比较大的发展空间。其次，职业选择本身还是一种双向选择的过程，个人选择单位，单位也选择个人。一个人在做职业选择时，还要考虑用人单位的需求，知道自己的优势在哪，这样才能跟单位匹配成功。最后，职业选择还要符合自己的实际。每个人的性格不同，都有自己的兴趣爱好，因此要根据自己的实际和需求来选择职业。

案例 导入 ▶▶

小罗是某高校机械专业的一名学生，在高考进行志愿填报时，由于当时不知道自己对什么专业感兴趣，就听从父母的意见，选择了他们眼中"好就业"的机械设计与制造专业。但是，在大学学习生涯中，小罗发现自己对机械专业的学习并不擅长，反而对英语特别感兴趣，通过自己的努力，他在大学期间高分通过了大学英语的六级考试，并参加了各级别的英语技能竞赛，获得了不错的成绩。大学毕业后，由于对机械专业学习的不足导致他无法获得一份相关的工作，于是他决定转换自己的求职方向，选择从自己喜欢的英语入手。由于小罗出色的英语六级成绩和对英语的热爱，最终他被一家英文杂志出版社成功录用。

解析 高校毕业生的职业生涯发展与即将从事的行业发展动向密不可分，行业发展为个人发展提供机会，个人发展促进了行业的发展。但是热门专业并不一定适合每个人的职业道路，兴趣才是最好的导师。毕业生们首先要选择自己最感兴趣的行业，再将自己的职业生涯发展融入行业发展之中，借行业发展提供的机遇发展自己。因此，毕业生们要在自己最感兴趣的方向进行自己的职业规划，转换行业需要个人付出巨大的努力和时间成本，毕业生们需要慎重对待。

二、职业生涯规划：提升就业能力的基础

对很多毕业生而言，与其说是就业困难，不如说是就业迷茫，不知道自己应该从事什么样的工作。大学生职业生涯规划是大学生就业的第一步，对大学生的发展起着至关重要的作用。因此，大学生应重视自己的职业生涯规划，要用长远的战略眼光来审时度势，重视自我发展和职业前途。

三、社会适应能力：提升就业能力的关键

适者生存，生存是为了发展。对社会和环境的适应应该是积极主动的，而不是消极等待。大学生只有具备较强的社会适应能力，走入社会后才能缩短自己的适应期，充分发挥自己的聪明才智。因此，在不影响专业知识学习的基础上，要大胆走向社会。

四、良好的心理素质：提升就业能力的根本

大学生在求学过程中应注意提高心理素质，尤其是在日常生活中注意锻炼自己坚忍不拔的性格。在求职中，充分了解就业信息，沉着、冷静应对所遇到的困难，用积极的心态扫除成功路上的障碍。大学生的求职总会遇到许多困难、挫折甚至是委屈，面对这些问题抱怨是没有用的，更重要的是调整自我心态，提高自己对各种突发事件的心理承受能力。其实，就业的过程也是大学生重新认识自我、认识社会，并主动调整自我适应社会的过程。如果能通过求职而增强自我心理调节与承受能力，对大学生今后的职业生活都是非常有用的。

在求职中遇到挫折时，要用冷静和坦然的态度对待，客观地分析自己失败的原因。在就业市场化、需求形势不佳、就业竞争激烈的条件下，出现求职失败是在所难免的，要对可能出现的求职挫折有充分的心理准备。同时，应把就业看作是一个很好的认识社会、认识职业生活、适应社会的机会，应通过求职活动来发展自己。

五、端正择业心态：提升就业能力的保证

大学生应具有正确的择业心态，要积极、主动寻求就业，而不能被动地等待。大学生在就业中"抓住机遇"也是非常重要的，这样才能保证以后的求职顺利。要抓住机遇，首先，必须要多收集有关的职业信息，多参加一些招聘会，并根据已定的择业标准进行选择；其次，一份工作的好与不好是相对的，对别人合适的，对自己不一定合适，因此一定不能盲从，要时时记住，只有合适自己的才是最好的；最后，要注意机遇的时效性，在发现

就业机会时要主动出击，不能犹豫，也不要害怕失败，应有敢试敢闯的精神。

思考与实践

1. 专业能力的培养和职业素养的培养是建立在学生主动学习的基础之上，提高自身职业素养是求职者在求职过程中必须经历的一个环节，那么如何提高职业素养呢？同学们在学完本节后提出三个以上的方法。

思考方向：充分利用课堂内学习机会与重视课外自身培养的完美结合。例如：

(1) 主动参与课堂教学；

(2) 充分利用学院现有的丰富的教学资源和条件，最大限度地摄取知识；

(3) 主动参与到课堂中的讨论、练习(包括口头、书面)、实际操作(模仿性的和创造性的)等活动中去；

(4) 广泛参加课外学习实践活动；

(5) 积极参与各种社团活动，如学术讨论会、读书报告会、朗诵、演讲、写作、书法等。

2. 你未来想从事什么类型的岗位？你认为从事该岗位需要具备哪些职业素养，至少列出三个观点。

自我探索与职业选择

第十五章

★ 学习重点

1. 了解自我探索的概念及意义。
2. 掌握自我探索的方法。

第一节　自我探索的内涵及维度、原则、意义

案例 导入 ▶▶▶ ●●●

　　小孙高考成绩并不理想，没能考入心仪的大学。在父母的建议下，她报读了某高职院校护理专业。虽然近年来护理专业就业前景很好，小孙却发现自己根本不感兴趣，希望转专业。

　　解析 在就读护理专业前，小孙只是接受了父母的建议，觉得该专业就业前景好，却没有思考过这个专业是否合适。如果转专业，她应如何选择适合自己的专业呢？

一、自我探索的内涵及维度

　　我们每个人都渴望了解自己，认识自己，但是想要认识自己是一件非常困难的事情，很多人因为对自己缺乏一个清晰的认识，导致自己迷失在人生的道路上，所以探索自己、认识自己对每一个人来说都是一件重要的事情。

　　1. 自我探索的内涵

　　自我探索是个人利用一定的方法对自己全部身心状态的认识，从而形成一定的自我概念，自我评价。只有进行自我探索、正确认识自己，才能有的放矢地进行职业生涯规划。因此自我探索是职业选择和发展的前提和根据。

　　2. 自我探索的维度

　　自我是心理学的重要内容。精神分析学派创始人弗洛伊德提出了自我的三结构说，即本我(id)、自我(ego)和超我(superego)，从人格的三个维度上研究自我的发展。

　　我们所说的自我，不过是指"我"所有的一些特征和素质，而这些特征和素质是自己所能觉察的。所以，自我是一个人对自己存在的一种察觉，是对自己"一切"的察觉。这里所说的一切应该包括生理状况(如身高、体重、相貌等)、心理特征(如急躁、安静、沉稳等)、人际关系(别人对自己的看法,自己对别人的看法)以及自己所拥有的外在的物体(如衣服、鞋子、手机等)。

自我探索从自我本身的角度进行分析,可分为生理我、心理我和社会我三个维度。

(1) 生理我。生理我是指个体对自己的生理属性的意识,包括对自己的身体、体能、容貌及温饱感、舒适感、疼痛感等生理方面的意识。生理我是自我中最基本的内容,是其他自我内容的基础,它也是在自我形成过程中最早形成的内容,认知自我最早也是从认识生理我开始的。生理我使一个人把自我和非我区别开来,意识到自己的生存是寄托在自己的躯体上的,例如:我是个高鼻梁的女生,我是个高个子的男生等。

生理我是与生俱来的,我们只能接受它而不能改变它。随着自我意识的成长,我们逐渐对生理我有一个明晰的看法和正确的认识,但由于青年时期的特殊性,有的学生对生理我产生较高的心理关注。例如,女生关注自己是否漂亮,男生则关注自己的身高、体型等。

(2) 心理我。心理我是指个体对自己的心理属性的意识,包括对自己的感知、记忆、思维、价值观、性格、能力、兴趣等方面的认识和体验,它是人认识到自己的心理特征和心理倾向的重要基础,是职业自我的核心内容,也是自我探索的重点领域。它对一个人的职业选择和职业发展都起着至关重要的作用。伴随着生理我的成长及自我意识的发展,心理我的突出表现之一是自我意识的矛盾性,表现在"理想的我"与"现实的我"的矛盾,这种矛盾集中体现为理想和现实的矛盾,比如理想的大学与现实的大学,理想的就业单位与现实的就业单位,家长的投入与后期的回报等。

(3) 社会我。社会我是指对自己的思维、情感、意志等心理活动的认识,它包括个体对周围客观环境和人的影响、作用的认识和体验,也包括对自身在客观世界中的角色、地位、权利、义务、责任的认识和体验,也就是对社会方面自我的认识。

生理我、心理我与社会我是密切联系、相互影响的,它们包含着不同的自我认知、自我体验与自我控制,但由于个体的差异,使得每个人都对自己有独特的看法。

【课堂活动】

请用下面提供的形容词分别从自我三个层面描述自己,完成表 15-1 的内容。

聪明的、谨慎的、好奇的、大胆的、果断的、坚毅的、宽容的、慷慨的、引人注目的、冲动的、瘦弱的、独立的、孤僻的、懒惰的、乐观的、消极的、有耐心的、强壮的、高大的、自信的、苗条的、敏感的、顽固的、猜忌的、温和的、顺从的、善良的、爱运动的、体贴的、诚实的、大方的、合群的、正义的、友善的……

表 15-1 用形容词从三个方面描述自己

◇ 生理我	◇ 心理我	◇ 社会我
我是:	我是:	我是:

二、自我探索的原则

大学生在自我探索中认识自我、评价自我、接受自我的过程中应遵循以下原则。

(1) 全面性原则。自我探索应当全面，即应对自己进行全面的探索，既要看到自己的优点和特长，又要看到自己的缺点和不足；既要对自我某一方面的特殊素质进行具体探索，又要对其他各个方面的整体素质进行探索；既要考虑到全面的整体因素，又要考虑到其中占主导地位的重点因素。

(2) 客观性原则。自我探索还要掌握客观性的原则。对自己的观察、分析、评价和探索要以客观事实作为基础和依据，尽量克服个人主观因素的干扰。不客观的自我探索往往失之偏颇，不能正确认识自我。过高的评价往往使自己脱离现实，意识不到自己的条件限制，甚至狂妄自傲；过低的自我评价，往往会忽视自我的长处，缺乏自信，过于自卑。过高或过低的自我认知，都不能正确认识自己，对自己的探索都是无益的。

(3) 发展性原则。自我探索时，应当以发展的眼光看待自己。自我探索不但应当对自己的现实素质做出适当、全面、客观的评价，而且应当着眼于未来的发展变化，预估计自己将来的发展潜力。

三、自我探索的意义

【课堂活动】

回忆你做的印象最深刻的一件事，并与大家进行分享，并思考从这件事中你收获了什么。

"我是谁？""我是一个怎样的人？""我喜欢做什么？""我擅长做什么？"这些问题可能经常被提及，但可能很少会有人去认真思索。然而，这些看似常见的问题，却关系着我们对自身的探索和认识，影响着我们的职业选择及发展，甚至影响着我们的人生。因此，只有通过自我探索，才能正确认识自我，才能把握自己的发展方向，做出正确的职业选择。

自我探索的意义有以下几个方面的内容。

(1) 自我探索可以帮助大学生全面了解自己。通过自我探索，进行正确的自我认知，发掘和发挥自我潜能，增强职业竞争力。"回忆你做的印象最深刻的一件事"的过程，其实就是在自我探索的过程，这个过程有助于我们正确认识自身的个性特征、现有与潜在的资源优势，树立自信，引导自己对优势与劣势进行对比分析，帮助自己准确地评估个人目标与现实之间的差距。

(2) 自我探索帮助大学生树立正确的职业观。职业观是择业者对职业的认识、态度、观点，是选择职业的指导思想。只有进行自我探索，才能正确认识自我，才能进一步明确个人适合什么职业。

(3) 自我探索有助于全面提高大学生的综合素质，避免大学生的学习出现盲目性和被动性。自我探索是一个自我分析的互动过程，在探索中学会了解自己，及时发现不足，并加以改进。自我探索也是大学生综合素质提高的一个过程。

第二节　自我探索的方法

自我探索的方法包括内省法、实践表现法、成就分析法、社会比较法、他人评价法、心理测评法、霍兰德职业倾向测量法。

一、内省法

春秋时期，曾子曰："吾日三省吾身"。古希腊大哲学家苏格拉底更是说道："未经反省的生活是无价值的生活。"通过对自己的一些成长经历的回顾，比如过去哪些事情让自己做起来非常快乐、哪些事情做起来非常痛苦、哪些事情做起来非常刺激、哪些事情做起来比较费劲等，可以通过这些经历发现自己的职业兴趣、能力优势。比如人通过自我反省可以逐渐培养自己良好的性格，并且扬长避短，除此之外，还可以明确自己努力的方向。

【课堂活动】
请你利用 3 分钟时间为自己画一个自画像，把自己画成一个动物，不用任何文字描述，单纯用手画。完成后，请你讲述自己的自画像，与大家一起分享。

二、实践表现法

很多人存在着这样的思维模式："这事我不感兴趣""我不适合做这件事"等。还没有尝试怎么就知道自己不感兴趣、不适合呢？因此，在日常生活中，大学生应积极参加各种社团及社会实践活动，通过参与实践活动了解、探索自己的价值观、兴趣、性格及人际关系处理能力，分析自己获得的可迁移能力，从而达到认识自我的目的。大学生要把自己作为认知对象，积极参与活动，经常观察自己、剖析自己，明确自己的优缺点、喜好，充分地发挥自己的优势。

三、成就分析法

自我的各个方面都是在具体时间中表现和反映出来的，通过对自己在学习文学、艺术、体育以及社会工作、人际交往等方面的能力来进行自我认识。对善于总结和反思的人来说，将某些活动中获取成功的经验应用到类似活动中，会达到事半功倍的效果。因此大学生应善于从成功经的验中分析自我成功的原因，以进一步实现对自己的探索。

四、社会比较法

社会比较法主要是运用各种手段对个人的兴趣、爱好、价值观、能力等方面进行横向和纵向的比较。纵向比较是个人对自己成长的经历进行比较，从而进行自我探索；横向比较主要是与自身条件相符的人进行比较。在与他人进行比较时，需要考虑以下问题：

(1) 跟别人比较的是行动前的条件，还是行动后的结果呢？比如来自农村的大学生进入大学学习，不应该与来自城市的大学生进行比较，认为自己来自农村，条件不如别人，就影响到自己的学习、心态和情绪，而要与其他同学比大学期间的学习成绩及毕业后的工作成绩才有意义。

(2) 跟别人比较是依据相对标准还是绝对标准呢？是可变的标准还是不可变的标准呢？经常有大学生认为自己不如他人。其实他们关注的可能是外貌、家世等不能改变的条件，这些都没有实际比较的意义。

(3) 比较的对象是什么人？是与自己条件相类似的人，还是个人心目中的偶像或不如自己的人呢？确立合理的参照系和立足点对自我探索尤为重要，如拿自己的缺陷与别人的优点比较，会失之偏颇。因此，要根据自己的实际情况，选择条件相当的人做比较，找出自己在群体中的合适位置，这样才能比较客观地认识自己。

五、他人评价法

都说旁观者清，在工作和生活中，与我们长期相处的人也是相对了解自己的人。因此，他们的反馈意见可以更客观直接地帮我们认识自己。当然，以他人为镜认知、评价自己，并不是指别人对自己的某一次评价，而主要是指从对自己有影响的、关系较为密切的周围人的一系列评价中概括出来的某些经常的、稳固的认知与评价，这才是自我认知的基础。因此，大学生在学习和择业时，要虚心听取父母、老师、朋友、同学对自己的看法，了解他们对自己的长处和不足的评价，征求他们对自己择业的意见，这些对于正确认识自己、正确选择职业是很有帮助的。尤其是要善于听取批评意见，这样才能更全面地了解自己。在获得很多反馈时，要懂得甄别，对于某些与其他反馈相反的意见，更要花时间去了解和辨别，因为这个反馈所强调的很可能正是一条自己忽略而且一般人也忽略了的重要信息。

六、心理测评法

心理测评法是职业测评通过心理测验在职业心理测评上具体运用的方法。心理测评法的基本原理是，通过一个人对问题情境的反应来推论他的心理特征，也就是从个体的外在行为模式来推知其内在心理特征，因而心理测评是间接的而不是直接的测量人的心理特征。

通过心理测评法可以深入地分析和评价自己不知道且别人也不知道的一面，即潜在我。但必须注意：测评的结果受多方面因素影响，比如测试者的测试动机、测试环境、测试时的状态等。当测评结果与当时的自我认知出现较大偏差的时候，建议请心理测评领域的专家或职业咨询顾问来帮助解读测试结果，或者自己通过自我反省法、成就回顾法对测评结果进行求证和澄清。

为了最大限度地发挥心理测评法的效用，首先，应该选用一个权威性比较高的心理测试工具；其次，在做测评的过程中，一定要按照自己的真实想法填答问题，避免有主观情绪；最后，要选择一个没有外界干扰的安静环境。当然，对于测试的结果，我们不能过于盲从，只能当作一种参考。

七、霍兰德职业倾向测量法

霍兰德职业倾向测量法可以帮助毕业生发现和确定自己的职业兴趣和能力特长，从而更好地做出求职择业的决策。如果你已经考虑好或选择好了自己的职业，该测验将使你的这种考虑或选择具有理论基础；如果你至今尚未确定职业方向，该测验将帮助你根据自己的情况选择一个恰当的职业目标。

思考与实践

　　橱窗分析法是一种借助直角坐标系象限来表示人的不同部分的分析方法，它以别人知道或者不知道为横坐标，以自己自知道或不知道为纵坐标。在橱窗内分四个部分：公开我、隐私我、潜在我、脊背我。请在课后查找橱窗分析法的相关资料，并完成图 15-1 的内容。

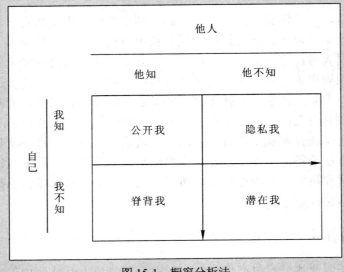

图 15-1　橱窗分析法

职业岗位定位

★ 学习重点

1. 了解不同岗位所需的素质与能力。
2. 掌握不同岗位员工的岗位成长因素。

第一节　岗位的概念及构成要素

案例 导入 ▶▶▶ ●●●

某集装箱码头有限公司操作管理岗招聘信息中，岗位职责如下：

(1) 负责协助船舶的靠离桥，确保安全、准确；

(2) 负责组织和监管船舶或堆场的操作，确保操作平稳、高效；

(3) 与控制部门紧密协调，合理调配资源(机械、人力安排及分配)；

(4) 监管现场司机和承包商作业工人的工作表现；

(5) 监管船舶或堆场的作业安全。

解析 请你从岗位职责描述中总结：用人单位对该操作管理岗的求职者有怎样的素质或能力要求？

一、岗位的概念

所谓岗位，是指参与社会分工，利用专门的知识和技能，为社会创造物质财富和精神财富，获取合理报酬，作为物质生活来源，并满足精神需求的工作。

二、岗位构成的基本要素

1. 任职资格

任职资格是指用人单位为了保证工作目标的实现，任职者必须具备的知识、技能、能力和个性等方面的要求。它常常以胜任职位所需的学历、专业、工作经验、工作技能、能力加以表达。用人单位的任职资格要求由以下两部分组成。

(1) 行为能力要求。行为能力要求包括适应战略要求的知识、技能和经验等。

(2) 素质要求。素质要求是指适合从事某一职类、职种、职位、职层任职要求的人的动机、个性、兴趣与偏好、价值观、人生观等。

从事不同职类、职种、职层工作的人所需的素质要求与行为能力是不同的，如技术类工作的性质与特点、工作方式与方法同营销类工作的性质与特点、工作方式与方法存在很大差异，因而对从事技术类工作的员工素质要求、行为能力要求与从事营销类工作的员工的素质要求、行为能力要求存在较大的不同；同一职类不同职种、职层的员工在任职资格要求上也有一定的偏重；同一职种不同职位上的员工任职资格原则上应该相同，这样便于同职种内员工的职位调配、轮换和工作协调等。

2. 职业素质

职业素质是劳动者对社会职业了解与适应能力的一种综合体现。职业素质包括受教育程度、职业兴趣、职业道德、职业技能、职业目标等。

(1) 受教育程度。个人受教育程度不仅仅指的是来自国家的教育，也有来自个人的自我教育，也是指我们掌握、储备的知识以及学习拓展的能力。

(2) 职业兴趣。一个人如果对自己的工作不感兴趣，就算是再有能力和知识也毫无意义。只有对自己的本职工作很感兴趣，且努力往上发展的，才能更好发展自己。

(3) 职业道德。只有良好的职业道德，才会在职业里行走自如。品德的败坏，只能让自己的职业生涯走向失败。

(4) 职业技能。这点也是十分重要的，是我们对职业的掌握能力，即我们所掌握的某个技术或者能力的体现。这个职业技能还表现在与人的交际能力上，处理问题的能力上，对于突发事件的应变能力上等。

(5) 职业目标。任何一个好的职业素养都有一个好的目标，只有定下了目标，才会向那个目标迈进。因此，想拥有好的职业素养，就得有一个好的职业目标。

第二节　岗位胜任素质与能力

案例导入 ▶▷▷　　　　　　　　　　　　　　　　●●●

某集装箱码头有限公司操作管理岗招聘信息中，岗位要求如下：

(1) 大专学历，航运、物流、港口等相关专业优先考虑；

(2) 具备基础的英语口语表达能力；

(3) 熟练使用 Microsoft Office 办公软件；

(4) 具备良好的沟通技巧和表达能力，有服务意识，责任心强；

(5) 团队合作能力强且吃苦耐劳，能承受工作压力；

(6) 能适应三班倒的轮班操作。

解析 请你从岗位要求描述中总结：用人单位对该操作管理岗的求职者有怎样的专业技能或素养要求？

一、岗位胜任素质的概念

岗位胜任素质是指专业知识、专业技能和专业能力等与职业直接相关的基础能力和综合素质，是满足职业生涯需要的一种特定要求，也是劳动者在一定的生理和心理条件的基础上，通过教育、劳动实践和自我修养等途径而形成和发展起来的，在职业活动中发挥重要作用的内在基本品质。

二、岗位胜任能力

1. 专业能力

专业能力是指学生通过训练而获得的、可以顺利完成某项任务的能力，也即掌握知识的能力、运用知识的熟练程度和准确程度等。专业能力主要包括专业知识等。对于学生们而言，专业知识的学习重点应放在两个方面：一是知识体系的构建，区分出什么知识是工作所必需的，什么知识是进一步提高工作能力所需要的，从而有目标、分批次地对知识进行储备和学习；二是学会对知识进行分类管理，使专业知识凸显重要价值，而相关知识也能充分发挥积极地辅助作用。

2. 专业技能

专业技能是指依据专业培养目标，通过一定的实践训练，使学习者熟练掌握的专门技术及能力，可以分为基础技能和专项技能。不同职业对从业者的技能掌握有着不同的要求。例如，就教师而言，其专业技能在于表述技能、书写技能、信息处理技能、标准的普通话和良好的语言表达能力以及应用现代教学媒体的能力等；公务员专业技能在于语言的组织管理、文字书写、文件信息管理等。

3. 道德素质和心理素质

道德素质和心理素质主要是指求职者的思想意识状态按社会规范的要求所达到的水准，求职者在思想政治上的信仰或信念以及道德上的修养等。道德素质从思想上影响着一个人。一个没有最基本道德素质的人，在职场上很容易就被淘汰。心理素质是指从业者个性心理品质的状态和水平，具体表现为健全的心理。当代社会压力无处不在，只有具备良好的心理条件才能从事相应工作，才能在这个社会上生存下去。

第三节　员工岗位成长因素分析

案例 导入 ▶▶

　　刚进入单位从事会计工作的小李，时常会感到迷茫。虽然大学期间学习的会计知识得以用到实处，自己扎实的专业知识也受到领导的赏识。但是在一天天忙碌的工作中，小李却经常为发展前景发愁：他的同事中，有十多年从业经验的，也有中途转行的，大家的经历各不相同，薪资也不同。后来，小李向领导求助，在领导的建议下，他利用业余时间考取注册会计师，评上了中级会计师职称，着重积累数据处理、数据分析能力。在当年单位的岗位调整中被提拔，现负责单位财务分析、制订预算工作。

　　解析 低层次会计账务处理并不能提高个人附加价值，相反，还面临着被新财务软件取代、淘汰的窘境。小李及时发现问题，并利用业余时间提升自己，最终抓住了提升的机会。

高校毕业生选择就业后会进入不同岗位，通过挖掘分析员工岗位的成长因素，有助于毕业生在开启职业生活后，更加顺利地融入职场，开启自己的升职之路。

一、职业生涯设计是前提

职业生涯规划使大学生更加明确人生的目标，是毕业生未来求职的前提。中国有句古训："志当存高远"，通常用来勉励那些人生刚刚起步的青少年一开始就要树立宏图大志。职业生涯规划就是一个人一生中所有与职业相联系的行为与活动，以及相关的态度、价值观、愿望等的连续性经历的过程，也是一个人一生中职业、职位的变迁及工作理想的实现过程。

(1) 职业生涯规划可以挖掘学生自我潜能，增强个人实力。一份行之有效的职业生涯规划将会：① 引导学生正确认识自身的个性特质、现有与潜在的资源优势，帮助学生重新对自己的价值进行定位并使其持续增值；② 引导学生对自己的综合优势与劣势进行对比分析，使其树立明确的职业发展目标与职业理想；③ 引导学生评估个人目标与现实之间的差距，进行理想与实际相结合的职业定位，搜索、发现新的或有潜力的职业机会；④ 使学生学会运用科学的方法采取可行的步骤与措施，不断增强职业竞争力，实现自己的职业目标与理想。

(2) 学生进行职业生涯规划时，应增强发展的目的性与计划性，提升成功的机会。职业生涯发展要有计划、有目的，不可盲目在求职市场四处试探，很多时候职业生涯受挫就是由于职业生涯规划没有做好。好的计划是成功的开始，古语讲，"凡事预则立，不预则废"就是这个道理。因此，职业生涯规划应该从大学生进入校园就开始培养、引导和训练，以便为大学生未来一生的职业发展打下基础。

二、知人善任的管理者与良好的工作氛围是关键

善于知人用人，有高尚的人格魅力的管理者，在工作中，也善于营造良好的工作氛围，成为员工内心认可和钦佩的对象。在优秀的管理者的团队中，所参与的工作项目与整体团队氛围都可以让人学习到很多的东西，这对大学生的长期发展至关重要。那么，怎样判断一个人是优秀的管理者呢？

(1) 有高尚的人格魅力。一名优秀的管理者，要具备决策力、创造力和应变力，有包括自知和自信、意志和胆识、宽容和忍耐、开放和追求的智慧和胸襟，潜心做事、低调为人、以身作则的品格，对员工产生潜在的引导作用。要本着关心爱护员工、以有利于员工成长进步为出发点，辅助、支持和帮助员工实现人生价值。

(2) 善于知人用人。管理者要善于把合适的人放在合适的位置，通过适当授权，既让员工能独当一面开展工作，又适时引导其保持正确的方向。对员工在工作中遇到的问题和困难及时给予帮助，激发员工的工作热情。

(3) 有真诚平等的内部沟通机制。真诚平等的内部沟通是创造和谐的工作氛围的基础，因此，一方面，管理者要善于在组织内部搭建沟通平台，加强团队协作。组织内部应提倡相互信任、相互帮助和相互尊重的氛围。当员工反映问题或提出建议时，上级领导应该虚心聆听，解惑释疑，对合理建议及时采纳，对不合理建议说明理由，引导员工达成统一认

识。另一方面，要客观、公正地对待员工。客观公平的环境会让员工产生信任感和安全感，因此，管理者要敏锐地觉察员工的情绪状态，了解并适当满足员工的需求，让员工感觉自己所从事的工作是团队不可或缺的重要环节，使员工对自己的付出和回报产生认同感，增强团队的凝聚力。

三、明确的绩效考核是激励上升的手段

绩效考核对于用人单位和员工发展的重要性是不言而喻的。

(1) 良好的绩效考核管理可以充分地调动起员工的工作积极性。其原因在于，绩效考核通常是在一个既定的期限内，由组织内部发起，并对该组织内的所有员工为组织所付出的劳动和贡献给予的客观评价。所以，员工可以通过绩效考核管理，知道组织对自己先前工作成绩和工作能力的评价，能通过此评价充分认识到自己的长处和短处。而在此之后，组织同样可以充分利用起员工绩效考核的评价结果，对员工的优点进行激励，对员工的缺点进行正确地引导，以使得他们可以知道自己未来的努力方向。

(2) 绩效考核管理能给企业和员工之间提供沟通的机会。企业领导者可以通过此对员工以往的工作情况进行开诚布公地讨论，借此机会对那些工作效率低或者绩效表现相对较差的员工的行为进行规范，并引导该员工在接下来的绩效考核中有所提高，还可以激励工作业绩好的员工继续为组织做出更大的贡献。

(3) 员工可以通过绩效管理来找出自己的优点和缺点，并根据此来改掉缺点和保持优点，以达到自我提升的目的。在听取了考核者和企业管理层的意见及建议之后，员工也可以更加清楚地知道自己未来的努力方向。如果员工自己可以通过不断地努力尽快适应公司的企业文化，那么他便可以轻而易举地获得升职的机会，甚至改善自己的生活条件。

四、企业文化是支撑

企业文化是员工可持续发展的重要因素，对于求职者而言，提升工作积极性，就要发挥企业文化的支撑作用。

(1) 企业文化要满足员工的精神需求。员工的个人发展与企业文化紧密结合在一起。美国心理学家赫茨伯格认为物质需求的满足是必要的，但作用是有限的、不能持久的，虽然可以提高员工的工作满意度，但是未必能导致员工的积极行为。要调动员工的积极性，不仅要注重物质利益和工作条件等外部因素，更重要的是从人的内部进行激励，恰当的精神激励比物质激励更有效、更持久。因此，企业文化要发挥内在的激励作用，满足员工的精神需求，提升员工对企业核心理念的理解和认同感，使其产生归属感、成就感和幸福感，激发员工的动机和潜能。

(2) 通过长期的自上而下的宣传、培训让员工产生认同感。企业文化在员工中要真正实现内化于心，就要将企业文化中的价值观、愿景、使命等核心内容与员工的个人发展和切身利益紧密结合，让其成为员工职业生涯和人生目标的方向和行动指南。这样可以使员工在企业文化建设中由被动变为主动，产生极大地满足感、荣誉感和责任心；达到员工个人目标和企业战略目标的有机融合，促进企业的可持续发展和个人的长远发展。

第四节　学生体验职业角色

案例导入 ▶

　　小吴是 2020 届高职毕业生，毕业后不到半年，已经换了两份工作。临近毕业时，小吴在学长的推荐下来到一家广告公司负责平面设计工作。虽然设计功底不错，但是小吴无法承受广告公司的高强度工作压力，还没结束实习期就辞职了。于是父亲提出在老家给小吴安排一份工作，工资不高但是清闲自在。小吴入职后不到一个月，就因为无法接收薪资过低、前景渺茫而再次辞职。后来，小吴尝试找工作，却始终无法找到薪资待遇、工作环境、发展前景都适合自己的单位，无奈之下，只能选择回家备考普通专升本考试，计划在下一年考入本科继续深造。

　　解析　先就业，再择业，本来是大学生寻找合适发展方向的好办法。然而，作为"社会大学"的新人，小吴并未能做好准备，面对如期而至的挫折，无法承受压力，于是频繁跳槽。

　　人的一生要扮演很多个角色，每一个角色都至关重要。大学生在毕业后，进入社会，就要实现从学生角色向职业角色的转换。作为大学生，应该怎样转换自己的角色呢？

一、大学毕业生进入工作岗位前的准备

　　刚从大学毕业，将要进入工作岗位的大学生，应做好以下准备工作。

　　(1) 心理和态度准备。许多大学生没有社会阅历和工作经验，到一个新岗位后，往往需要很长时间才能适应。如果其在就业前就做好了准备，就能快速适应工作。

　　(2) 技能准备。当今社会大部分用人单位都要求新员工掌握一定的英语和电脑技能。在公司里，电脑操作是必不可少的，一般的 **Word** 文档编写、**PPT** 编辑、**Excel** 表格制作是最基本的要求，所以大学生在校期间应该熟练掌握这些技能。

　　(3) 健康准备。有了健康的身体，才能更好地工作。所以，大学生在校期间应改掉不良的生活习惯，加强锻炼，增强体质。

　　(4) 为人处世的准备。早在两千多年前，孔子不仅极力推崇"知者乐水，仁者乐山"的个人信条，而且在"自省、克己、忠恕、慎独、中庸、力行"六个方面也给后人以深刻的教诲和警醒。对于大学生而言，学会为人处世是非常重要的。

　　(5) 情感处理的准备。情感对个人的事业发展有很大影响。对大学毕业生而言，如何协调好爱情与工作、朋友与同事、家庭与事业的关系，将影响到事业的发展。

　　(6) 服装、服饰的准备。准备参加工作的大学生要注意自己的衣着打扮。女生一般要准备至少三套职业套装，每天把头发梳理整齐，最好化淡妆，鞋子款式尽量简洁，最好走路不会发出声音，以免走动时影响其他同事。男生最好有两件不同颜色的纯色衬衣和一套西装；头发不能太长，最好不要留太新潮的发型，除了手表，男生最好不要佩戴手链、项链等首饰。

二、实现从大学生到职业人的角色转换

　　角色对于每个人来说都是相对的，人们总是扮演着各种不同的角色。例如，大学生在

学校对教师而言是学生，在家里对父母而言是子女，在社会对商店营业员来说是顾客。

大学生从求职成功起，就由原来的学生角色转变为一个新的社会角色——职业人。

1. 大学生角色与职业角色的区别

学生角色与职业角色的根本区别在于角色权利、角色义务和角色规范的不同。角色权利就是角色依法享受的权益，或应取得的精神和物质报酬；角色义务就是角色的社会责任；角色规范就是社会提供的行为模式。学生角色与职业角色的区别如表 16-1 所示。

表 16-1　学生角色与职业角色的区别

区别项目	学生角色	职业角色
角色权利	接受外界的给予，主要是依法接受教育并取得经济生活的保证或资助	依法行使职权，开展工作。结合实际创造性地发挥能力，并在履行义务的同时获得报酬
角色义务	学好科学文化知识，掌握为人民服务的本领，使自己的德、智、体、美全面发展，整个决策过程是一个受教育、储备知识、锻炼能力的过程	以特定的身份去履行自己的职责，依靠自己的本领或技能去为社会和他人服务，完成某项工作
角色规范	主要反映在国家制定的大学生行为准则和各学校制定的大学生手册之中，告诉学生怎样做人以及如何发展。因为学生是受教育者，所以在违反角色规范时，主要还是以教育帮助为主	对职业角色的规范因职业的不同而不同，但肯定是比学生角色更严格，违背了就要承担一定的责任，甚至是法律责任

2. 从大学生角色到职业角色的变化

从大学生角色到职业角色的变化内容如下：

(1) 活动方式的变化。学生以学习知识为主要活动，长期以来，学生角色使大学生处在一种接受外界给予的位置；而职业角色则要求运用自己的知识和能力向外界提供自己的劳动。这种从接受到运用、从输入到输出的转换是一种重大的改变。接受和输入主要是要记忆和理解，运用和输出则要求结合实际创造性地发挥，因此，有些毕业生，甚至是学习成绩优秀的佼佼者也会感到一时难以适应。

(2) 社会责任的增强。学生的主要社会责任通常体现在学习过程中的责任心；而职业人员的社会责任体现在对工作对象的责任中，他们的不负责将直接给社会造成损害。例如，学生学习得好不好往往被说成聪明与否，即使不肯用功，也常被看作是个人和家庭的事；而职业人员工作质量的高低不再被简单地看作是个人的事，往往要从其对社会责任的角度加以评判。商业人员在服务中对顾客冷漠，就会引起人们的不满和反感，甚至遭到公共舆论的尖锐批评，人们不会将其与学生上课时心不在焉、说话幼稚相提并论。学生走上工作岗位后，社会将以一个职业人员的评价标准来对其提出要求。

(3) 全面独立的要求。这种独立性的要求是和经济生活的独立同时开始的。学生在经济上主要依靠家庭的资助，进入职业生涯后，有了劳动报酬，经济上逐步独立。大学生经济上的独立使得家庭和社会向其提出了全面独立的要求，即工作上能够独当一面，学习上自我发展提高，生活上自己照顾自己，在社会关系上充分履行自己的责任等。这些全面独立的要求一方面为青年的发展和自身完善提供了更广阔的空间和自由度；另一方面也对青年提出了自力更生、加强自我管理的人生新课题。对于多年来依赖教师和家长指教、扶助的学生来说，这是一种新的挑战。只有较快地适应全面独立的要求，才会给自身的发展和事业上的成功带来有利条件。

3. 角色转换过程中应注意的问题

学生角色向职业角色的转换是一个艰苦的过程，需要坚持不懈地努力，毕业生从踏上新的工作岗位起，就要主动地促使这种转变，尽可能快地完成转变，在角色转换过程中要注意以下几点。

(1) 正确认识新的角色。转换角色首先要了解新的职业角色的性质、社会意义、工作要求、劳动条件、行业规范(包括技术规范、职业道德、纪律等)，从思想感情上重视它、接受它、热爱它。应当确信，一个人只要具有良好的综合素质，富有进取精神，无论在什么行业，都会干出成绩，"三百六十行，行行出状元"。在不同的行业里，一批批的事业成功者名扬四海，一个个的碌碌无为者屡见不鲜，其关键在于个人。

(2) 安心本职、脚踏实地。刚走上工作岗位的毕业生应尽快从大学的学习生活模式中解脱出来，尽快全身心地投入到新的工作中去。许多毕业生工作几个月后，还不能静下心，不能安心做本职工作，这对角色转换的实现是十分不利的。因此，开始工作时务必脚踏实地，尽快适应。

(3) 虚心学习，勤于思考。事实表明，一个人在学校学到的东西毕竟是有限的，大部分知识和能力仍需在工作实践中学习、锻炼和提高。尽管毕业生在校期间已经学到了一定的知识，但在陌生的职场中还是新手，一切都要从头开始。因此，毕业生要根据岗位工作的实际需要，通过向有经验的技术人员、领导、师傅、同事请教和自学，补充一些实践知识和技能，尽快地熟悉有关业务，掌握和提高观察问题、分析问题、解决问题的方法和能力，早日胜任本职工作。完成本职工作是每个职工应当达到的起码标准，但是要想使自己的工作卓有成效，依靠这点还不够，还需要发挥才智、开动脑筋、勤于思考。只有这样才能真正掌握职业对象的内部规律，提高工作质量和效率。

(4) 甘于吃苦，乐于奉献。有的大学生缺乏吃苦耐劳的精神，在工作岗位上拈轻怕重、斤斤计较。一遇到困难便退缩避让，时常抱怨"工作劳累，工资又低"，总想轻轻松松地获得高薪。要知道，甘于吃苦是角色转换的重要条件，只有甘于吃苦，才能面对现实，才会克服在角色转换过程中遇到的种种困难，及时进入角色。乐于奉献是完成角色转换的重要标志，毕业生走上工作岗位后，应当从一开始就严格要求自己，树立主人翁意识，增强社会责任越，培养积极奉献的精神，不计较个人得失。勤勤恳恳、任劳任怨，努力承担岗位责任，促使自己更好、更快地完成角色转换。

思考与实践

1. 请思考：若你即将成为某岗位员工，那么你的岗位成长因素有哪几点呢？

2. 如果你是一名高职三年级的学生，即将从大学毕业进入工作岗位，请问你应做哪几项准备工作？请同学们在学习本章后一周内提交一份500字左右的"职业角色体验报告"。

第四篇　求职能力提升

第十七章　简历制作

学习重点

1. 学习和了解简历的基本概念、分类，理解简历的重要性。
2. 学习和了解一份完整的简历包含哪些内容，掌握撰写简历的方法。
3. 学习和了解撰写简历应注意的事项。

第一节　简历

案例 导入 ▶▶

　　朋友的儿子砳砳于 2021 年 7 月从某职业学院大专毕业，通过各种渠道共投放了 60 多份求职简历，基本无回音，他备受打击。

　　由于求职不顺利，砳砳干脆躲在家里上网玩游戏。朋友焦急万分，感觉到表面装着慵懒无所谓的儿子，其实内心非常焦虑，很缺乏自信心，于是请我给予"心理辅导和职业规划"。闲聊几句，我便很奇怪：如此聪明、一表人才、见识甚广的优秀小伙子应该人见人爱才对，怎么竟然找不到工作呢？

　　砳砳苦笑说："发了 60 多封求职信，基本上都石沉大海了。我就不明白了，为什么别人连面试的机会都不给我呢？即使我再有才华、有能力，连拉出来秀的机会都没有，我又有什么办法呢？"后来，砳砳拿出了他的求职简历，我看呆了，整整四页，底色设计精美，还配了不少插图，就工作经历都有两页。

　　解析 案例中砳砳同学专业知识过硬，一表人才，可为什么投了 60 多份简历都石沉大海呢？是简历出了问题还是哪方面出了问题呢？到底是什么原因导致砳砳同学连面试的机会都没有呢？请同学们帮忙找找答案。

一、简历几问

和简历相关的几个问题如下：

(1) 简历真的那么重要吗？简历是求职者与就业单位的第一次正式近距离接触，它直接决定了求职者的求职命运。即使求职者得到了面试的机会，专家建议在面试开始之前，求职者还是需要向面试官呈上自己的简历。

(2) 为什么我总是得不到面试的机会呢？要知道，HR 在每份简历上所花费的时间很少。你只有让自己的简历足够地优秀，才能在短时间内吸引住 HR 的眼球。如果你不希望输在起跑线上，就需要系统地提高简历质量。

(3) 我需要的是一页简历吗？也许你的成长经历和能力足够撰写一本书，也许你的简历初稿有两页之多，现在你要做的就是根据面试岗位情况，把两页变成一页半，把一页半提炼成一页。

二、简历的概念

简历，顾名思义，就是对个人学历、经历、特长、爱好及其他有关情况所做的简明扼要的书面介绍。韦伯斯特对简历的定义："为求职者过去的工作经历、教育背景等情况的陈述材料。"这个定义表明人们更倾向于认为简历就是用于应聘的书面交流材料，它向未来的雇主表明你拥有能够满足特定工作要求的技能、态度、资质和自信。因此，简历对于求职者而言，是必不可少的一种应用文。

在人才竞争激烈的时代，简历作为一种自我宣传与自我推销的媒介，其作用也日益为人们所重视。成功的简历就是一件营销武器，它向未来的雇主证明你能够解决他的问题或者满足他的特定需要，你也因此会得到面试的机会并且最终得到你想要的职位。

三、简历的分类

若要将简历进行细致划分，可以分为许多种，但大体上分为时序型、功能型、复合型、业绩型及目的型等五种类型。

(1) 时序型。这是最普通也是最直接的个人简历类型，属于表格形式，即从你最近的经历开始，按逆时顺序逐条列举个人信息。这种简历清晰、简洁，便于阅读。一份按时间顺序排列的简历应包括目的、摘要、经历和学历等部分，一般适用于：

① 你的工作经历能很好地反映出相关工作技能；

② 你有一段可靠的工作记录表明你的能力获得了提升；

③ 你最近所担任的职务足以体现你的优势。

(2) 功能型。这是一种不太常用但往往很有效的简历。它强调你的资历与能力，并对你的专长和优势加以一定的分析和说明。一份功能型的个人简历表格一般包括目的、成绩、能力、工作经历以及学历等几部分。你可根据自己的实际情况选择使用功能型简历，它一般适用于：

① 你的部分工作经历及技能与求职目的无关；

② 你只想突出那些与应聘职务相关的内容；

③ 你是一个应届毕业生、退伍军人或者你正想转行；

④ 你的工作经历有中断或存在特殊问题。

(3) 复合型。这是一种时间型和功能型相结合运用的类型。你可以按时间顺序列举个人信息，同时刻意突出你的成绩与优势。一份复合型简历一般包括目的、概况、成绩、经历和学历等部分。复合型简历能最直接地体现出求职目的，一般适用于：

① 你是一位应届毕业生、退伍军人或者你正想转行；

② 你曾有过事业的巅峰；

③ 你既想突出成就与能力，又想突出个人经历。

(4) 业绩型。业绩型简历的表格以突出成绩为主，因此一般将"成绩"栏直接提到"目的"栏后。一份业绩型简历一般包括目的、成绩、资历、技能、工作经历以及学历等。

(5) 目的型。除了上述几种主要的类型外，简历也可以完全根据求职目的来安排。只要能适应具体情况，目的型简历可以是上述类型中任意一种(一般多为复合型)。目的型简历一般适用于特定职业的求职，对工作在特定领域的求职者较为有用，如教师、电脑工程师、律师等。

简历分类只是便于大学生更加清楚地认识和了解简历。一般而言，无论哪种简历，都应该包括求职者最基本的信息和申请的职位等信息，即简历一般包括个人信息、教育背景、工作经历、奖励情况、英语、技能、其他个人信息及求职意向等内容。

第二节　简历的撰写

案例导入

　　毕业于某职业学院的小晶，学的是工商企业管理专业，到一家单位去求职时，呈给面试官的简历上写的是 2017 年毕业，有丰富的工作经验，但面试官发现她是 2019 年毕业的，而且没有任何工作经验。招聘单位毫不犹豫地把她拒之门外。事后招聘单位说其实他们对这个女孩的印象挺不错的，而且在专业方面也比较适合他们提供的岗位。

　　解析　案例中的小晶，采取编造虚假简历的做法是不对的。作为面试官，首先希望应聘者是一位诚实的人。如果小晶没有那样做，可能已经得到了自己应聘的岗位了。

学习本节内容前，我们先来分析一下成功者与失败者的简历有什么区别，具体内容如表 17-1 所示。

表 17-1　成功简历与失败简历对比表

对比项目	成功者的简历	失败者的简历
个人信息	简明、扼要，包括准确的联系地址、电话、E-mail	类似"征婚"或"寻人"启事
教育情况	叙述清晰，列出 GPA、RANK，仅针对职位写出关键课程，用奖项突出自己	叙述不清，列出全部课程；诸多奖项并列，难以搜寻有用信息
工作情况	条理清楚地写出了工作公司、时间、职位、内容、结果和学习到的与应聘职位相关的素质	简单罗列，过多或过少；缺乏条理；内容缺乏选择性

续表

对比项目	成功者的简历	失败者的简历
奖励情况	突出重点型	罗列型
个人技能	突出相关专业技能	无针对性地突出内容
个人特长	闪光型	无关型
文字风格	言简意赅，逻辑性强	过度夸大或乏味
求职目标	有，对症下药，针对性强	无

参照上面的表格，我们来按表 17-2 分析一下失败的简历是否存在问题，如有问题，该如何处理？

表 17-2　失败简历分析

你发现如下问题了吗？	问题分析与总结
"个人信息"不标准	"个人信息"有标准写法
"教育情况"介绍不规范	"教育情况"有规范写法
"工作情况"的部分有重复信息、写法不规范	"工作情况"要做到"三原则"
"个人特长"部分太空洞	"个人特长"有闪光点可发掘
没有写"求职目标"	"求职目标"一定要有
描述性语言太多，语言风格不够简练	语言精练

综上所述，我们对失败者的简历可能存在的问题进行了分析总结，并给出了解决问题的方法。下面我们将学习有关简历的内容。

一、个人信息

个人信息的作用是方便 HR 清楚简历是谁的，如果对这位应聘者感兴趣且想联系他(她)的话，能够容易拨通他(她)的电话。这就是简历中"个人信息"的作用，个人信息的写作应该简单、直观、清晰，没有多余信息。

其中姓名、性别、年龄、地址、电话和 E-mail 是必不可少的内容，尤其是电话和 E-mail 一定要写在最醒目的地方，让 HR 第一时间找到联系方式，快速联系上你。

另外注意一点，千万不要在简历的页眉上加上"个人简历"字样，因为你本身就在写简历，不要因为细节问题而贻笑大方。

二、求职目标

在确定求职目标前，很多求职者(尤其是应届毕业生)都有一个困惑：求职目标要不要写？有人建议写，也有人建议不写，其实写与不写都有各自的利弊。如果写上，当然显得目标明确，但表明只能非这个行业或这个部门岗位不可，一定程度上限制了在其他行业或部门求职的可能性。例如你想申请某公司的职位时，明确写上了"营销部"，那么万一这个部门没有录用你，而你又不是非这个部门不可，就有可能失去在这家公司其他部门合适的岗位。但如果你什么也不写，HR 就难以清楚地判断出你适合从事哪一个岗位，在大量的简历面前，HR 不会花太多时间考虑你的背景是否更适合哪个岗位，这样也有可能失去机会。

一般建议应届毕业生写上求职意向，但是写求职意向时要把握一个"度"，既要考虑自己的能力范围，也不能过分谦虚，对自己的要求过低，无法体现出自己的潜能。不要写无用的工作意向，诸如"寻求一个良好的发展机会"或"欲寻求一份可以获得挑战与丰厚报酬的工作"等，这些都会让 HR 反感。

三、职业总结

职业总结的目的是强调你自己最出色的技术、能力、成就和特色。在简历的前面部分就要告诉用人单位，如果单位雇佣了你，将会得到什么样的帮手。

职业总结表述不清晰或根本没有职业总结的简历意味着求职者对自己过去的经历定位不是很清楚，一个没有认清自己的人很难得到公司的重用。招聘经理们还建议，写职业总结时，不要只罗列以往的成绩，而是要着重突出你将为公司做出的贡献。

四、教育背景

首先要强调的是，应届毕业生求职者应将教育背景置于最醒目的地方。有工作经验的求职者则应将"工作经历"放在"教育背景"之前。教育背景应该按照逆序时间来写，包括学校名称、学历/学位的获得时间、毕业时间、专业、主修课程、专业成绩/排名等。

五、工作经历

工作经历是简历中最核心的一部分内容。对于刚出校门的毕业生而言，工作经历无疑是软肋，如何规避这个问题呢？我们从工作类型划分的角度来分析，具体内容如下：

(1) 对于技术性质的工作，熟手比新手受欢迎，内行比外行受欢迎。所以，以往的工作经历及经验很重要，此时，毕业生要突出你在校期间从事相关工作的经历。

(2) 对于非技术性的工作，大部分同学没有全职工作经验，所以体现出和职位相匹配的综合素质和潜力是最重要的。如你是市场营销专业的，那就应该突出你的沟通能力、表达能力、策划能力、社交能力等。

应届毕业生要重点突出过去在学校社团或者社会实践活动中做了什么工作，承担了哪些职责，结果是怎么样的，因为这些都是你经验和能力的证明。

六、奖励情况

这部分要注意强调奖励的级别，每个学生在大学期间或多或少获得过奖励，而且奖励种类繁多，标准不一。仅仅说出奖励的名称是没有多大意义的，必须描述这些奖励实情，最好用数字来说明获得该奖励的难度，让 HR 明白得到这些荣誉的人是比较优秀的。如果你申请的职位跟你的奖励毫无关系，此时不要犹豫，将这些无关紧要的奖项从你的简历中立即删除。

七、技能情况

技能展示方面通常是用等级或资格证书来体现的，如果你的技能证书多而杂，一定要注意归类，只要对未来工作有用的和直接相关的能力证书"一个都不能少"，无关的能力证书要尽量少写或不写。列举的内容一般包括语言、电脑应用等的资格证书、认证或其他等。

八、其他个人信息

1. 个人爱好

个人爱好要突出强项，弱项尽量不要写。面试官说不定对哪个项目感兴趣，有时会跟你聊到，尤其是接连面试了很多人之后，会聊一些轻松的话题，一旦谈到你的弱项，就会使你窘态尽出、丧失自信，更重要的是，他会认为你没有诚信。另外，个人爱好尽量只写两三项，因为大多数人只在少数几方面很强。

不具体的爱好不写，如运动、音乐、阅读。大家不知道你具体喜欢什么，或者让大家觉得你根本就没有真正的爱好。

针对职位的需求，通过"个人爱好"来补充说明自己在某些素质和能力上的掌握情况。在很多情况下，HR 可能会通过个人的喜好、爱好来判断这个人的一些品质，比如团队协作精神、个人独立工作能力、沟通能力等。如果你喜欢旅行，而有些工作需要经常出差，那么你写上旅行是非常有利的；有些女性写上烹饪，很实事求是，也给人以踏实的感觉；而篮球、足球、排球等个人爱好则可以体现你的团队合作精神。

2. 自我评价

自我评价最好不要写。因为此处一般人写的内容都是套话，不实在；而且在前面尤其是工作经历方面能证明个人能力的有很多。

如果你还有什么信息没有在上面提及，可以加入到"补充信息"模块上。例如，如果你应聘国企，则可以加上"党员"这个信息。

第三节　简历制作的注意事项和提升技巧

再好的产品，也离不开好的营销；再优秀的人才，也需要自我推销。应届毕业生在开启职业生涯之初，也毫不例外的要推销自我。推销自我的第一步就是给用人单位递上一份求职简历，它是开启求职的"钥匙"，用人单位在没有见到毕业生之前，往往通过简历来进行第一轮筛选。因此，简历给用人单位的第一印象至关重要。

一、简历制作要注意的事项

如何写求职简历，首先来听下用人单位说法，"在我们收到大学生简历中，100 份里大约只有 10 份比较符合要求。"那么什么样的求职简历才是优秀的呢？怎样才能得到用人单位的青睐呢？下面整理了一些知名企业人力资源部的负责人给出的一些建议。

1. 简历不要太长

毕业生的简历有的太长，甚至有的简历长达 10 页，其实简历过多反而会淹没一些有价值的闪光点。因此，每到招聘季，招聘企业尤其是大型知名企业会收到很多求职简历，工作人员不可能每份都仔细阅读，一份简历一般只用 5~8 秒就看完了，再长的简历也不超过 1 分钟。所以简历力求简短，只要一张 A4 纸就足够了。

简历过长的一个重要原因是有些人把早期学习经历都写进去了。这完全没有必要，除非之前的学习生涯中有特殊成就，比如在奥林匹克赛中获得了一等奖，一般来说，学习经历要从大学开始写起。

很多毕业生的求职简历都附了厚厚一摞成绩单、荣誉证书、专业技能的复印件，这同样完全没有必要，只需要在简历上列出所获得的比较重要的荣誉，尤其是与职业岗位相关的荣誉即可。

2. 一定要客观真实

求职简历一定要按照实际情况填写，任何虚假的内容都不要写，以免给自己带来不利。

3. 不要过分谦虚

简历中要客观真实并不等于把自己的一切，包括弱项都写进去。有的毕业生在简历里特别注明自己某项能力不强，这就是过分谦虚了，实际上不写这些并不代表说假话。如有人写道："我刚刚走入社会，没有工作经验，愿意从事贵公司任何基层工作。"这是过分谦虚的表现，会让招聘者认为请了一个打杂人员。

4. 简历上要写明求职的职位

求职简历上一定要写明求职的职位。建议不要只准备一份简历，要根据工作性质来侧重地表现自己，如果认为一家单位有两个职位都适合，可以向该单位投入两份职位不同的简历。

5. 在文字、排版、格式上不要出现错误

用人单位最不能容忍的是在简历上出现错别字或者在格式上、排版上有技术性错误，以及简历被折叠得皱皱巴巴、有污点，这会让用人单位认为连求职这样的事情都不用心，工作也会比较懒散。

6. 简历不必做得太花哨

现在应届毕业生们普遍认为简历都讲精致、华丽，有的连纸张都是五颜六色的。一般来说简历不必做得太花哨，用质量好些的白纸就可以。简历过分标新立异，在应聘时反而会带来不好的效果。

7. 简历言辞要简洁直白，不要过分华丽

"我希望有这样一个人生，它在经历了无数场风雨后成为一道最壮丽的彩虹……请用您的目光告诉我海的方向……"王经理当场朗读这份大学生求职简历让在场的同学都笑了。大学生的求职简历很多言辞过于华丽，形容词、修饰语过多，这样的简历一般不会打动招聘者，建议简历最好多用动词置前的方式书写，这样间接直白。

8. 不要写上对薪酬的要求

很多学生都对简历上该不该对工资、待遇等写明具体要求存在疑虑。简历上写明工资

的具体要求是要冒很大风险的，最好不写。如果薪酬要求太高，会让企业感觉雇不起，如果要求太低，又会让企业觉得分量轻。

9. 不要写太多个人情况

有些学生的求职经历在介绍个人情况时非常详细，包括姓名、性别、身高、体重、家庭状况、婚姻状况等，建议大家不要把个人资料写得如此详细，姓名、电话和性别是必须的，家庭状况、婚姻状况可有可无，如果你应聘国家机关、事业单位应该写上政治面貌，如果到外企求职，这一项可以省去。

10. 不要邮寄附件

当邮寄简历时，不要把学习成绩单、荣誉证书、技能证书的复印件等一并寄出，除非被特别要求这样做。当你获得面试机会时，可以用一个文件夹整理好这些材料去参加面试。

11. 其他注意事项

不要仅仅把招聘公司的工作职位说明复制到简历中，来说明自己的工作能力，不妨列举出特殊的工作技能、获奖情况等资料来证明自己比竞争者更适合这个职位。不要不分主次、事无巨细地罗列所有的工作经验、无点睛之笔。

二、简历制作提升的技巧

简历制作提升的技巧如下：

1. 巧用有效信息，弥补工作经验不足的劣势

一般来说，招聘单位都要求应聘者有一定的工作经验，应届毕业生在这方面处于劣势。化劣势为优势的办法就是在简历写作中，将在校内外活动、兼职工作经验、培训、实习及专业认证、兴趣特长等信息有效组织起来，以此来展示个人能力的潜质。例如，相当丰富的社会实践经历，高水平的外语或计算机应用能力，担当主要学生干部培养的组织协调能力，成功策划过大型活动的经历等，可以用这些学校的实践经验来弥补工作经验不足的劣势。

2. 精心加工，制作一份有特色的求职简历

在简历写作过程中，个人基本情况、求职意向、学习经历(教育背景)、工作经历、个人成就及特长和兴趣，这些基本内容必须完整，而且层次要分明，这样有利于重要信息的陈述。

个人简历的写法没必要千篇一律，形式也不是只有纸质一种，如华南理工大学有毕业生制作了光盘简历，某美院毕业生将简历设计成名片(一面是本人基本情况，一面则是本人主要作品目录)等。无论采用哪种形式，要因人而异，原则是突出个性、富有创意的向用人单位展示自己，而不是哗众取宠。

3. 完美的英文简历，成功走向外企的第一步

应聘外企的关键环节之一，是准备一份完美的英文简历。英文简历不是中文简历的直译本。准备英文简历要符合外国人的阅读习惯，把自己最大的优势写在前面，针对性要强，不要过多涉及个人信息。

当决定应聘某一外企的某一职位后，要认真阅读企业招聘广告上所列的每项要求，并且将自己的学历、能力与兴趣逐一与之比较，然后突出自己的重点，将之放置在最吸引眼球的地方，使招聘者一眼可见。这样做的好处是，让应聘者清楚该职位是否适合自己，自身条件又是否切合企业的要求，更重要的是能完美地展示自己。

思考与实践

1. 什么是简历？
2. 一份完整的简历包含哪些内容？哪些内容是我们应届毕业生简历中的必须项？
3. 简历制作的注意事项有哪些？阐述最重要的 3~4 项。

第十八章　面试技巧

★ 学习重点

1. 学习并理解面试准备的相关内容，熟练掌握面试准备的相关技巧。
2. 学习并掌握应聘面试方法和技巧，提前做好求职面试准备工作。
3. 学习了解面试中的笔试类型，掌握应对笔试的方法与技巧。

第一节　面试准备

案例导入　▶▶

　　小张是 2020 年英语专业大专毕业生，有较高的英语专业水平，曾在一些省市竞赛中取得优异成绩。小张去应聘一个初中英语教学职位，自负的她认为这很简单，所以没有对应聘单位进行认真详细的调查。面试官简单地问了小张一些英语方面的问题，小张对答如流，她觉得主任对自己比较满意。主任把小张带到了一个坐满了学生的教室，让小张围绕"生命"给学生们上一堂课。当她正自我陶醉在"传道授业解惑"的满足感中时，主任示意小张可以结束讲课了。

　　主任问："你对我们学校了解吗？""知道一点，你们是外语培训学校。"小张回答。他又问："你知道来我们这里培训的都是什么人吗？我们学校的特色和授课风格是什么吗？"小张无语。他说："你恐怕对我们不太了解，从最初的谈话中，我感觉你对英语教学这个职位好像也没做好准备。我们的学生的英语很多都是需要加强的，而他们本身对英语又没什么兴趣。刚才听了你的讲课，你的专业水平可能达到了我们的要求，但在教学上，你根本没有与学生互动，不能吸引他们学英语。我感觉你不太适合……"小张听出了他话中的意思，起身告辞了。

　　解析　小张专业知识虽然得到了面试官认可，但为何求职还是没有成功呢？关键是没有做好面试准备工作。案例给人的启示就是，我们应该收集一些应聘单位的资料。

　　面试是求职者求职择业的关键环节，希望求职者高度重视，以免一招不慎使择业失败。

　　当你发出简历后，你所期盼的就是接到电话通知你去面试，所以要随时做好对方打来电话的准备，随身备好一个小本子、一支笔和做好标记的简历。接到电话首先要问候："您好！"当对方通知你面试时，不要过分激动，要平和地说："谢谢！"再认真听对方通知面试的时间、地点及相关要求，边听边记。然后提出自己想了解的相关问题，准确记下给你打电话人的名字、电话号码，再次表示感谢，挂机前要说："再见！"

一、面试前的物资准备

常言道：凡事预则立，不预则废。有充分的准备，方能战无不胜，攻无不克！

在寄出或发出求职信的同时，应该把每个企业的招聘广告记录下来，以便在收到企业的面试通知时进行查阅，避免张冠李戴。接到面试通知后，要清楚乘坐什么交通工具以及乘车的时间，给自己留出充裕的时间，包括一些意外情况都应考虑在内，以免面试迟到。

面试前，应把自己准备带去参加面试的文件包整理一番，做好标签，带上必备用品。求职记录本应该随时带在身边，以便记录最新情况或供随时查询。从这些细节中可以看出一位求职者的条理性，一个整理不好自己包内物品的人，很难在工作中有条有理。

二、面试前的心理准备

目前职场竞争非常激烈，求职者挖空心思、想尽各种办法去求职，但是许多时候都非常的盲目，其中重要的原因就是对职场的迷茫、对自身认知不足、没有做好有针对性的准备。毕业生择业的过程是一个复杂的心理变化过程。面试者是通过竞争谋求职位的，成功的关键在于自己的才能及临场发挥情况。做好择业前的心理准备，排除心理干扰，应着重克服以下几方面的心理障碍：① 盲目自信；② 自卑畏怯、信心不足；③ 当断不断、患得患失；④ 依赖心理、人云亦云。

三、面试前的研究准备

有的人面试一帆风顺，有的人却屡战屡败、到处碰壁，除了各自的知识、本领、素质的不同外，最根本的区别还在于"知己"的能力。所谓求职"知己"的能力，实际上就是一种了解自己，让他人也能正确地了解和选择自己的一种能力。因此，面试前有必要研究以下三个问题：

1. 研究一下你自己

面试最重要的还是自己要有所准备。一般面试都分为自我介绍、回答问题和面试官提问这三个环节。首先自我介绍要做好；其次对申请的职位要很了解，了解了职位后，你要问自己：① 应聘的工作职位适合自己吗？② 应该如何给职位定位？③ 你对这个职位感兴趣吗？④ 你参与竞争的优劣势是什么？最后回答面试官提出的问题。

2. 研究面试官

面试时应聘者与面试官直接接触、当面回答问题，多数人会感到紧张、慌乱，临场发挥不好。其实你研究好面试官，面试时就可以沉着冷静、流畅应答。

一般面试官有谦虚型、老练型、唯我独尊型、演讲家型、死板型、迟滞型六种，他们提出的问题风格不同、基调不同，但都属于全方位、广角度、多元化、含义深的问题。面试官提出问题的目的就是考察、考核求职者对这份工作的态度和能力，即考察应聘者的教育背景、工作经历；是否具备相关的能力素质；是否具备较高的职业素养；是否具备相关专业技能与相关经验；应聘者的优缺点是什么，优劣势是什么；成就与失败是什么；个人的发展规划是什么；是否有发展潜力和成功意向等。面试问题也有直接式、选择式、自由式、因果式、测试式、挑战式、诱导式等几种类型。

面试过程中应聘者的回答将成为面试官考虑是否接受自己的重要依据，因此，了解面试官的真实意图至关重要。如果在你面试之前可以通过电话和面试官进行一次交流那就更好了，这样可以：① 让面试官对你有良好的第一印象；② 了解面试官的整体考核内容。

3. 研究企业的相关资料

企业面试应聘者，期望通过应聘者临时应变能力考量其真实水平。但是，绝大多数面试官不可能像应聘者一样，做好被"考问"的准备。在这种情况下，应聘人员出其不意地问一两个问题，或许可以起到"后发制人"的效果，但是你要保证自己对所应聘的公司和职位有很深入的了解。因此，求职前，要先了解一下公司的情况：总公司所在地、规模、架构、背景、经营模式、目前的发展状况和未来的发展规划等。如无法得到书面资料，也要设法从该公司或同行中获得"情报"，包括企业的业绩、规模以及今后预备拓展的业务等，若能得到业界的评价更好。

另外，要了解应聘企业的企业文化是什么？企业文化对个人发展极为重要。一个聪明的求职者，往往在面试过程中会筛选一些关于企业文化的信息，从而判断出企业的工作环境是否公平，也可以判断出如果入职该企业，上升通道中是否有限制因素。面试时，公司了解你的同时，你也可以进一步了解公司的情况。谈到工资和待遇时，对含糊其词的公司，要提高警惕，避免因为急于找到工作而上当受骗，特别是不要轻易给招聘单位预付任何费用，进入某个公司也不要盲目欢喜，要观察、思考、谨慎、机灵。不要选错公司，有时选择错误会引发"多米诺效应"。

四、面试前的提问准备

企业为什么要面试？这是企业了解应聘者工作态度的最好方法。在笔试、面试和实地考察等招聘方式中，面试是反映应聘者能力的一种重要手段。所谓"运用之妙，存乎一心"，掌握了常规的方法技巧，面试就会成功。

面试过程中，最大的困难是如何回答面试问题。其实如果你能够好好准备，加上临场镇定的表现和充分发挥，针对不同类型的问题，以不同的方式应答，灵活机动，就能轻松过关，争取求职成功。一些名牌企业，特别是世界 500 强企业面试时，常常会用英语进行问答，当面试官用英语向你提出问题时，你要是能讲一口流利的英语，那无疑会为你的面试增彩加分，所有的面试官都会对你刮目相看。

五、面试前的仪容仪表准备

应聘者要注意自己在面试中的仪表仪容问题。仪表大方、举止得体，与所应聘职位的形象相符合，会给招聘人员留下大方、干练的良好印象，是求职者的加分项。选择服装的关键是看职位要求，应聘银行、政府部门等单位时，穿着偏向传统正规；应聘公关、时尚杂志等，则可以适当地在服装上添加些流行元素，显示出自己对时尚信息的捕捉能力。仪表修饰最重要的是干净整洁，不要太标榜个性，除了应聘娱乐、影视、广告这类行业外，最好不要选择太过于夸张的穿着。对于应届毕业生来说，面试时也可以穿休闲类套装，它相对正规套装来说，面料、鞋子、色彩的搭配自由度更高。身上穿的、手上戴的均能反映出求职者对所申请职位的理解程度。参加面试时要注意整洁大方，不可邋遢。无论是男装或女装，对质地、面要略有讲究。好的面料可以使剪裁的服装更加合身、相得益彰。合乎自身形象的着装会给人干净利落、有专业精神的印象，男生应显得干练大方，女生应显得庄重高雅。

第二节　面试的内容与技巧

案例 导入 ▶▶▶ ● ● ●

　　小陈在 2020 年大学毕业后做了半年的小学老师，但他一直认为教师这一职业并不适合自己。为了能争取做自己喜欢的工作，他果断地做出决定，在学期结束之际来到某公司应聘人力资源部的管理人员。人力资管部的经理负责招聘面谈工作。一见面，小陈就感觉到这是一位很老练的招聘人员。虽然自己没有太多的优势，但小陈决定用轻松的心态勇敢地面对。经理先打量了一下他，问道："你不认为你做这项工作太年轻了吗？"小陈回答："我快 23 岁了，尽管我没有相关工作的经历，但我在上学期间有三年领导学校学生会的工作经验。2016 年初，我被推选为当年的学生会主席，之后又连任两年。您可以想象，管理和组织 100 多名学生并非易事，没有一定的领导艺术和管理能力，是无法胜任的。所以我认为，年龄固然能说明一定的问题，但个人素质和能力更为重要。因为，这是一个管理人员所不可或缺的。"

　　"你喜欢出差吗？"经理又问了第二个问题。小陈的目光始终正视着面试官，他直率地回答："坦率地说，我并不喜欢。经常从一地到另外一地出差并不是一件惬意的事情。但我知道，要想成为一名优秀的管理人员，就一定要从最基层的工作做起，而出差是商业活动的一个重要组成部分，所以，我不会在意出差的艰辛，相反我会以此为荣。我非常喜欢这份工作，我觉得自己更看重的是这一点。"

　　"如果我们接受你，你会干多久呢？"这是经理问他的第三个问题。小陈想了想，回答道："没人愿意把一生中最宝贵的时光花费在不停地寻找工作当中，也不会有人愿意轻易放弃自己所喜爱的工作。就拿这份工作来说，如果它能使我学以致用，更好地发挥我的潜能，而我也能从中学到更多的知识与技能，并且能得到相应的回报，那么我没有理由不专心致志地对待我所热爱的工作。"在小陈回答问题时，面试官一直专注地看着他。显然，面试官很欣赏小陈的坦诚与机敏。面试后的第三天，小王就收到了录用通知。

　　解析　小陈作为一个毕业半年的应届毕业生，他在应聘过程中表现出了哪些优势？他在回答 HR 人员提问时体现了哪些应答技巧？希望同学们从中学习体会。

一、面试的种类

1. 面试的目的

一般来说，面试有以下几个目的：① 考核求职者的动机与工作期望；② 考核求职者仪表、性格、知识、能力、经验等；③ 考核笔试中难以获得的信息。

2. 面试的种类

依据面试的内容与要求，可将面试分为以下五种：

(1) 问题式面试。此种面试由招聘者按照事先拟订的提纲对求职者进行发问，其目的在于观察求职者在特殊环境中的表现，考核其知识与业务，判断其解决问题的能力，从而获得有关求职者的第一手资料。

(2) 压力式面试。此种面试由招聘者有意识地对求职者施加压力，就某一问题或某一事件进行一连串的发问，详细具体且刨根问底，直至无法对答。此方式主要观察求职者在特殊压力下的反应、思维敏捷程度及应变能力。

(3) 随意(或自由)式面试。此种面试即招聘者与求职者海阔天空、漫无边际地进行交谈，气氛轻松活跃，无拘无束，双方自由发表言论，各抒己见，其目的是通过闲聊来观察求职者谈吐、举止、知识、能力、气质和风度，对其做全方位的综合素质考察。

(4) 情景(或虚拟)式面试。此种面试由招聘者事先设定一个情景，提出一个问题或一项计划，请求职者进入角色模拟完成，其目的在于考核其分析问题、解决问题的能力。

(5) 综合(全方位)式面试。招聘者通过多种方式考察求职者的综合能力和素质，如用外语与其交谈，要求即时写文章或即兴演讲，或要求写一段文字，甚至操作一下计算机等，以考察其外语水平、文字能力、书法及口才表达等各方面的能力。

以上是根据面试种类所做的大致划分，在实际面试过程中，招聘者可能采取一种或同时采取几种面试方式，也可能就某一方面的问题对求职者进行更广泛、更深刻、更深层次的考察，其目的在于选拔出优秀的应聘者。

另外，依据面试的对象还可以将面试分为以下三种：① 集体面试，即很多求职者在一起进行的面试，就招聘者来讲，这样可以在专业、地域及其他各方面都有较大的选择余地；② 个体面试，即用人单位对求职者单独进行的面试；③ 随机面试，即采用非正规的、随意性的面试方式，这样可以考核出求职者的真实情况。

二、面试的内容

从理论上讲，面试可以测试应试者所有素质，但由于任何人员甄选方法都有其长处和短处，扬长避短、综合运用，则事半功倍，否则就很可能事倍功半。因此，在人员甄选实践中，我们并不是以面试去测评一个人的所有素质，而是有选择地用面试去测评它最能测评的内容。面试的主要内容有以下几方面。

(1) 仪表风度。这是指应试者的体型、外貌、衣着举止、精神状态等。像国家公务员、教师、公关人员、企业经理人员等职位，对仪表风度的要求较高。研究表明，仪表端庄、衣着整洁、举止文明的人，一般做事有规律、注意自我约束、责任心强。

(2) 专业知识。了解应试者掌握专业知识的深度和广度，其专业知识更新是否符合所要录用职位的要求，可作为对专业知识笔试的补充。面试对专业知识的考查更具灵活性和深度，所提问题也更接近空缺岗位对专业知识的需求。

(3) 工作实践经验。一般根据查阅应试者的个人简历或求职登记表进行相关提问。查询应试者有关背景及过去工作的情况，以补充、证实其所具有的实践经验。通过工作经历与实践经验的了解，还可以考查应试者的责任感、主动性、思维能力、口头表达能力及遇事的理智状况等。

(4) 口头表达能力。口头表达能力指应试者是否能够将自己的思想、观点、建议顺畅、清晰地表达出来，内容包括表达的逻辑性、准确性、感染力、音质、音色、音量、音调等。

(5) 综合分析能力。面试主要考察应试者是否能应对主考官所提出的问题，通过分析抓住问题本质，并且说理透彻、分析全面、条理清晰。

(6) 反应能力与应变能力。考察应试者对主考官所提出的问题理解是否准确，回答的迅速性、准确性等，对于突发问题的反应是否机智敏捷、回答恰当，对于意外事情的处理是否得当、迅速等。

(7) 人际交往能力。在面试中，通过询问应试者经常参与哪些社团活动，喜欢同哪种类型的人打交道，在各种社交场合所扮演的角色，可以了解应试者的人际交往倾向和与人相处的技巧。

(8) 自我控制能力与情绪稳定性。自我控制能力对于国家公务员及许多其他类型的工作人员(如企业的管理人员)显得尤为重要。一方面，在遇到上级批评指责、工作有压力或是个人利益受到冲击时，能够克制、容忍、理智对待，不致因情绪波动而影响工作；另一方面工作时要有耐心和韧劲。

(9) 工作态度。一是了解应试者对过去学习、工作的态度；二是了解其对现应聘职位的态度。在过去学习或工作中态度不认真，做好做坏无所谓的人，在新的工作岗位也很难能勤勤恳恳、认真负责。

(10) 上进心、进取心。上进心、进取心强烈的人，一般都有确定的奋斗目标，并为之积极努力，努力把现有工作做好，且不安于现状，工作中常有创新。上进心不强的人，一般都安于现状，无所事事，不求有功，但求无过，对什么事情都不热心。

(11) 求职动机。了解应试者为何来本单位工作，对哪类工作最感兴趣，在工作中追求什么，判断本单位所能提供的职位或工作条件等能否满足其工作要求和期望。

(12) 业余兴趣与爱好。通过询问应试者休闲时爱从事哪些运动，喜欢阅读哪些书籍，喜欢什么样的电视节目，有什么样的爱好等，可以了解一个人的兴趣，这对录用后的工作安排有好处。

(13) 其他。面试时主考官还会向应试者介绍本单位拟聘职位的情况与要求，讨论有关工薪、福利等应试者关心的问题，以及回答应试者可能问到的其他一些问题等。

▊ 三、面试的技巧

面试技巧就是面试中巧妙的技能，可以影响到面试的成功与否。面试是一种经过组织者精心设计，在特定场景下，以考官对考生的面对面交谈与观察为主要手段，由表及里测评考生的知识、能力、经验等有关素质的一种考试活动。下面着重介绍面试过程中常用到的几种技巧。

1. 自我介绍的技巧

求职者面试时，往往最先被问及的问题就是"请先介绍你自己"。这个问题看似简单，但求职者一定要慎重对待，这是你突出优势和特长，展现综合素质的好机会。若回答得好，会给人留下良好的第一印象。回答这类问题，要掌握以下几点原则：① 开门见山，简明扼要，不要超过三分钟；② 实事求是，不可吹得天花乱坠；③ 突出长处，但也不隐瞒短处；④ 突出的长处要与申请的职位有关；⑤ 善于用具体生动的实例来证明自己，说明问题，不要泛泛而谈；⑥ 说完之后，要问考官还想知道关于自己的什么事情。

为了表达流畅，面试前应做些准备，而且因主考官喜好不同，要求自我介绍的时间不等，所以最明智的做法就是准备一分钟、三分钟、五分钟的介绍稿，以便面试时随时调整。一分钟介绍以基本情况为主，包括姓名、学历、专业、家庭状况等，注意表述清晰；三分钟介绍除了基本情况之外，还可加上工作动机、主要优点和缺点等；五分钟介绍可以谈谈自己的人生观，说些生活趣事，举例说明自己的优点等。

【自我介绍范文】

我叫 XXX，是 XX 省 XX 市人，今年 6 月将从 XX 学校 XX 专业毕业。除了简历上您看到的介绍，我愿意特别说一下我在 XXX 方面的特长/我最大的特点是……(给出事例)正是基于对自己这方面的自信，使我有勇气来应聘贵公司(单位)的 XXX 这一职位。(看表)希望我没有超时(很阳光的微笑)。

2. 应试者回答问题的技巧

面试回答问题是必不可少的环节，也是毕业生最发怵的环节，许多同学把考官提出的问题想得过于难，在做准备时重"难"轻"易"，把精力放在高难度的理论和技术知识上，而忽视了基础性的东西和一般的答题规律，甚至出现匪夷所思的低级错误。总体来讲，回答问题时一般应掌握以下几种技巧。

(1) 把握重点，简捷明了，条理清楚，有理有据。一般情况下回答问题要结论在先，议论在后，先将自己的中心意思表达清晰，然后再做叙述和论证。否则，长篇大论会让人不得要领。面试时间有限，多余的话说太多反倒会将主题冲淡或漏掉。

(2) 讲清原委，避免抽象。用人单位的提问只是想了解应试者的一些具体情况，切忌简单地仅以"是"和"否"作答。所提问的问题，有的需要解释原因，有的需要说明程度。不讲原委，过于抽象的回答，往往不会给主试者留下具体的印象。

(3) 确认提问内容，切忌答非所问。面试中，如果对用人单位提出的问题一时摸不到边际，以致不知从何答起或难以理解对方问题的含义时，可将问题复述一遍，并先谈自己对这一问题的理解，请对方确认内容是否理解得正确。对不太明确的问题，一定要搞清楚，这样才会有的放矢，不致答非所问。

(4) 有个人见解，有个人特色。用人单位有时接待应试者若干名，相同的问题问若干遍，类似的回答也听过若干遍，因此，用人单位会有乏味、枯燥之感。只有具有独到的个人见解和个人特色的回答，才会引起对方的兴趣和注意。

(5) 知之为知之，不知为不知。面试遇到自己不知、不懂、不会的问题时，回避闪烁、默不作声、牵强附会、不懂装懂的做法均不可取，诚恳坦率地承认自己的不足之处，反倒会赢得主试者的信任和好感。

3. 应试者语言运用的技巧

面试场上你的语言表达艺术标志着你的成熟程度和综合素养。对求职者来说，掌握语言表达的技巧无疑是重要的。那么，面试中怎样恰当地运用谈话的技巧呢？

(1) 口齿清晰，语言流利，文雅大方。交谈时要注意发音准确，吐字清晰。还要注意控制说话的速度，以免磕磕绊绊，影响语言的流畅。为了增添语言的魅力，应注意修辞，忌用口头禅，更不能有不文明的语言。

(2) 语气平和，语调恰当，音量适中。面试时要注意语言、语调、语气的正确运用。打招呼时宜用上语调，加重语气并带拖音，以引起对方的注意。自我介绍时，多用平缓的陈述语气，不宜使用感叹语气或祈使句。音量大小要视面试现场情况而定，声音过大令人厌烦，声音过小则难以听清。两人面谈且距离较近时声音不宜过大，群体面试且场地开阔时声音不宜过小，以用人单位面试官都能听清你讲话为原则。

(3) 语言要含蓄、机智、幽默。说话时除了表达清晰以外，适当的时候可以插进幽默的语言，使谈话增加轻松愉快的气氛，这样也能展示自己的优越气质和从容风度。尤其是当遇到难以回答的问题时，机智幽默的语言会显示自己的聪明智慧，有助于化险为夷，并给人以良好的印象。

(4) 注意听者的反应。求职面试不同于演讲，而是更接近于一般的交谈。交谈中，应随时注意听者的反应。比如，听者心不在焉，可能表示他对你这段话没有兴趣，你得设法转移话题；侧耳倾听，可能说明由于你音量过小使对方难以听清；皱眉、摆头可能表示你言语有不当之处。根据对方的这些反应，要适时地调整自己的语言、语调、语气、音量、修辞，包括陈述内容。这样才能取得良好的面试效果。

第三节　面试中常见的问题

案例 导入 ▶▶▶ ●●●

出镜人：刘寒，清华大学研究生，就职于一家驻华公司。

我是在 2019 年末进入这家公司的，总共经历了三场面试。

第一轮面试的面试官是中国地区公司一个副总，他对我的面试有点类似于聊天的性质，我就跟他说了说我个人的简历和自己的一个大致经历，以及自己对未来发展的一些看法，然后他向我介绍了一下公司情况。

第二轮面试的面试官是中国区首席代表，他主要问我以前做过的一些项目，是否认识某某人，带领我做项目的负责人是谁，他在本行业取得了哪些方面的成就。

第三轮面试的面试官就是总部过来的 CEO。他们的面试方式总是很特别。起初先是他助理与我进行了约十分钟对话，然后他才进来对我面试。他问我的第一个问题就是"告诉我你两个缺点。"看完我简历后，他拿笔圈出了五个圈，告诉我这些地方存在什么毛病，连标点符号都不放过。

解析 从刘寒这三轮面试过程中，猜想一下，面试中会遇见哪些常见的问题？面试官一般会提哪些问题，我们该如何回答？

面试为什么重要？通常我们会提到面试成本的问题。一位求职者在求职的最初，需要花费大量时间和精力撰写简历、通过网络/报纸等途径挑选适合他的工作、投递简历并做记录。正常来说，我们都希望付出能得到回报，因此，面试前准备工作的充分与否，直接影响应聘者最后获得工作的可能性。除了写出一份漂亮的简历之外，面试问题的应答决定着应聘者在求职这张考卷上的最后得分。

一、常规问题应答

通常企业会从专业能力和职业素质的角度来考察应聘者，虽然说专业能力会因为招聘岗位的不同而有所区别，但除去非常具体的专业题目，面试官在面试时提出的问题和询问的技巧在很大程度上是相通的。应聘者需要做的是针对这些常规问题进行准备，而且必须保证应答时不会像背书一样僵硬。

1. 你的缺点是什么？

问题分析： 你真正的缺点是什么并不重要，面试者希望了解的是求职者是否对自己有一个正确的评价，对自己是否有足够的了解，心理是否足够成熟，以及是否有继续学习改进的愿望。当然，通常面试官不会把问题问得那么直接，而是通过让面试者举出具体事例的方式来回答，因为求职者难以临场编造一个具体的例子，因而答案更具真实性。但如果你诚实地交代了"我因为过于内向而放弃了销售机会"的故事，那同样等于你放弃了这个新的工作机会。

回答思路： 这个问题根据面试者的不同，面试官也会对答案有不同的心理预期。比如一位应届毕业生，就可以直接回答："我相信我有足够的理论知识和专业能力，但是我的工作和社会经验不足，人脉也有所欠缺……"这样的答案符合面试官对毕业生身份的定位，也符合实际情况，面试官便会觉得你谦虚诚实。总之，一切回答取决于你的实际状况和你对自己的定位。

2. 你和上司因为工作有过分歧吗？最后的结果怎样？

问题分析： 企业有严格的管理制度和明确的上下级关系，如果你的回答表现出对上司权力的挑衅，那么很难被录用。其实回答这个问题并不难，你只要明白，上司是承担责任的那一个，是下决定的那一个就可以了。

回答思路： 必须遵从的原则：一是表示一定会选择适当的时机与上司沟通，其中"适当的时机"非常重要；二是表示通常情况下最终一定服从上司的决定，但不要使用"你是上司你说了算"这种表达方式；三是不要打"越级报告"的主意，这在任何企业都是禁忌。

3. 你是否有过失败的经历？

问题分析： 既然提问是"失败经历"，说明面试官在意的并不是这个结果，他想了解的是事情过程、你处理的方法以及你的学习能力。通常"你工作中最难忘的一件事""你在工作中遇到的最大困难"都可以等同于这个问题。在回答上，答案的具体事例也可以体现应聘者的专业程度，比如提到的困难是不是应聘岗位所不可避免的，所涉及的方法和使用的公司资源又是否恰当，这是一个非常专业的问题。

回答思路： 回答的重点应该在"经历"，而非"失败"上，面试官并不想了解你对失败的态度——任何人都知道此时应该保持积极的态度。回答时应该具体说明的内容：一是当时的背景和能够使用的资源；二是你处理事情的方法；三是失败后的总结和反思。细节越详细越可以体现你的专业程度，总结和反思则体现了你的学习能力。如果有自信有准备的话，那么可以就失败的经历"重来一次"，提出新的解决方案。

4. 你对薪资的期望是多少？

问题分析：如果你被询问这个问题，说明你被录用的可能性很大。在回答之前应该明白的是，其实每一个公司都有自己的薪酬体系，你不可能就薪酬问题有太多讨价还价的余地。这个问题背后没有隐含的意义，只要你对自己和本岗位评估正确即可。

回答思路：想要获得比较公平的薪酬，有两种方法：一是在面试前进行市场调查，了解一下本行业本岗位的平均薪酬水平；二是如果这个数字比较难获得，那么可以用之前的工作收入为基准，适当地进行提升。需要注意的是，不要在没有依据铺垫的前提下直接说"我想要月薪多少"，也不要主动询问薪酬。

二、特殊情况下的问题应答

有些应聘者会有特殊的情况，比如"频繁跳槽"和"职业空白期"，当这些特殊经历在简历上表现出来后，自然也逃不过面试官的询问。那么这些问题该如何应对？

1. 频繁跳槽——如果你在一年内换了五份工作

面试官的考虑：① 应聘者的从业情况存在不稳定性，如果我录用他，他是否也会在一年甚至半年内跳槽，浪费公司的招聘成本？② 应聘者没有明确的职业目标，他对自己的定位不清。③ 其他不确定因素，比如不会处理人际关系或者个人性格自由散漫，这些问题在我的公司也不能得到解决。

问题分析："为什么频繁跳槽"这个问题的背后，其实面试官真正想知道的是"你是否还会继续频繁跳槽"，因此"表决心"在这里非常重要。同时，频繁跳槽是一个贬义的表达，在回答时要将它正面化，不论是态度还是答案。

回答思路：一是诚实地承认过去的经历，即使你在简历上省略了一些公司，背景调查也会调查出来的；二是表决心，表示你已经了解频繁跳槽的害处，并为此付出了代价，所以你不会再继续下去；三是说明频繁跳槽的经历给自己带来的其他收获，比如获得了多种工作经验，确定了职业目标，应聘的职位正与职业目标相符合。

2. 跨专业——你学市场营销专业想跨专业成为 HR

面试官的考虑：① 应聘者拥有多少跨行业的工作经验？如果录用他，我需要花费多少成本来培训？② 应聘者是否具有在本行业发展的潜力？他的才能对于企业的贡献将会是多大？③ 应聘者是否愿意和新人一样从零做起？是否可以接受比以前低的薪水？

问题分析：任何招聘行为都是为了找到适合的人才，面试官问你"为什么想要做 HR"，其实他真正关心的并不是原因，而是你"适合不适合"，所以你的答案应该围绕着"我为什么适合跨专业做 HR"而展开。同时，面试官对你的职业定位和发展方向仍有疑虑，他同时也在问："你确定这个行业是你真正想要进入的吗？"在回答时要注意，不要露出个人稳定性不足的缺陷。

回答思路：① 虽然你应该表示愿意和新人一起起跑，但不能过多强调这一点。如果给面试官留下"你=新人"这样的印象，因为成本关系，你必然是被淘汰的那个；② 应该说明你的专业知识和经验对于跨专业后的新职位仍有帮助，你看似从零开始，实际上却有各种软性知识和技能作为铺垫，能够帮助你迅速提高；③ 陈述你应聘这个职位的优势。比如你从大学开始就往人力资源专业钻研并坚持多年，有一定的实践经验，对 HR 行业也比本专业的大学生了解更多等。

第四节　笔试

笔试也是求职面试中一种常用的考核办法，主要是用以考核应聘者特定的知识、专业技术要求或需要重点考核应聘者对文字的运用能力，以及考察录用人员素质的一种书面考试形式。它是用人单位对求职者所掌握的基本知识、专业知识、文化素养和心理健康等综合素质进行的考查和评估。笔试对应聘者来说是一种相对公平的测试方式，因而被越来越多用人单位所采用。

一、笔试形式

按考试的侧重点分类，目前求职过程中的笔试形式一般有以下几种：

(1) 专业考试。专业考试主要是检验应聘者担任某一职务时是否能达到所要求的专业知识水平和相关的实际能力。专业知识考试的题目专业性很强，如外资企业、外贸企业的应聘者要考外语，科研机构招聘人员要考动手能力，公检法机关录用干部要考法律知识等。值得注意的是，这种考试方式已被愈来愈多的"热门"单位所采用。

(2) 文化素质考试。文化素质考试主要是为了检验毕业生的实际文化素质，由用人单位给出范围或特定要求，让应聘者通过作文来考察其知识、思维、文字表达能力的一种笔试方式。考试的题目以灵活型题居多，如要求文科学生运用某一原理或某一历史知识分析某一问题；要求理工科学生运用某一专业知识解决某一实际问题等。

(3) 技能测试。技能测试主要是为了检验应聘者的实际工作能力或专业技术能力。这种考试往往针对特定的工作岗位来设计。比如用人单位要招聘一名秘书，为了考察应聘者是否具有这方面的技能，会通过下面的题目来测试：阅读一篇文章，写读后感；自编一份请示报告和会议通知；听取五个人的发言，写一份评议报告；某公司计划在 5 月份赴日本考察，写出需做哪些准备工作等。

(4) 论文笔试。论文笔试主要是检验求职者分析、综合、比较、归纳、推理等思维能力的方法。其形式采用论述题或自由应答型试题。该笔试的最大长处是，有利于考查求职者的思考能力，从而能够检查求职者思想认识的深刻程度。这种测试往往会导致种种不同的答案，易于发现人才，远比简单的测验题更能判断一个人的水平。论文笔试要求毕业生讨论问题要深刻、有见地。

(5) 心理测试。心理测试主要是用事先编制好的用于测试被试者心理素质的标准化量表或问卷，要求被试者在一定时间内完成，根据完成的数量和质量来判断其心理水平或个性差异的方法。一些特殊的用人单位常常以此来测试求职者的态度、兴趣、动机、智力、个性等心理素质。

二、笔试的准备

笔试从某种角度来说，能更深入地检验毕业生的综合素质和平时的知识积累程度以及对知识是否真正理解和掌握等。用人单位的出题方式远比学校灵活多样，更侧重于能力，而不是单纯地考察知识。因此，毕业生应在笔试之前应做好准备。

1. 笔试的身心状态准备

求职过程中的笔试毕竟不同于学校平时的考试，临考前要注意以下几点：① 要适当减轻思想负担，不可给自己施加过大的压力，否则适得其反；② 笔试前一天要注意休息，保证充足的睡眠，避免考试时精神不振，影响正常思维；③ 要适当参加一些文体活动，从而使高度紧张的大脑得到放松，以充沛的精力去参加考试。

2. 笔试的知识准备

不同的笔试类型有不同的考试内容，毕业生在考前应进行详细了解，针对不同情况做出相应的准备。比如公务员考试就有明确的考试范围，并有指定的参考书，考生复习相对有针对性。而其他一些用人单位的笔试相对灵活，范围也比较大，没有明确相关的参考书。毕业生可围绕用人单位相关的业务范围翻阅一些有关的图书资料。笔试成绩与毕业生平时的努力也有很大的关系，如果毕业生兴趣广泛，平时注意吸收各种信息，考试时就能驾轻就熟，得心应手。

(1) 学以致用，理论联系实际。现在的求职考试越来越强调用理论知识来解决实际问题的能力。换句话说，现在的应聘考试主要是考核应聘者对知识的运用能力，因此，在复习过程中必须始终突出一个"用"字。

(2) 提纲挈领，系统掌握知识。在知识与能力这两者中，知识无疑是基础，没有扎实的基础知识，也就无从谈能力的培养和提高。掌握知识的一个有效方法就是把零散的知识化为系统的知识。

(3) 多读多练，提高阅读能力。提高阅读能力，对扩展知识面和回答应聘考试的各类问题很有益处。要提高阅读能力，就需要坚持做些阅读训练。

(4) 敏锐思考，提高快速答题能力。为了适应招聘考试中的题量，还应该尽快培养自己快速阅读、快速思维和快速答题的能力。

三、参加笔试时应注意的细节问题

参加笔试时，还应注意以下一些细节：

(1) 听从安排。应当在监考人员的安排下就座，而不要选择座位，更不要抢座位。如果因特殊情况，座位确实有碍自己考试需要调整时，一定要有礼貌地向监考人员讲清楚并求得其谅解，若实在不能调换，也应理解其工作上的难处。

(2) 遵守规则。在落笔之前，一定要听清楚监考人员对试卷的说明，不要仓促作答，不要跑题、漏题或文不对题；更不能不顾考场纪律，比如未经许可私自携带手机等通信工具、擅自翻阅字典、使用电子词典等。

(3) 写好姓名。做题前一定要先将自己的姓名等被要求填写的个人情况写清楚，以免影响考试结果。

(4) 卷面整洁。答卷时应注意卷面整洁、字迹清晰、行距有序、段落齐整、版面适度(即从对方阅卷装订方便出发，应在试卷上下左右边缘留出些空隙而不要"顶天立地")。因为求职过程中的笔试有时用人单位并不特别在意应聘者考分的稍许高低，而是从中观察考生是否具有认真的态度、细致的作风，从而决定录用意向。

(5) 光明磊落。防止一些可能被视作舞弊的行为或干扰考试的现象出现。诸如偷瞄别人的试卷，藏匿被考试单位禁止的参考材料，与旁人嘀咕等。另外，也不能有独自口中念念有词，把试卷来回翻得哗哗作响，用笔击打桌面，唉声叹气，抓耳挠腮，经常移动身体或椅子做出烦躁不安等举动。

(6) 手机等通信工具关机。毕业生参加笔试，一定要注意手机等通信工具的处理，按照监考人员的要求，关掉手机放在包里或直接交给监考人员保管，否则手机等通信工具响起时，你会不自觉地去看，就有作弊的嫌疑，会给用人单位留下一个不严谨的印象，将直接影响到笔试成绩或笔试效果。

(7) 没有必要提前离场。许多求职者在大学期间就养成了考试提前交卷的习惯，但在应聘笔试中这样做并不是明智之举。笔试提前离场并不能说明你的实力，毕竟考试的结果是最终成绩，而不是速度。有时用人单位会认为求职者在笔试中提前离场的行为是对此次笔试的不重视。因此，求职者即使提前把题答完了也没必要提前离开，剩下的时间可以进行检查，这样一来可以提高成绩，二来可以给单位留下一个认真、务实、严谨的好印象。

参加完笔试，不论个人感觉如何，都应继续关注后续的招聘进程，提前做好进入下一轮竞争的准备。万一失败，则需分析原因，总结经验教训。

思考与实践

1. 模拟面试：请一位企业负责招聘的人员，或者由一位同学现场扮演面试官，另一位同学扮演应聘者，进行模拟面试。之后，台下的学生对该次面试进行点评，老师进行最终总结。

注意： 如果是由同学扮演面试官，应提前确定人选并请他们做好准备。扮演求职的同学也应提前确定下来，让他提前做一些准备，根据他期待的目标职位准备面试问题。

2. 面试前要做好哪些准备呢？

3. 面试过程中对于仪表仪容有哪些要求？请简述。

4. 面试有哪些种类及技巧？

毕业流程

★ 学习重点

1. 学习了解高校毕业生相关就业流程，熟悉派遣、改派事项和报到证的作用。
2. 学习了解毕业生档案，及时跟踪个人档案去向。

第一节 就业指导部门的工作流程

就业指导部门的工作具有很强的连续性，在毕业生就业和用人单位招聘、接收毕业生方面的具体工作程序规定如下：

(1) 制定政策、提供指导。国家教育部根据国民经济发展和国家建设的情况、当年毕业生的基本情况，制定相应的就业政策；各地区、各部门所属高校的就业指导部门在国家有关方针、政策的指导下，为即将毕业的大学生提供就业信息、咨询等服务。

(2) 毕业生生源统计及资料鉴定。一般从每年的 9 月份开始，由各高校将本校次年的毕业生的基本情况按照要求整理并统计，内容主要涉及毕业生的姓名、性别、出生年月、入学时间、生源所在地、培养方式、专业、院校名称等，然后按照统计的资料和招生时的资料进行核实，通过审查后的毕业生才能取得毕业资格，最后将审查结果报省毕业生就业指导中心备案。

(3) 及时发布、收集信息。在每年 10 月份，学校将本校专业设置和毕业生的基本情况编制成册，通过各种方式与用人单位建立联系。用人单位再将需求信息反馈给学校，学校据此组织毕业生进行供需信息交流。

(4) 供需见面和双向选择。这是毕业生落实就业的重要方式，由学校按照需求信息邀请有关单位集中来学校(每年的 10 月中下旬)，并举办与毕业生进行供需见面的"双向选择"活动。毕业生在学校的指导下与用人单位现场签约或达成意向。同时，毕业生也可以参加各地组织的就业洽谈会，选择就业单位。

(5) 上报就业计划。毕业生与用人单位签订"就业协议书"，经学校同意，纳入毕业生就业计划。学校于每年 5 月底上报省毕业生就业管理部门，确定派遣计划。

(6) 派遣毕业生。学校按照批准的派遣计划，在 6 月底至 7 月初派遣毕业生。毕业生在离校前，学校对其进行德、智、体等方面的综合鉴定和健康检查。同时发放报到证，要求毕业生在规定时间内到用人单位或生源地人事主管部门报到。毕业生的档案将邮寄到用人单位或生源地人事主管部门。

(7) 调整改派。毕业生因某种原因不到原派遣单位报到的，经原单位同意，并与新联系的单位签订就业协议后，由学校调整派遣计划，然后报上级主管部门，按照有关规定办理改派手续。

(8) 组织毕业生离校。各高校按照国家统一要求，一般在每年 6 月底至 7 月初组织毕业生办理离校手续。

第二节　毕业派遣和改派

案例 导入 ▶▶

　　韩同学是某职业学院的 2018 届延迟到 9 月份的毕业生。2020 年 5 月参加公务员考试合格，单位调档时发现没有办理报到手续(主要是档案里没有报到证)，不符合录用条件，不能录用。

　　解析　案例中的韩同学在参加公务员考试中未能被录用的原因是什么？其实主要问题是档案材料中没有报到证。由于他未能像其他同学一样按期领取毕业证，而是延迟到下半年才领到毕业证，并且在领到毕业证后，没有及时申请报到证，所以他的档案里没有报到证。按国家相关规定，报到证是在领取毕业证一年内办理，逾期就没有再办理的机会了，这样就造成韩同学档案审核不过关。那么什么是报到证？报到证又有什么作用呢？这是毕业生面对就业派遣事务时一定要予以重视的问题。

　　学校就业指导中心根据毕业生的就业落实情况，对毕业生的档案(或户口)去向制订派遣计划，并按照派遣计划，在毕业生毕业离校时，向毕业生发放报到证。已落实接收单位(接收档案及户口)的毕业生派遣到接收单位报到，未落实接收单位的毕业生派遣到生源地主管部门报到。依据派遣情况，学校就业指导中心为毕业生寄发个人档案到接收单位或生源地主管部门。

1. 报到证

　　报到证是"全国普通高等学校本专科毕业生就业报到证""全国毕业研究生就业报到证"的简称，是学校根据毕业生与用人单位签订的就业协议书编制就业方案，经教育部审核批准后，由省级毕业生就业主管部门签发的派遣证明。报到证正本为蓝色，用于学生报到；内容相同的副本为白色，归入学生个人档案。毕业生领取报到证后应及时到就业单位报到并办理相关手续。

　　报到证必须妥善保管，不论什么原因，凡自行涂改、撕毁的一律作废。如报到证遗失，应由毕业生本人提出申请，由学校上报省毕业生就业指导中心批准并予以补发。毕业生在离校时，均会领到报到证。有的毕业生未与单位签约，自认为没有报到证，但实际上，这部分学生的报到证已按国家规定派往了生源地人事主管部门，对此，提醒这部分毕业生千万不要忘记领取报到证及到当地人事主管部门去报到和查询档案到达的情况。

　　报到证的作用有：

(1) 报到证是教育主管部门正式派遣毕业生的凭证；

(2) 报到证是毕业生到用人单位报到的凭证，凭报到证报到以后，方可开始计算工龄；

(3) 报到证是用人单位接收毕业生的重要文字证明；

(4) 报到证是任何一个合法的人才中心、档案管理机构接收毕业生档案的证明；

(5) 报到证是用人单位给毕业生落户、接管档案的重要凭证和依据；

(6) 报到证可以证明持证的毕业生是纳入国家统一招生计划的学生；

(7) 报到证是毕业生的干部身份证明。

如果没有报到证，毕业生将会失去干部身份，成为社会劳动人员(工人编制)，而且人才服务中心无法接收毕业生的档案。

2. 毕业生改派

改派是在学校上报就业方案和主管部门核发报到证后，毕业生正式到用人单位报到前进行单位及地区调整的一种做法。通俗地说，就是指将派到原单位的报到证、户口迁移证和档案等人事关系重新派到新的用人单位或其上级人事主管部门。一般来说，无特殊原因，毕业生不得随意办理改派。但毕业生如果已改变就业意向、更换单位，就需及时办理改派手续，否则会影响其人事关系的落实和解决。

改派建立在原单位同意的基础上，并需原单位上级人事主管部门、新接收单位、新接收单位上级人事主管部门签署意见，跨省的和从市县调整到省级、中直单位，或从省级、中直单位调整到市县的改派还需省教育部门签署意见。

按教育部门的要求，对已经落实就业单位并领取报到证的毕业生，原则上两个月内不予受理改派手续，而且各高校对办理改派手续也都有一定的时限要求。因此，要办理改派手续，必须要原单位同意解除协议，原单位上级人事主管部门同意，新单位同意接收，新单位上级人事主管部门同意。如果新的单位没有上级人事主管部门，那么可以到省人才交流中心办理人事代理开户手续，由省人才交流中心作为单位的上级人事主管部门并提供改派表，再按照教育部门的改派程序和时间期限办理相关改派手续。对于符合进城市落户条件的，经改派之后，可以由省人才交流中心协助办理落户手续。

3. 结业生派遣

结业生找到工作单位的可以派遣，但必须在报到证上注明"结业生"字样。结业生在规定的时间内无接收单位的，由学校将其户口、档案转至家庭所在地，家在农村的保留其非农业户籍。根据有关规定，结业生在规定年限内补考及格的可换发毕业证书。

4. 出国、升学等特殊情况的派遣

1) 出国

根据相关规定，应届毕业生毕业前申请出国(出境)，经批准后学校不再负责其就业，学校将其档案和户口直接转回生源地。申请出国(出境)不参加就业的应届毕业生，省毕业生就业指导中心不再签发报到证。毕业生应于 6 月 10 日前登陆大学生就业在线网站(http//www.gradjob.com.cn)注册绑定后，填写相关信息并提出申请，然后提交相关材料到学校就业指导中心审核，由学校就业指导中心上报到省毕业生就业指导中心审批。

2) 升学

根据相关规定，申请升学(含攻读博士、硕士、双学位及专升本)的毕业生，由毕业生本人提出申请，经学校审核、上报到省毕业生就业指导中心审批同意后，省毕业生就业指导中心不签发报到证。在制订就业方案后提出不再升学的，应回家庭所在地就业，省毕业生就业指导中心不再签发报到证。毕业生取得升学资格后应登陆大学生就业在线网站(http：//www.gradjob.com.cn)注册绑定后，填写相关信息并提出申请，然后提交相关材料到学校就业主管部门审核，由学校就业指导中心上报到省毕业生就业指导中心审批。

第三节　毕业生档案

案例导入 ▶▶

　　2017年毕业于某职业学院的小刘从东莞的就业单位辞职，应聘到佛山一家事业单位，因单位无人员编制，小刘本人也对自己的档案也漠不关心。2021年单位为他解决了编制问题，要求他将自己的档案转到单位的上级主管部门。此时小刘才发现自己在四年前工作变动时，因交接不清造成了档案遗失。他花费了大量时间精力才补齐了材料。

　　解析 案例中的小刘是因档案遗失严重影响了事业单位编制手续的办理，那么应届毕业生对自己的档案去向应该怎样去留意呢？其实只要给予一点关注，认真对待，按要求操作，就能给自己日后避免许多麻烦。

一、毕业生档案内容

　　近年来，大学毕业生对自己的档案不管不问，已不是个别现象。据了解，在各院校、各级毕业生就业主管部门和各地人事部门，被大学毕业生遗弃的档案不在少数。超过择业期，毕业生的档案会被学校就业指导中心退回其生源地。

案例导入 ▶▶

　　从某职业学院毕业两年的小娟同学，毕业后辗转换了两三家单位，没把档案当回事。谁知道今年评职称，他才想起档案没在单位。他也因手续不全，评职称一事又被延迟一年。有些在私营企业工作的大专毕业生，择业期满后没有到学校办理报到证，也没有转档案，其档案就被打回了原籍，这样就失去了报到资格，就业手续也需要重新办理，且只能按照招工手续办理，即身份是合同制工人，这样就导致自己奋斗了十几年的正式干部身份没了。

　　毕业生与用人单位签约时，要询问清楚用人单位的性质，如果是国家机关、事业单位、国有企业，本身或者其主管单位是有人事管理权的，可以接收档案。其他各类非公企事业单位、各类民营机构一般是无人事管理权的，要通过人才服务中心来接收学生的档案。

　　档案里主要是反映一个人的政治思想、品德作风、业务能力、学识水平、工作业绩等方面的材料。它记载了我们的一生，从出生的证明材料开始，到各个学习阶段的入学考试材料、学习成绩证明、学习结果证明，甚至我们的工作情况证明、工资情况、职称情况、入党入团材料、统一体检结果、获得的奖励和荣誉以及不良记录等。

　　人事档案一般包括十大类内容：

　　(1) 履历材料；

(2) 自传材料；

(3) 鉴定、考核、考察材料；

(4) 学历和评聘专业技术职务情况材料；

(5) 政审材料；

(6) 加入党团材料；

(7) 奖励材料；

(8) 违反党纪、政纪、国法等材料；

(9) 录用、任免、工资待遇、出国、退(离)休审批及各种代表会代表登记表等材料；

(10) 其他组供组织上参考的材料。

高校毕业生档案一般包括高中递送过来的档案材料，大学期间的学籍表、党团材料、奖励记录、毕业生登记表、报到证副本等。

二、关于档案材料需要注意的问题

1. 档案的重要性

档案的作用体现在工作、升学及职称评审等人事内容方面。毕业生将要面对的转正定级、职称申报、办理养老保险以及开具出国、考研等有关证明，都会用到档案。现在很多大学生不知道档案的重要性。档案就像是鱼身边的水，人身边的空气，它在时体会不到它的好处，甚至感觉不到它的存在，不过当失去了它，问题就来了。通过下面几个简单的例子来看看如果没有了档案，将会面临什么问题：

(1) 如果没有了档案，当身份证丢失的时候，因为没有档案托管方，没有人能为你开具身份证丢失证明，那么你将没办法补领身份证，就变成了"黑户"!

(2) 如果没有了档案，无论你参加了多少年工作，工龄都是零。因为没有一个指定的机构为你记录并把这些信息归档，你因此也无法办理养老保险。

(3) 如果没有了档案，等你想回归学校参加考研时，没办法开具考研证明，更没办法将档案转移到学校，升学连机会都没有。

(4) 如果没有了档案，工作中你无论怎么干、干得多好、干了多长时间，都无法晋级相应的职称，工程师之类的称号永远与自己无缘。

2. 毕业该把档案放到何处

大学毕业生工作后，档案有三种可能的去处：第一种，档案随着你到了工作单位；第二种，把档案放在了人才服务机构；第三种，把档案暂存在学校。各种存档方式都是有其独特之处的，具体存在哪里需要按照个人实际情况或者发展计划来定。

3. 择业期内档案怎么办

择业期内，毕业生可以将档案存放在学校。把档案暂存在学校，实际是保留着你的"应届毕业生"资格，你仍旧处于"正在择业"状态。因此，你可以继续按照应届毕业生的条件考取公务员，找工作时继续享受转户口的优惠政策，当然这期间你也还可以考研。这种方式的缺点就是期限最多为两年，超期或有的地方不允许学校暂存，此时如果大学生毕业时又没有找到工作，档案、户口将直接被打回原籍所属的人才服务机构，这时要注意，应立刻与原籍人才服务机构联系办理档案托管手续，否则视为弃档；还有一个缺点是你处于"正在择业"状态，即使这段时间你实际已经工作了，但也不计工龄，不能评职称。

如果择业期满，要提前办理人事代理手续，持就业协议书直接到人才服务中心签注人事代理意见，然后将就业协议书交所在学校，由学校统一到省毕业生就业指导中心办理报到证并将毕业生档案转递到人才交流中心，办理存档手续。此时你可以持就业报到证、户口迁移证、身份证等材料办理存档和入户手续。

思考与实践

1. 简述报到证的作用及丢失后处理的方法。
2. 应届毕业生的人事档案如何处理？

[1] 刘万韬，那菊华，王钰允. 大学生职业生涯规划[M]. 西安：西安电子科技大学出版社，2019.

[2] 曹薇，潘长云，徐步朝. 大学生职业生涯规划与就业指导[M]. 西安：西安电子科技大学出版社，2020.

[3] 陈抗. 大学生职业生涯与发展规划[M]. 成都：电子科技大学出版社，2018.

[4] 焦金雷. 大学生职业生涯与发展规划[M]. 西安：西安交通大学出版社，2014.

[5] 张平泉，黄广宇，彭江颖. 大学生职业与创业指导[M]. 北京：北京师范大学出版社，2014.

[6] 龚璞，唐伶俐. 大学生职业规划与就业指导[M]. 成都：电子科技大学出版社，2017.

[7] 潘旭阳，袁龙，初冬青. 大学生职业生涯发展与素质训练[M]. 天津：南开大学出版社，2014.

[8] 王红亮，王娟，马俊，等. 大学生职业生涯规划[M]. 西安：西安电子科技大学出版社，2020.

[9] 宋晓冰. 大学生职业生涯规划与就业指导[M]. 北京：中国书籍出版社，2015.

[10] 许明，张翔. "激发你的梦想"：大学生职业生涯规划与就业指导[M]. 北京：高等教育出版社，2013.

[11] 喻艳. 大学生学业与职业生涯规划指导[M]. 西安：西安电子科技大学出版社，2018.

[12] 汪彤彤. 职场礼仪[M]. 大连：大连理工大学出版社，2011.

[13] 王政忠，陈璐. 与职场有约：大学生职业生涯规划[M]. 汕头：汕头大学出版社，2014.

[14] 李伟，潘世华，陈晓如. 大学生专业技能与职业指导[M]. 长沙：湖南大学出版社，2017.

[15] 王攀，布俊峰. 大学生职业生涯规划[M]. 武汉：华中师范大学出版社，2014.

[16] 张少兵，王良斌. 大学生职业生涯规划[M]. 西安：西北工业大学出版社，2017.

[17] 林秋贵. 大学生生涯规划与就业指导[M]. 天津：南开大学出版社，2018.

[18] 曹慧. 如何提升执行力[M]. 北京：北京大学出版社，2014.

[19] 毕结礼. 职业素质教育[M]. 北京：外语教学与研究出版社，2014.

[20] 何玉花. 执行力是训练出来的[M]. 海口：南海出版公司，2015.

[21] 陈宇，姚臻. 就业与创业指导[M]. 北京：外语教学与研究出版社，2014.

[22] 张林燕. 大学生就业与创业指导[M]. 北京：中国原子能出版社，2012.

[23] 谭炯玲，黄玉良，林咏君. 大学生就业指导与实训[M]. 北京：北京师范大学出版社，2013.

[24] 梁瑞雄. 大学生就业与创业指导[M]. 北京：北京出版社，2009.

[25] 刘金同，高慧婷. 就业与创业指导[M]. 北京：北京出版社，2014.

[26] 李伟. 职业生涯规划与就业创业指导[M]. 北京：新华出版社，2015.

[27]　朱发仁. 高职院校"企业化"校园文化研究[M]. 成都：电子科技大学出版社，2007.

[28]　王淑莲. 我的大学我做主：大学生心理素质拓展读本[M]. 宁夏：宁夏人民出版社，2010.

[29]　谢红梅，古典. 大学生职业发展与就业指导[M]. 成都：电子科技大学出版社，2016.

[30]　李广昌. 做人要做什么样的人[M]. 辽宁：辽宁大学出版社，2009.

[31]　王正东. 大学专业概论　[M]. 3 版. 上海：华东理工大学出版社，2009.

[32]　顾雪英，李明章. 大学生职业发展与就业指导[M]. 成都：电子科技大学出版社，2016.

[33]　王亚苹.创意创新创造课程设计与实施[M].北京：北京邮电大学出版社，2016.